Über die Unfallflucht als Straftat

Schriften zum Strafrecht und Strafprozeßrecht

Herausgegeben von Manfred Maiwald

Band 70

PETER LANG
Frankfurt am Main · Berlin · Bern · Bruxelles · New York · Oxford · Wien

Maike Steenbock

Über die Unfallflucht als Straftat

Eine kritische Untersuchung zum Zusammenhang der Strafbarkeit der Unfallflucht mit den Besonderheiten des Straßenverkehrs

PETER LANG
Europäischer Verlag der Wissenschaften

Bibliografische Information Der Deutschen Bibliothek
Die Deutsche Bibliothek verzeichnet diese Publikation in der Deutschen Nationalbibliografie; detaillierte bibliografische Daten sind im Internet über <http://dnb.ddb.de> abrufbar.

Zugl.: Hamburg, Univ., Diss., 2003

D 18
ISSN 0938-6181
ISBN 3-631-51831-5

www.peterlang.de

Vorwort

Die Beschäftigung mit der grundsätzlichen Problematik der Strafbarkeit der Unfallflucht erschien mir zunächst trotz meiner vielen Fragen als eher unergiebig – schließlich ist die Strafbarkeit seit Jahrzehnten nicht nur gesetzlich verankert, die Norm ist auch in zahlreichen wissenschaftlichen Arbeiten diskutiert worden. Mein Doktorvater, Herr Prof. Dr. Köhler, dessen wissenschaftliche Mitarbeiterin ich wurde, hat dann bewirkt, daß ich meine Fragen gezielter und konkreter formulierte. Diese Konkretisierung zeigte mir gleichzeitig den Wert ihrer genaueren Untersuchung und prägte diese Arbeit. Für die schöne und lehrreiche Zeit an seinem Lehrstuhl gilt Herrn Prof. Dr. Köhler mein ganz besonderer Dank.

Herzlich danken möchte ich auch Herrn Prof. Dr. Fezer für die zügige Erstellung des Zweitgutachtens sowie Herrn Prof. Dr. Maiwald für die Aufnahme der Arbeit in seine Schriftenreihe.

Schließlich möchte ich meiner Familie danken, die in ganz unterschiedlicher Weise dazu beigetragen hat, daß diese Arbeit fertig gestellt werden konnte.

Inhaltsverzeichnis

"... und dann hielt ich.

Pause

Und dann fuhr ich weiter. Ich dachte nur: das kann doch nicht wahr sein..."

aus: Fahrerflucht (1958)
Alfred Andersch

I. Einleitung

"... das kann doch nicht wahr sein...", diese Worte sind sicherlich vielen Menschen schon in den Sinn gekommen, wenn Ungeschick oder Zufall ein geplantes Vorhaben abrupt beenden. Der Autor A. Andersch hat sie in seinem Hörspiel "Fahrerflucht" einem Menschen in den Mund gelegt, der erfahren hat, daß er höchstens noch sechs Monate zu leben hat, der sich von allen Zwängen befreien und mit seinem Wagen die Fahrt in die "Freiheit" aufnehmen will. Derart anderweitig mit seinen Gedanken beschäftigt, fährt er eine Radfahrerin an und verletzt sie lebensgefährlich. Sie stirbt an den Folgen des Unfalls, weil er aus Angst und Verzweiflung "Fahrerflucht" begeht.

Diese Arbeit enthält weder ein Plädoyer für mehr Verständnis von Unfallfluchttätern noch eine kriminologische Analyse der Täterpersönlichkeiten, obschon nicht unwichtig sein wird, eine "allzu menschliche" Reaktion in den Unfallsituationen *angemessen* zu würdigen.

Die geschilderte Unfallsituation ist überwiegend aus einem anderen Grund vorangestellt, sozusagen stellvertretend für täglich in den Zeitungen zu findende Meldungen. Mit *einem* Begriff - hier mit "Fahrerflucht", ansonsten mit "Unfallflucht" - werden ganz verschiedene Aspekte zusammengefaßt und daher auch alle mit dem Begriff automatisch assoziiert: Verstöße gegen Verkehrsvorschriften, das Verletzen von Personen und Beschädigen von Sachen, Gefährdungen des Straßenverkehrs, unterlassene Hilfeleistung bis hin zum möglichen Totschlag durch Unterlassen. In diesem Aufeinandertreffen von aktivem und passivem Verhalten ist auch das Entfernen vom Unfallort enthalten, ohne die Feststellung einer möglichen Beteiligung der eigenen Person an dem Unfallgeschehen zwecks Durchsetzung zivilrechtlicher Schadenersatzforderungen zu ermöglichen. Aber welche Bedeutung hat dies zum Beispiel noch in dem vorgestellten Fall?

Diese Arbeit will die Strafbarkeit der Unfallflucht (§ 142 StGB) ohne emotionsbeladenen Hintergrund, reduziert auf den genauen Inhalt der Norm beurteilen. Nur der Einfachheit und sprachlichen Kürze halber wird der seit 1975 gesetzestechnisch überholte Begriff der "Unfallflucht" statt der konstruierten und umständlichen heutigen Bezeichnung des "Unerlaubten Entfernens vom Unfallort" beibehalten und verwendet. Die der Legitimation dienenden Argumente werden herausgearbeitet und an elementaren Begriffen und Prinzipien des Strafrechts überprüft. Die Arbeit verliert sich somit nicht in Details zum Tatbestand der Norm. Die vielfachen Diskussionen zur Klärung von Einzelfragen des Tatbestands hängen natürlich oft mit prinzipiellen Rechtsfragen zusammen. Sie verfolgen jedoch nicht konsequent die grundlegende Frage der Strafbarkeit der Unfallflucht als solcher. Die Arbeit berührt auch nur am Rande das am häufigsten und intensivsten erörterte Problem der *verfassungsrechtlichen* Vereinbarkeit der Strafbarkeit der Unfallflucht mit dem Prinzip, daß niemand sich selber belasten müsse.

Die Legitimation der Strafbarkeit der Unfallflucht wird in folgenden Schritten hinterfragt:

Zunächst (Kapitel II und III) wird die Norm in ihrer Entwicklung und anhand einiger ihrer Besonderheiten vorgestellt, sodann das sog. Rechtsgut der Norm diskutiert. Diese Darstellung bzw. Diskussion erfolgt mit dem Ziel, den Stand der Auseinandersetzungen zur Strafbarkeit der Unfallflucht wiederzugeben, wodurch elementare Schwächen dieser Legitimation in mehrfacher Hinsicht bereits offenkundig werden.

Der zweite Abschnitt (Kapitel IV bis VI) behandelt die in der Rechtswissenschaft vertretenen Argumente, die Strafbarkeit der Unfallflucht trotz dieser Schwächen aufrechtzuerhalten. Die insofern herangezogenen sog. Besonderheiten des Straßenverkehrs werden dargestellt. In dem Schwerpunkt der Arbeit erfolgt sodann die Auseinandersetzung mit diesen Argumenten im Wege der kritischen Prüfung anhand des strafrechtlichen Pflichtenbegriffs, des Schuldprinzips und des Zwecks der Strafe. Den jeweils vorangestellten prinzipiellen Erwägungen wird relativ viel Raum gegeben, da gerade diese im Zuge der Diskussionen zur Unfallflucht als entscheidend vernachlässigt angesehen werden müssen.

Abschließend (Kapitel VII und VIII) werden Alternativen zur Behandlung der Unfallflucht als Straftat vorgestellt, wobei die Regelung als Ordnungswidrigkeit besonders hervorgehoben wird.

"Der Gleichmut, mit der sich die Öffentlichkeit diesen Tatbestand und seine ständigen Ausdehnungen durch Rspr. und Gesetzgebung gefallen läßt, ist erstaunlich. Die Literatur scheint unfähig zu sein, Abstand zu gewinnen... Die Fülle kurzsichtiger Stellungnahmen zu Details... geht mit einer weitgehend kritiklosen prinzipiellen Hinnahme der Vorschrift einher."[1] Diese Zeilen stammen zwar aus dem Jahr 1983; sie haben jedoch auch im Jahr 2003 nichts an ihrer Schärfe verloren. Diese Arbeit versucht einen Beitrag dazu zu leisten, der kritiklosen Hinnahme entgegenzuwirken.

1 Arzt/Weber, Strafrecht BT, Rn 326

II. Einführung in Geschichte und Besonderheiten des § 142 StGB

1. Entstehungsgeschichte

1.1. Die erste besondere gesetzliche Regelung

Bei Erlaß des ersten[1] einheitlichen deutschen Reichsstrafgesetzbuches im Jahr 1871 gab es keinen nennenswerten Kraftfahrzeugverkehr, somit keine Besonderheiten, die insofern im Strafgesetzbuch Niederschlag fanden. Erst ab 1886 ist eine Entwicklung des Straßenverkehrs zu konstatieren[2]. Zu Beginn des 20. Jahrhunderts kam das Automobil zunehmend in Konflikt mit Pferdefuhrwerken, Reitern und Fußgängern. Die Lektüre damaliger Zeitungen offenbart ein hohes Maß an Rücksichtslosigkeit derer, die im Besitz eines Automobils waren und trotz schwerer von ihnen verursachter Unfälle weiterfuhren, ohne sich um Verletzte zu kümmern[3]. Die Forderung nach einem Fonds kam auf, in welchen alle Autohalter eintreten und aus welchem alle unaufgeklärten Schadensfälle beglichen werden sollten. Auch wurde eine verschärfte zivilrechtliche Haftung diskutiert. Gleichzeitig weisen die Begründungen entsprechender Gesetzesentwürfe in den kommenden Jahren jedoch beständig das Bestreben auf, jede Regelung zu vermeiden, die die weitere Entwicklung des Automobilverkehrs hemmen könnte[4].

1906 trat eine Reihe von Vorschriften in Kraft, die gemeinsam für mehr Sicherheit im Verkehr sorgen sollten. Reichseinheitliche Betriebsvorschriften, die sog. Grundzüge betreffend den Verkehr mit Kraftfahrzeugen[5], wurden erlassen, in welchen technische Anforderungen, Fahrerlaubnis und Verhaltensregeln wie Geschwindigkeitsgrenzen, Überholmanöver u.ä. geregelt wurden. Speziell im Hinblick auf das leicht mögliche Wegfahren nach einem Unfall und die schwierige zivil(prozeß)rechtliche Beweislage zur Durchsetzung von Schadenersatzansprüchen verpflichtete man die Fahrzeughalter zur einheitlichen Kennzeichnung der Fahrzeuge.

Die Grundzüge enthielten erstmalig auch die Pflichten des Führers eines Automobils nach einem Verkehrsunfall, und zwar bestimmte § 18 Abs. 7:

---

1 Vgl. zur Entwicklung der Vereinheitlichung Jescheck/Weigend, Strafrecht AT, S. 90 ff

2 Statistische Angaben bei Brock S. 12 ff

3 Vgl. Nachweise bei Brock S. 17 f

4 Vgl. Verhandlungen des Reichstags, XII. Legislaturperiode, I. Session, Band 248, Anlagen zu den Stenographischen Berichten Nr. 988, S. 5593 ff (5596)

5 Deutscher Reichsanzeiger vom 28.05.1906, Nr. 124

Im Falle eines Zusammenstoßes des Kraftfahrzeugs mit Personen oder Sachen hat der Führer sofort zu halten und die nach den Umständen des Falls gebotene Hilfe zu leisten.

Zuwiderhandlungen stellten eine "Übertretung"[6] einer polizeilichen Anordnung gemäß § 366 Ziffer 10 RStGB dar, die mit der Verhän-gung einer Geldstrafe bis zu sechzig Reichsmark oder Haft bis zu 14 Tagen geahndet werden konnten.

1.2. § 22 Gesetz über den Verkehr mit Kraftfahrzeugen (KFG)

Die Fälle der Unfallflucht hatten durch Einführung der Kennzeichnungspflicht deutlich abgenommen[7]. In dem Entwurf eines neuen Kraftfahrzeuggesetzes legte die Reichsregierung daher im Jahr 1908 neben Haftpflichtbestimmungen und Verkehrsvorschriften zunächst keine Bestimmung zur Fahrerflucht vor[8]. Vielmehr wurde weiter über die Möglichkeiten zivilrechtlicher Haftungsregelungen diskutiert. Die Idee der Schaffung einer Zwangsgenossenschaft konnte sich dabei jedoch aus technischen Gründen und wegen Widerstands der Automobilindustrie nicht durchsetzen[9]. Aus Angst vor unverhältnismäßig hohen Versicherungsprämien sah man auch von der Einführung einer reinen Gefährdungshaftung ab und beschränkte zudem die Haftungshöhe für Personenschäden auf 50.000,-- RM, für Sachschäden auf 10.000,-- RM. Die Kosten hinsichtlich der Versicherung eines Fahrzeugs blieben damit erschwinglich. Zugunsten der Geschädigten sollte zwar die Beweislast umgekehrt werden, mit der Entscheidung für die Einzelhaftung des Fahrzeughalters und/oder -führers blieb jedoch natürlich das Interesse an der Feststellung desselben zwecks Geltendmachung von Schadenersatzansprüchen.

Im Laufe der Diskussionen wurde der Entwurf - insbesondere auf Drängen des Bundesrates - daher um eine Haltepflicht erweitert[10]:

---

6 Die Übertretung kann als „Vorläufer" der Ordnungswidrigkeit bezeichnet werden; vgl. hierzu Kap. VIII. 2.1.

7 In der Zeit vom 01.04.1906 bis zum 30.09.1906 wurde bei 16,7% der Unglücksfälle Unfallflucht begangen. In der Zeit vom 01.10.1906 - also nach Inkrafttreten des Gesetzes - bis zum 30.09.1907 verringerte sich die Prozentzahl auf 9,5%; zu den Angaben vgl. Vierteljahresheft zur Statistik des Deutschen Reiches 1908, S. 278. Im Sommerhalbjahr 1908 betrug sie nur noch 3,5% aller Fälle; vgl. Verhandlungen des Reichstags vom 26.03.1909, Stenographische Berichte, S. 7763.

8 Vgl. Drs. des Bundesrates 1908, Nr. 62

9 Vgl. Verhandlungen des Reichstags, XII. Legislaturperiode, I. Session, Band 253 Nr. 1250, Anlage a, S. 7609 (Petition Nr. 1 und 2 der Automobilclubs)

10 Vgl. Verhandlungen des Reichstags, XII Legislaturperiode, I. Session, Band 248, Anlagen zu den Stenographischen Berichten Nr. 988, S. 5593 ff

> Der Führer eines Kraftfahrzeugs, der im Falle eines Zusammenstoßes seines Fahrzeugs mit Personen oder Sachen nicht sofort hält, wird mit Geldstrafe bis zu 300,-- RM oder mit Gefängnis bis zu 2 Monaten bestraft.

Zur Begründung wurde ausgeführt, eine besondere Bestimmung sei für den Fall gerechtfertigt, daß bei einem Zusammenstoß eines Kraftfahrzeuges mit Personen oder Sachen der Führer des Fahrzeuges nicht sofort halte. Nicht nur die Gesinnung, welche sich durch rücksichtlose Fortsetzung der Fahrt unter diesen Umständen verrate, sondern auch das Interesse der Allgemeinheit an der Feststellung des Kraftfahrzeuges, seines Führers und Halters, lasse es angemessen erscheinen, das bezeichnete Verhalten des Führers als Vergehen zu bestrafen[11].

Im Zuge der weiteren Überarbeitung wurde das Haltegebot in ein umfassendes Fluchtverbot umgewandelt, das als Unternehmenstatbestand konzipiert war. Als Ausgleich für den nun nicht mehr möglichen Rücktritt vom Versuch schuf man die Straffreiheit bei nachträglicher Meldung innerhalb eines Tages. Das Wort Zusammenstoß wurde durch Unfall ersetzt, um die Notwendigkeit eines schädigenden Ereignisses zu verdeutlichen.

In § 22 KFG lautete die Regelung in der verabschiedeten Fassung vom 1. April 1910[12]:

> (1) Der Führer eines Kraftfahrzeuges, der nach einem Unfall (§ 7) es unternimmt, sich der Feststellung des Fahrzeugs und seiner Person durch die Flucht zu entziehen, wird mit Geldstrafe bis zu dreihundert Mark oder mit Gefängnis bis zu zwei Monaten bestraft.
> Er bleibt jedoch straflos, wenn er spätestens am nächstfolgenden Tage nach dem Unfall Anzeige bei einer inländischen Polizeibehörde erstattet und die Feststellung des Fahrzeugs und seiner Person bewirkt.
>
> (2) Verläßt der Führer des Kraftfahrzeuges eine bei dem Unfall verletzte Person vorsätzlich in hilfloser Lage, so wird er mit Gefängnis bis zu sechs Monaten bestraft. Sind mildernde Umstände vorhanden, so kann auf Geldstrafe bis zu dreihundert Mark erkannt werden.

Vage Aussagen zum Gesetzeszweck trugen erheblich dazu bei, den Anwendungsbereich der Vorschrift in den folgenden Jahren kontinuierlich zu erweitern. Die Legitimation der Unfallflucht wurde zunehmend unter den Gesichtspunkten Sicherung des Straßenverkehrs sowie (volks-)wirtschaftlicher Belange diskutiert. Das Kraftfahrzeug hatte sich zum Allgemeingut entwickelt. Die Verhandlungsprotokolle des Reichstags zeigen, daß ausdrücklich vermieden werden sollte, durch "... eine Überspannung der hierauf (gemeint sind die Regelungen zur Un-

---

11 Vgl. Verhandlungen des Reichstags, a.a.O. S. 5603; vgl. auch Brock S. 23
12 RGBl. 1909 S. 437

fallflucht, Anm. d. Verf.) abzielenden Maßnahmen den Automobilverkehr in einer Weise zu belasten, die seine Entwicklung hemmen oder schädigen würde"[13].

In den folgenden zwanzig Jahren wurde § 22 KFG viermal geändert: Zunächst wurden Kleinkrafträder von der Anwendung des KFG ausgenommen (1923), dann wurde der Strafrahmen für Geldstrafen (einheitlich) erhöht (1924), der Geltungsbereich wieder auf alle Kraftfahrer ausgedehnt (1938) und zuletzt neben einer erneuten Strafmaßerhöhung zum einen die in Absatz 2 vorgesehenen mildernden Umstände abgeschafft, zum anderen die Feststellungsvereitelung alternativ ausgestaltet und damit auch der Täter unter Strafe gestellt, der sich der Feststellung nur des Fahrzeugs *oder* nur seiner Person entzogen hatte (1939)[14].

1.3. § 139 a StGB

Die rasante Weiterentwicklung des Straßenverkehrs brachte immer neue Gesetzesentwürfe und Überlegungen zwecks seiner Handhabung hervor. Im Jahr 1933 wurde unter der Überschrift „Angriffe auf die Verkehrssicherheit" die Erweiterung von § 22 KFG gefordert mit der Begründung der Erziehung der Verkehrsteilnehmer zu einer allgemeinen Verkehrsverantwortlichkeit[15]. 1934 erging eine neue Reichsstraßenverkehrsordnung. 1936 brachte die Strafrechtskommission einen Vorschlag der Einordnung von § 22 KFG unter dem Abschnitt "Angriffe auf Rechtsordnung und Verwaltung" in das Strafgesetzbuch ein und begründete dies mit dem besonderen Unrechtsgehalt dieses "Angriffs"[16]. Ein wichtiger Schritt zur Verringerung des Fluchtanreizes wurde andererseits am 7. November 1939 getan, nämlich durch Erlaß des „Gesetzes über die Einführung der Pflichtversicherung für Kraftfahrzeughalter"[17].

Die Rechtsprechung legte § 22 KFG immer weiter aus: Die Norm wurde auch angewandt, wenn der Täter weder nach § 7 KFG haftete noch den Unfall verschuldet hatte. Vorsätzliche Schädigungen mit dem Kraftfahrzeug wurden unter dem Tatbestandsmerkmal "Unfall" subsumiert, obwohl in den Kommissionsberatungen klargestellt worden war, daß dieses Verhalten nicht mittels § 22 KFG geahndet werden sollte. § 22 KFG war auch dann einschlägig, wenn der Täter den Unfallort verlassen hatte, ohne sich dadurch strafbar gemacht zu haben. Der

---

13 Verhandlungen des Reichstags, XII. Legislaturperiode, I. Session, Band 248, Anlagen zu den Stenographischen Berichten Nr. 988, S. 5593 (5596), vgl. kritische Beurteilung bei Brock S. 23, Engelstädter S. 71

14 Nachweise bei Magdowski S. 15

15 Denkschrift Kerll, S. 79, s. bei Engelstädter S. 81

16 s. Entwurfsbegründung, abgedruckt bei Regge/Schubert, Band I, 2. Teil S. 224

17 RGBl. I S. 2223

Fluchtort konnte dann jeder beliebige Punkt sein, der auf der Weiterfahrt erreicht wurde[18].

Im Jahr 1940 übernahm der Gesetzgeber die Unfallflucht mit bedeutenden Änderungen in das Strafgesetzbuch. Täter konnte nun jeder mögliche Unfallbeteiligte sein, nicht nur der Führer eines Kraftfahrzeugs. Neben der Feststellung der Person und des Fahrzeugs wurde auch die Feststellung der Art der Beteiligung an dem Unfall in den Tatbestand aufgenommen. Die Strafbefreiung durch Anzeige am nächstfolgenden Tag entfiel, die Versuchsstrafbarkeit eingeführt; besonders einschneidend zeigt sich die drastische Erhöhung des Strafrahmens. Die Regelung hinsichtlich des Unterlassens der Nothilfe wurde gestrichen; Grund hierfür war der 1935 als § 330 c RStGB eingefügte Straftatbestand der Unterlassenen Hilfeleistung[19].

Als § 139 a StGB lautete die Vorschrift nun[20]:

> (1) Wer sich nach einem Verkehrsunfall der Feststellung seiner Person, seines Fahrzeugs oder der Art seiner Beteiligung an dem Unfall vorsätzlich durch Flucht entzieht, obwohl nach den Umständen in Frage kommt, daß sein Verhalten zur Verursachung des Unfalls beigetragen hat, wird mit Gefängnis bis zu zwei Jahren oder mit Haft und mit Geldstrafe oder mit einer dieser Strafen bestraft.
>
> (2) Der Versuch ist strafbar.
>
> (3) In besonders schweren Fällen ist die Strafe Gefängnis nicht unter sechs Monaten oder Zuchthaus.

Eine genaue Begründung des Gesetzes durch den Gesetzgeber läßt sich nicht finden. Die neue Sinnrichtung der Norm erschließt sich jedoch anhand der Kommentierung der Aufnahme in das Strafgesetzbuch. Das eigentliche Unrecht lag nicht mehr in der zivil(prozeß)rechtlichen Problemlösung, auch nicht in der Sicherheit des Straßenverkehrs mittels Feststellung von Verkehrsverstoß oder Ungeeignetheit von Fahrer und Fahrzeug. Jeder Unfallbeteiligte sollte sich durch die Flucht strafbar machen, da er hiermit eine Pflicht gegenüber der Gemeinschaft verletzte. Durch Bestrafung der Unfallflucht als kriminelles Unrecht sollte dem Täter seine "gegen die Volksgemeinschaft verstoßende Handlung vor Augen geführt"[21] werden. Durch diese Handlung gebe der Täter den Beweis der feigen Gesinnung, was einen ganz anderen Unrechtsgehalt als ein Verkehrsverstoß darstelle

---

18 Vgl. Nachweise und weitere Beispiele bei Brock S. 43 ff

19 RGBl. 1935 I S. 839

20 RGBl. 1940 I S. 606 (Art. I Nr. 4, Art. II Nr. 2, Art. III, IV), in der "Verordnung zur Änderung der Strafvorschriften über fahrlässige Tötung, Körperverletzung und Flucht bei Verkehrsunfällen"

21 Ratsch S. 13

und daher selbständig als kriminelles Unrecht zu bewerten sei[22]. Der Tatbestand wurde unter dem Gesichtspunkt seiner gemeinschaftszerstörenden Kraft betrachtet. Freisler sprach von einem „Aufruf zur Mitarbeit an der Aufrechterhaltung der Gemeinschaftsordnung"[23]; strafwürdig war die in der Flucht hervorgetretene verwerfliche Gesinnung, ein schwerer verwerflicher Charakterfehler[24].

Nun wäre es ungenau, die neue Sinnrichtung und Ausweitung der Norm allein durch die Ideologie der nationalsozialistischen Regierung zu erklären. Die Ausweitung des Täterkreises war nicht allein Ausdruck nationalsozialistischen Gedankenguts. Die Erweiterung der Norm stellte (auch) ein Ergebnis einer bereits in der Strafrechtswissenschaft abgeschlossenen Entwicklung dar[25]. In den Polizeiverordnungen Dresdens und Hamburgs war die Ausweitung des Täterkreises z.B. bereits 1930 bzw. 1929 erfolgt[26]. Auch die zugrundeliegende Orientierung an einer besonderen Pflichtenstellung ist nicht Idee des Nationalsozialismus. Vielmehr hatte sich seit einiger Zeit ein Streit in der Wissenschaft um die Definition strafbaren Verhaltens abgezeichnet. Die Begründung strafbaren Verhaltens als Pflichtverletzung wurde dem bis dato vorherrschenden Rechtsgutverletzungsdogma gegenübergestellt[27]. Im Rahmen des § 139 a StGB war dieser dogmatische Wechsel insofern besonders unproblematisch, da ein verletztes Rechtsgut bisher diesbezüglich gar nicht konkret festgelegt oder diskutiert worden war. Vielmehr hatte die Reichsregierung ja bereits im Jahr 1908 neben der rücksichtslosen Gesinnung nur grob das Interesse der Allgemeinheit als Schutzrichtung benannt.

Von einer Polizeiverordnung über ein Nebengesetz hatte sich die Unfallflucht also Eingang in das Strafgesetzbuch verschafft. Sie hatte nachhaltig eine stark negative Wertung erhalten, was sich in besonderem Maße anhand der hohen Strafandrohung erkennen läßt. Sollten sich auch das reine Gesinnungsunrecht und die Interpretation einer Pflichtverletzung im Sinne nationalsozialistischen Gedankenguts in der Rechtswissenschaft nicht als strafrechtsbegründende Prinzipien halten, so blieb doch die Einstufung des Wegfahrens nach einem Verkehrsunfall als strafwürdiges Verhalten und die tatbestandsmäßige Ausgestaltung bis heute im wesentlichen unangefochten[28].

---

22 Vgl. Freisler, DJ 1940, S. 528

23 Freisler, DJ 1940, S. 528

24 Vgl. Freisler, DJ 1940, S. 527

25 Vgl. Kuhle S. 95; in der Würdigung ebenso Engelstädter S. 93; die Bedeutung der nationalsozialistischen Gesinnung wesentlich mehr herausstellend Dütz, S. 19 ff, 126 ff

26 s. Nachweise bei Illigner S. 28

27 Vgl. Gallas, Die Kritik der Lehre vom Verbrechen als Rechtsgutsverletzung, FS Gleispach S. 50 ff; Schaffstein, Verbrechen als Pflichtverletzung; vgl. Kap. III.1.

28 Vgl. Dünnebier, GA 1957, S. 36, Jäger S. 29; Engelstädter S. 93

1.4. Die Beratungen in den Reformkommissionen 1953 bis 1975

Nach dem Ende der nationalsozialistischen Herrschaft wurde § 139 a StGB ausdrücklich in den Katalog amnestieunwürdiger Straftaten aufgenommen[29]. Der BGH legte die Norm sogar noch weiter ausdehnend aus und führte - entgegen dem Wortlaut der Norm - eine Warte- und Rückkehrpflicht ein[30].

Im Jahre 1953 wurde § 139 a StGB ohne inhaltliche Änderungen in § 142 StGB umbenannt und blieb 22 Jahre lang unverändert. Da die Rechtsgutstheorie als Inbegriff liberal-rechtsstaatlichen Denkens wieder in die Diskussion aufgenommen wurde[31], rückte jedoch hinsichtlich der Unfallflucht erstmalig die Frage der strafrechtlichen Auseinandersetzung in den Mittelpunkt, welches Rechtsgut durch das Verbot der Unfallflucht präzise geschützt werde.

In den ersten Jahren nach dem zweiten Weltkrieg hatte sich zur herrschenden Lehre verdichtet, daß die Strafbarkeit der Unfallflucht auf einem Konglomerat verschiedenartiger Strafwürdigkeitskriterien beruhe, der Tatbestand eine "mehrdeutige Schutzrichtung" habe[32]. Bis Mitte der 50er Jahre bezeichnete die Lehre das Delikt als eines gegen die Rechtspflege, als Gefährdung der Rechtssicherheit oder gemeingefährliche Straftat. Es wird dargelegt, daß auch private Interessen durch die Norm geschützt würden, im Vordergrund standen jedoch öffentliche Interessen[33]. Zur Begründung hieß es, daß es Aufgabe des Staates sei, einen geordneten Straßenverkehr zur Verfügung zu stellen. Die Unfallaufklärung erst ermögliche geeignete Feststellungen, wodurch Unfälle in Zukunft vermieden werden könnten. An der Sicherheit des Verkehrs bestehe ein lebenswichtiges Interesse, denn nur ein ordnungsgemäßer Verkehr gewährleiste eine gesunde Wirtschaft, von der die Existenz jedes einzelnen abhinge[34].

Die Rechtsprechung hielt auch zunächst daran fest, daß Interessen der Allgemeinheit insofern geschützt würden, daß ungeeignete Fahrer und Fahrzeuge auf diese Weise ausgeschlossen werden könnten[35]. Auch wenn gar kein strafbares Verhalten oder auch keine Verkehrswidrigkeit dem Unfall vorangegangen sei, so begründe § 142 StGB eine besondere Verkehrspflicht[36].

---

29 Vgl. Nachweise bei Krumme, DAR 1968, S. 235
30 Vgl. BGHSt 4, 144; BGH VRS 4, 49, BGHSt 5, 124
31 Zur Rechtsgutstheorie s. Kap. III.1.
32 Vgl. Lackner, DAR 1972, S. 284
33 Vgl. Dünnebier, GA 1957, S. 38; Brock S. 82 f; Magdowski S. 20; Blum v. Ann S. 3 mit zahlreichen Nachweisen
34 Vgl. Pieper S. 16 ff
35 Z.B. BGH VRS 3, 266
36 Vgl. BGH VRS 7, 35

Ausgehend vom BayObLG[37] und einem grundlegenden Aufsatz des Generalstaatsanwaltes von Bremen, Dünnebier[38], erfolgte Mitte der 50er Jahre eine Richtungsänderung. Entscheidender Grund war die Frage der Vereinbarkeit der Norm mit dem Selbstbegünstigungsprivileg. Die Sicherung verwaltungsrechtlicher oder gar strafrechtlicher Maßnahmen wurde als mit dem Selbstbegünstigungsprivileg unvereinbar eingestuft. Im Rahmen der Beurteilung eines Fahrers nach einem Alleinunfall, also ohne Schädigung eines Dritten, hatte der BGH erstmalig formuliert, daß es nur um privatrechtliche Interessen gehen könne: "Der § 142 ist nun zwar im Strafgesetzbuch unter die "Verbrechen und Vergehen wider die öffentliche Ordnung" eingereiht. Dies könnte zu der Auffassung führen, auch bei selbstverursachter Alleinschädigung sei der Betroffene im Interesse der Verkehrssicherheit zunächst an die Unfallstelle gebunden... Die Bejahung einer passiven Feststellungspflicht des Betroffenen in solchem Falle liefe aber auf ein Gebot der Selbstanzeige hinaus, das unserer Rechtsordnung fremd und auch in § 142 StGB nicht enthalten ist"[39]. Da keinerlei Rechtsbeziehungen, die zu privatrechtlichen Schadenersatzforderungen führen könnten, entstanden seien (auf etwaige Ansprüche der Versicherungsgesellschaft komme es insofern nicht an), komme eine Bestrafung gemäß § 142 StGB nicht in Betracht[40].

Klarheit war aber auch damit nicht wirklich geschaffen. Trotz dieser Entscheidung findet man in weiteren BGH-Urteilen die Formulierung, § 142 StGB schütze die zivilrechtlichen Ansprüche im öffentlichen Interesse[41]. Welches eigentlich die geschützten privaten Interessen waren, blieb ebenfalls umstritten. Ein Blick in die veröffentlichte Rechtslehre dieser und der Zeit bis 1975 zeigt die unterschiedlichen Definitionen[42]: § 142 StGB diene der Beweissicherung zur Durchsetzung von Schadenersatzansprüchen der Unfallgeschädigten, zudem den nicht geschädigten Unfallbeteiligten im Hinblick auf deren eventuell entstandene (gesamtschuldnerische) Ausgleichspflicht, auch der Abwehr unberechtigter Ansprüche, dem Schutz Unschuldiger vor unberechtigter staatlicher Verfolgung, dem privaten Interesse an der staatlichen Verfolgung der anderen Unfallbeteiligten, letztlich dem Schutz des Vermögens. Es sei einem "Forderungsdelikt" zu vergleichen, da es nur um die Aussicht ginge, etwas zu bekommen oder als Rechtspflegedelikt im Interesse der Beteiligten.

Im Rahmen einer Vorlage zur Klärung der Verletzung des Selbstbegünstigungsprivilegs im Jahr 1963 erkannte das Bundesverfassungsgericht § 142 StGB als verfassungskonform an. Zur Begründung führte das Gericht aus, das Selbstbe-

---

37 BayObLG 1, 603
38 Vgl. Dünnebier, GA 1957, S. 33 ff
39 Vgl. BGHSt 8, 263, 266
40 BGH a.a.O
41 Vgl. BGH in NJW 1960, 1019; 1963, 307
42 Zusammenstellung und ausführliche Diskussion bei Eich S. 32 ff; Magdowski S. 35 f

verfassungskonform an. Zur Begründung führte das Gericht aus, das Selbstbegünstigungsprivileg gelte nicht uneingeschränkt. Zudem schütze die Norm das private Feststellungs- und Beweissicherungsinteresse der am Unfall Beteiligten wegen der zwischen ihnen entstandenen Rechtsbeziehungen, eine Selbstanzeige gegenüber staatlichen Institutionen scheide somit aus[43].

Der Gesetzgeber versuchte nun im Rahmen der Reformdiskussionen, § 142 StGB im Hinblick auf dieses zunehmend anerkannte Rechtsgut eindeutig auszugestalten. Bis zum Inkrafttreten des 13. Strafrechtsänderungsgesetzes vom 13. Juni 1975 hatte es diverse Reformüberlegungen zur Tatbestandsgestaltung – eingebunden in die grundlegende Neugestaltung des Allgemeinen und Besonderen Teils des Strafgesetzbuches - gegeben. Die Entwürfe zeugen durch die immer umfangreicher und komplizierter gefaßten Formulierungen jedoch von einer Unsicherheit hinsichtlich einer klaren strafrechtlichen Normierung[44]. Neben vielen Formulierungsvarianten differierten die Vorstellungen vor allem bei Einführung einer Wartepflicht, nachträglicher Ermöglichung der Feststellungen, Strafantragserfordernis bei Sachschäden und/oder leichten Körperverletzungen und Versuchsstrafbarkeit. Die Strafbarkeit als solche wurde jedoch bei diesen Diskussionen zu keinem Zeitpunkt in Frage gestellt.

1.5. Die Neufassung des § 142 StGB nach dem 13. Strafrechtsänderungsgesetz vom 13. Juni 1975

Der Bundestag einigte sich auf eine neue Formulierung bzw. Ausgestaltung des § 142 StGB, die folgende Änderungen enthielt: Die Mitteilungspflichten wurden konkretisiert, eine Warte- und Rückkehrpflicht aufgenommen. Die Versuchsstrafbarkeit entfiel. Die Überschrift änderte sich, der Begriff Unfallflucht war als zu unpräzise angesehen worden[45].

> § 142 Unerlaubtes Entfernen vom Unfallort[46]
>
> (1) Ein Unfallbeteiligter, der sich nach einem Unfall im Straßenverkehr vom Unfallort entfernt, bevor er
> 1. zugunsten der anderen Unfallbeteiligten und der Geschädigten die Feststellung seiner Person, seines Fahrzeugs und der Art seiner Beteiligung durch seine Anwesenheit und durch die Angabe, daß er an dem Unfall beteiligt, ist, ermöglicht hat oder

---

43 Vgl. BVerfGE 16, 191, 193f

44 Ausführliche Darstellung aller Entwürfe bei Magdowski S. 24 ff

45 Diese Bezeichnung war nicht unumstritten. Im Gesetzesentwurf hatte der Bundestag noch geäußert, dem allgemeinen Rechtsempfinden, das die Entfernung nach Unfällen als kriminelles Unrecht ansehe, müsse dadurch Rechnung getragen werden, daß der Tatbestand unter der „abwertenden Überschrift" Verkehrsunfallflucht zusammengefaßt werde; vgl. BT Drs. 7 / 2434 S. 6; vgl. zum Rechtsempfinden und zur moralischen Bewertung Kap. V.2.6.

46 BGBl. I S. 1349

2. eine nach den Umständen angemessene Zeit gewartet hat, ohne daß jemand bereit war, die Feststellungen zu treffen
wird mit Freiheitsstrafe bis zu drei Jahren oder mit Geldstrafe bestraft.

(2) Nach Absatz 1 wird auch ein Unfallbeteiligter bestraft, der sich
1. nach Ablauf der Wartefrist (Absatz 1 Nr. 2) oder
2. berechtigt oder entschuldigt
vom Unfallort entfernt hat und die Feststellungen nicht unverzüglich nachträglich ermöglicht.

(3) Der Verpflichtung, die Feststellungen nachträglich zu ermöglichen, genügt der Unfallbeteiligte, wenn er den Berechtigten (Absatz 1 Nr. 1) oder einer nahe gelegenen Polizeidienststelle mitteilt, daß er an dem Unfall beteiligt gewesen ist, und wenn er seine Anschrift, seinen Aufenthalt sowie das Kennzeichen und den Standort seines Fahrzeugs angibt und dieses zu unverzüglichen Feststellungen für eine ihm zumutbare Zeit zur Verfügung hält. Dies gilt nicht, wenn er durch sein Verhalten die Feststellungen absichtlich vereitelt.

(4) Unfallbeteiligter ist jeder, dessen Verhalten nach den Umständen zur Verursachung des Unfalls beigetragen haben kann.

Der Gesetzgeber hielt in der Begründung hierzu fest, die Norm diene der Sicherung bzw. Abwehr zivilrechtlicher Schadenersatzansprüche. Gleichzeitig wurde nach wie vor eingeräumt, die Ermöglichung repressiver und präventiver staatlicher Maßnahmen sei gleichwohl willkommene Nebenfolge[47]. Trotz der Klarstellung der Motive blieb die genaue Schutzrichtung auch des "neuen" § 142 StGB umstritten. Hierauf wird etwas später genauer einzugehen sein[48].

1.6. Nach der Reform von 1975

Der Erlaß des § 142 StGB n.F. bedeutete deswegen auch nicht das Ende der Reformdiskussion. 1986 wurde auf dem 24. Deutschen Verkehrsgerichtstag vorgeschlagen, § 142 StGB doch wieder um einen Absatz zu ergänzen, der Straffreiheit für die nachträgliche oder verspätete Meldung eines Unfalls mit Sachschaden innerhalb einer Frist von 24 Stunden vorsah[49]. Das Land Berlin brachte einen dahingehenden Gesetzesvorschlag ein[50], welcher jedoch mangels Effektivitätsprognose nicht weiter verfolgt wurde[51].

---

47 Vgl. BT-Dr. 7/2434 S. 5

48 Vgl. Kap III. 3.

49 Vgl. Händel, NJW 1986, 1666; Jähnke, DRiZ 1986, 136 f; Heublein, DAR 1986 S. 133 ff; Berz, DAR 1986 S. 251 ff

50 Vgl. BR-Dr 316/86

51 Zur Diskussion vgl. Cramer, ZRP 1987, S. 162; Geppert, BA 1986, S. 157 ff; Höfle, AnwBl 1987, S. 435; Scholz, ZRP 1987, S. 7 ff; Wetekamp, DAR 1987, S. 11 ff; Park, DAR 1997, S. 249 ff; Müller-Metz, NZV 1994, S. 92

In der Entkriminalisierungsdiskussion der frühen 90er Jahre lebten entsprechende Vorschläge wieder auf. Diesmal unternahm das Land Hessen einen neuen gesetzgeberischen Vorstoß der Regelung der Strafbefreiung bei nachträglicher freiwilliger Meldung[52]. Der Bundesrat wollte auch diesen Vorschlag zunächst nicht verabschieden. Es wurde jedoch eine Bund-Länder-Arbeitsgruppe eingesetzt, die die Chancen einer entsprechenden Gesetzesänderung ausloten sollte.

Es schloß sich eine langjährige Diskussion innerhalb der Rechtslehre an. Die letzte Änderung der Norm ist vor allem auf die Diskussion über die "Kontraproduktivität"[53] der Strafandrohung zurückzuführen. Gerade die Tatsache, daß die Unfallflucht mit Strafe bedroht wurde, führte immer wieder zu der dem Rechtsgut Beweissicherungsinteresse zwecks Schadenaufklärung des § 142 StGB gerade zuwiderlaufenden Konsequenz, daß der Täter sich nicht mehr melden und den Schaden ausgleichen "konnte", da er damit automatisch eine Selbstanzeige wegen Fahrerflucht auslöste. Aus Furcht vor Strafe unterließ der Täter die spätere Meldung seiner Beteiligung, so daß § 142 StGB gerade dazu führte, den zivilrechtlichen Ausgleich des Schadens zu verhindern.

Die Diskussion endete zuletzt im Erlaß des 6. Gesetzes zur Reform des Strafrechts (6. StrRG), welches am 01.04.1998 in Kraft trat[54]. § 142 StGB wurde um einen neuen Absatz 4 ergänzt:

> Das Gericht mildert in den Fällen der Absätze 1 und 2 die Strafe (§ 49 Abs. 1) oder kann von Strafe nach diesen Vorschriften absehen, wenn der Unfallbeteiligte innerhalb von vierundzwanzig Stunden nach einem Unfall außerhalb des fließenden Verkehrs, der ausschließlich nicht bedeutenden Sachschaden zur Folge hat, freiwillig die Feststellungen nachträglich ermöglicht (Absatz 3)[55].

Mit Wiedereinführung der Straflosigkeit bei nachträglicher Meldung machte man also rechtsgeschichtlich einen Schritt zurück zu § 22 KFG, der diese Regelung bereits enthalten hatte. Die Effektivität dieses "Rückschritts" sei dahingestellt; deren Untersuchung ist nicht Inhalt der vorliegenden Arbeit[56]. Wie einleitend erwähnt, soll vielmehr aufgezeigt werden, daß der Gesetzgeber noch einen weiteren Rückschritt wagen muß, nämlich das Verhalten der Unfallflucht aus dem Strafrecht wieder ganz herauszunehmen.

---

52 Vgl. BR-Dr 400/93; ausgehend von der hessischen Reformdiskussion; vgl. StV 1992, S. 202
53 Cramer, ZRP 1987, S. 158
54 6. StrRG vom 26. Januar 1998 (BGBl. I S. 164)
55 Der vorherige Absatz 4 wurde zu Absatz 5.
56 Hingewiesen sei allerdings auf die kritische Frage, warum die nachträgliche Meldung im Falle eines Unfalls mit höherem Schaden nicht "belohnt" werden soll, vgl. Duttge, JR 2001, S. 184 f

Eine "Chance", über diesen Schritt nachzudenken, hätte man im Zuge der deutschen Wiedervereinigung 1990 nutzen können. In der ehemaligen Deutschen Demokratischen Republik war § 139 a StGB auch zunächst lange Zeit wörtlich übernommen worden, 1968 jedoch verändert in § 199 StGB mit der Folge, daß bestimmte Hilfspflichten nur noch zum Schutze von Personen und zwecks Beseitigung von Gefahren, die durch den Unfall für den Straßenverkehr entstanden sein könnten, auferlegt wurden[57]. Eine strafbewehrte Rechtspflicht, die Schadensregulierung zugunsten des Geschädigten am Unfallort oder nachträglich zu ermöglichen, bestand nicht, vielmehr war ein Verstoß hiergegen nur als Ordnungswidrigkeit in der Straßenverkehrsordnung geregelt (§ 42). Zwar wird dieser Umstand gern damit begründet, das Eigentum habe in den sozialistischen Ländern nicht den hohen Stellenwert wie in westlichen Ländern gehabt[58]. Diese Argumentation überzeugt jedoch bei genauerer Betrachtung des Streits um das Rechtsgut sowie einen kleinen Blick über die deutschen Grenzen hinweg nicht[59].

2. Die Problematik der zwangsweisen Selbstbelastung

"Nur in einer verkehrten Welt sind Pflichten eines Straftäters denkbar, seine Tat der Polizei zu melden, sich der Polizei zu stellen oder dem Opfer im Hinblick auf dessen Schadenersatzansprüche seine Personalien anzugeben. Die Drohung mit Bestrafung für den Fall, daß der Straftäter gegen solche Pflichten verstößt, ist absurd"[60]. Unter diesem Gesichtspunkt ist die Strafbarkeit der Unfallflucht, genauer gesagt die Verfassungskonformität der Norm in zahlreichen Monographien und Aufsätzen diskutiert worden[61]. Besonders offensichtlich wird die Problematik, wenn man der Ansicht der Rechtsprechung folgt, dem Täter Warte- und Mitteilungspflichten auch dann aufzuerlegen, wenn er den entscheidenden Unfall *vorsätzlich* herbeigeführt hat[62]. Da in dieser Arbeit teilweise auf das Problem der Selbstbelastung hingewiesen wird, müssen ein paar Gedanken zu diesem Aspekt der Unfallflucht Erwähnung finden.

---

57 Vgl. Dütz S. 124 f

58 Vgl. Schultze-Willebrand S. 120 mit dem Hinweis, daß sich in keinem der Strafgesetzbücher sozialistischer Länder ein dem § 142 StGB entsprechender Tatbestand finde; Zopfs S. 6

59 s. Kap. VII. 2

60 Arzt/Weber Rn 329, die die Konstruktion des § 142 StGB entsprechend als "unheilbar krank" bezeichnen, Rn 326

61 Vgl. zuletzt ausführlich Dietrich, § 142 StGB und das Verbot zwangsweiser Selbstbelastung (1998); Thirolf, Kollision von Täterinteressen und Opferschutz bei § 142 StGB (1992); Ruck, § 142 StGB als Vermögensdelikt (1985); Schünemann, Überkriminalisierung und Perfektionismus als Krebsschaden des Verkehrsstrafrechts, DAR 1998, S. 424 ff

62 St. Rspr. seit BGH VRS 10, 220

Das Prinzip des "nemo tenetur se ipsum accusare", das sich seit Mitte des 19. Jahrhunderts im deutschen Strafrecht durchgesetzt hat[63], ist expressis verbis nicht im Gesetz verankert. Einigkeit besteht jedoch darüber, daß das Privileg der Selbstbegünstigung in einem Rechtsstaat Verfassungsrang genießt, Art. 2 Abs. 1 i. V. m. Art. 1 GG[64].

Das Bundesverfassungsgericht hatte im Jahr 1963 die Vereinbarkeit der Norm mit grundrechtlichen Prinzipien bejaht[65]. In der äußerst knappen Begründung stützt sich das Bundesverfassungsgericht im wesentlichen auf zwei Gründe: Das Verbot der Unfallflucht stelle nur ein begrenztes Verbot der Selbstbegünstigung dar. Da § 142 StGB einem privatrechtlichen Interesse diene und alle möglichen Beteiligten tatbestandsmäßig erfasse, also nicht auf das tatsächliche Verschulden an dem Unfall abstelle, entstehe kein Konflikt mit dem Verbot zwangsweiser Selbstbelastung. Die Selbstbegünstigung als Ausfluß der persönlichen Freiheit müsse nicht immer erlaubt sein. Hierfür wird vergleichend das Beispiel der Untersuchungshaft erwähnt.

Der vorgetragenen Unvereinbarkeit mit der Menschenwürde des Normverpflichteten widerspricht das Bundesverfassungsgericht mit der Erwägung, daß ein Staatsbürger nicht dadurch entwürdigt werde, "wenn die Rechtsordnung von ihm verlangt, daß er für die Folgen seines menschlichen Versagens einsteht und die Aufklärung der Unfallursachen wenigstens nicht durch die Flucht erschwert oder gar vereitelt"[66].

Diese Entscheidung hat die Diskussion zu keinem Zeitpunkt zur Ruhe kommen lassen. Nach 1975 wurde sie zudem damit als unerheblich erkannt, daß sie das Gesetz seit seiner Neufassung nicht berücksichtigt haben konnte und somit eine völlig neue Diskussion begonnen habe[67]. Die herrschende Meinung beruft sich allerdings nach wie vor auf diese Entscheidung und weist Kritik an der Verfassungskonformität der Norm zurück[68], die Ansicht der Verfassungswidrigkeit stellt eine Mindermeinung in der Rechtslehre dar.

Eine ausführlichere Diskussion der einzelnen Pflichten des § 142 StGB im Hinblick auf den nemo-tenetur-Grundsatz ist hier nicht erforderlich, da die Norm auf andere strafrechtliche Begriffe und Prinzipien hin untersucht werden soll. Nicht

---

63 Hierzu ausführlich Rogall, Der Beschuldigte als Beweismittel gegen sich selbst; Dietrich S. 20 ff

64 Vgl. Thirolf S. 59

65 Vgl. BVerfGE 16, 191 ff; hierzu Erdsiek, NJW 1963, S. 633 ff

66 BVerfGE 16, 191, 194

67 Vgl. Dietrich S. 117

68 Vgl. Nachweise bei Schönke/Schröder/Cramer/Sternberg-Lieben, § 142 Rn 1, der allerdings auch die Kritik für "beachtlich" hält.

unerwähnt bleiben sollen jedoch einige Resümees der Kritiker: "Die Fülle kurzsichtiger Stellungnahmen zu Details... geht mit einer weitgehend kritiklosen prinzipiellen Hinnahme der Vorschrift einher"[69]. Dietrich merkte in seiner kritischen Arbeit (1998) abschließend zu den für die Verfassungskonformität aufgeführten Argumenten an, sie würden ein "hohes Maß an Kreativität und Phantasie"[70] aufweisen, seien jedoch wissenschaftlich nicht haltbar, insbesondere könnten Nützlichkeitserwägungen niemals Prinzipien verfassungsrechtlichen Ranges verdrängen.

3. Systematische Stellung

§ 142 befindet sich im VII. Abschnitt des StGB, d.h. unter den Straftaten gegen die öffentliche Ordnung. Dies ist historisch zu erklären; aus der Sicht des nationalsozialistischen Gesetzgebers, durch den die Norm in das Strafgesetzbuch einzog, war die Unfallflucht als Verstoß gegen die Gemeinschaft[71] an dieser Stelle deutlich positioniert. Der Gesetzgeber befand es aber auch nach 1945 im Rahmen der Reform des StGB und der zu § 142 geführten Rechtsgutdiskussion nicht für notwendig, die Norm in einen anderen Abschnitt des Besonderen Teils zu verlegen. Dies verwundert ein wenig aufgrund des nach 1945 ausführlich diskutierten - und eben kurz skizzierten - Spannungsverhältnisses mit dem Prinzip der straflosen Selbstbegünstigung, wonach § 142 StGB gerade nicht (mehr) *öffentliche* Interessen schützen sollte.

Ein genauerer Blick auf den VII. Abschnitt offenbart eine Reihe von Tatbeständen mit zum Teil völlig verschiedenartigen Rechtsgütern. In letzter Verallgemeinerung lassen sich die Normen des VII. Abschnitts zwar auf den gemeinsamen Nenner "öffentliche Ordnung" bringen[72], sie erfüllen jedoch allesamt recht unterschiedliche soziale Funktionen, z.B. öffentliche Sicherheit, öffentlicher Frieden, staatliche Organisationsgewalt und Autorität, dienstlicher Gewahrsam und öffentlich-rechtliches Verstrickungsverhältnis. Der Hausfriedensbruch (§ 123) überrascht zu Beginn ebenso wie § 142 zum Ende des Abschnitts hin.

Das Problem der Einordnung liegt jedoch bereits auf anderer Ebene. Für die systematische Einteilung von Strafvorschriften taugt der Begriff der „öffentlichen Ordnung" inhaltlich nicht. Systematisierungsarbeit wird durch ihn eher gehindert als gefördert, denn "öffentliche Ordnung" kann letztlich von allem betroffen sein. Jeder Mord geht gegen die öffentliche Ordnung so wie jede Raserei im Straßenverkehr. Erst "wenn man „öffentliche Ordnung" in Zusammenhang mit allen denkba-

---

69 Arzt/Weber Rn 326
70 Dietrich S. 135
71 s. Kap. II.1.3.
72 Vgl. Schönke/Schröder/Lenckner Vorbem §§ 123 ff Rn 1

ren Straftaten und Ordnungswidrigkeiten bringt, stellt sich der Aspekt der Verletzung oder Gefährdung dieser "Ordnung" als zutreffend dar"[73].

Die vollkommen inkonsequente Plazierung des § 142 StGB in diesem "Auffang-Abschnitt"[74] des Besonderen Teils mag nun per se kein Grund sein, an der Begründetheit der Norm als Strafrechtstatbestand zu zweifeln. Eine systematisch zutreffende, d.h. der Sache nach richtige Einordnung in den gesetzlichen Kontext gehört jedoch - zumindest - auch zur Bestimmtheit einer Norm. Findet sich kein zutreffender systematischer Standort in einer Kodifikation, so wirft dies die Frage auf, ob die Einfügung als Strafvorschrift überhaupt gerechtfertigt ist.

Die spätere Untersuchung wird zeigen, ob es Zufall ist, die Norm nicht unter den - denkbaren - Alternativen Vermögensdelikte oder gemeingefährliche Straftaten zu finden. Es wird zu fragen sein, ob § 142 StGB mehr als nur im VII. Abschnitt systematisch falsch und irreführend[75] plaziert ist oder ob die Norm vielleicht gar keinen systematisch legitimen Platz im Strafgesetzbuch findet[76].

4. Schwerpunkte in der Diskussion um den Tatbestand

Es dürfte kaum einen Tatbestand im Strafgesetzbuch geben, dessen Tatbestandsmerkmale im einzelnen in ihrer Auslegung unumstritten sind. Insofern ist es natürlich nichts Besonderes, wenn man Auseinandersetzungen in Rechtsprechung und -lehre auch zu Tatbestandsmerkmalen der Unfallflucht gem. § 142 StGB findet. Gemeint sind hiermit zum Beispiel die streitigen Definitionen des Unfalls und des Straßenverkehrs[77]. Interessanter und für die prinzipielle Infragestellung der Norm aufschlußreich sind jedoch streitige Diskussionen anderer Problematiken im Zusammenhang mit der Tatbestandsauslegung. Dazu gehören die Angemessenheit der Wartepflicht, die Strafbarkeit nach unvorsätzlichem Entfernen vom Unfallort, die Rückkehrpflicht, die Unverzüglichkeit nachträglicher Meldung oder die Unfallflucht bei eindeutiger Haftungslage.

---

73 Harzer S. 78

74 Harzer S. 78

75 Vgl. LK-Geppert § 142 Rn 1; ähnlich Leipold S. 43 f

76 Nur der Vollständigkeit halber sei erwähnt, daß der Unfallflucht im Straßenverkehr vergleichbare Regelungen noch in der Seeschiffahrt (§ 6 SeeFSichV) und im bayerischen Skisport (Art. 24 VI Nr. 4 BayLStVG) existieren; die Sonderregelung in diesen Randbereichen ist jedoch eher zusätzliches Indiz ihrer ungewöhnlichen Art als Bestätigung ihrer generellen Legitimation; vgl. Tröndle/ Fischer § 142 Rn 4

77 Vgl. z.B. Lackner/Kühl § 142 Rn 5 ff mit zahlreichen Nachweisen. Fraglich ist beim Unfall insbesondere, inwiefern ihm ein verkehrstypischer Vorfall zugrunde liegen muß und welche Schadenskonstellationen einen Unfall darstellen; im Rahmen des Straßenverkehrs wird z.B. diskutiert, ob Unfälle unter Fußgängern auch dazugehören sowie Vorgänge auf nichtöffentlichem Grund.

Vielfach liegt die Kritik in der verfassungswidrigen Unbestimmtheit der Norm – „kaum ein Kraftfahrer oder erwachsener Verkehrsteilnehmer wird die Vorstellung darüber haben, ab wann er sich nach § 142 StGB strafbar macht, d.h. welches der Inhalt seiner Wartepflicht ist, insbesondere welche Mitwirkungshandlungen er im Rahmen der Vorstellungspflicht vorzunehmen hat, wann und unter welchen Umständen er den Unfallort - vorausgesetzt, es ist sonst niemand zur Stelle - verlassen darf"[78]. In der Rechtsprechung lassen sich zahlreiche Urteile finden, die in vergleichbaren Konstellationen eines Unfallgeschehens ganz unterschiedliche Maßstäbe an die Pflichten des möglichen Unfallbeteiligten gelegt haben[79]. Zugespitzt wurde formuliert, daß die genaue Kenntnis konkreter Pflichten aus § 142 StGB immer erst nach Rechtskraft des Urteils festgestellt werden könne[80].

Besonders hervorgehoben gehört auch die mögliche Tatbeteiligung als Begründung der Täterschaft und die Frage von Täterschaft und Teilnahme bei der Unfallflucht überhaupt[81]. Es sind hier Fragen der Kausalität, Zurechnung und Schuld, die als verletzt angesehen werden müssen[82]. Mit der Legaldefinition des Täters als möglichem Unfallbeteiligten "wird im Interesse bequemer Beweisführung dem materiellen Recht in geradezu spektakulärer Weise Gewalt angetan"[83].

Auf letzteres wird noch genauer einzugehen sein. Zu den kritischen Arbeiten hinsichtlich der nur kurz genannten Problemschwerpunkte soll an dieser Stelle nur festgehalten werden, daß sie zumeist endeten in den Versuchen einer Tatbestandskorrektur, wobei jedoch keine Erfolge aufgewiesen werden können, die prinzipielle Probleme widerspruchsfrei lösen konnten. Fraglich ist vielmehr, ob die vielen Probleme der Auslegung der Norm darauf beruhen könnten, daß hier ein Verhalten in eine Strafnorm gepreßt werden soll, das prinzipiell nicht in das Strafrecht gehört. Man könnte die These wagen, die intensiven Diskussionen kritischer Arbeiten zu einzelnen Schwachpunkten der Norm seien ein Indiz für die fehlende Legitimation der Norm überhaupt.

---

78 Höfle AnwBl 1987, S. 430 mit weiteren Nachweisen

79 Vgl. Nachweise bei Thirolf S. 75 ff; Zopfs S. 53 ff

80 Vgl. Thirolf S. 71; Bürgel, MDR 1976, S. 355

81 Vgl. Seelmann, JuS 1991, S. 290 ff; Hahn, NJW 1976, S. 509 ff; vgl. Monographien zu den genannten Diskussionsschwerpunkten: Hartman-Hilter, Warten am Unfallort - eine unabwendbare Pflicht?; Mikla, Die Strafbarkeit gem. § 142 II StGB nach unvorsätzlichem Entfernen vom Unfallort; Zopfs, Unfallflucht bei eindeutiger Haftungslage; Engelstädter, Der Begriff des Unfallbeteiligten in § 142 Abs. 4 StGB; Poeck, Wartepflicht und Wartedauer des § 142 Abs. 1 Nr. 2 StGB; vgl. auch den Überblick bei Arzt/Weber Rn 333 ff

82 Vgl. die genaue Untersuchung von Engelstädter

83 Arzt/Weber Rn 333

5. Die "typische" Unfallflucht

Abschließend zu den einführenden Überlegungen soll ein Überblick über die "typische" Unfallflucht gegeben werden.

Statistische Aussagen über die Häufigkeit, Verfolgung und Aburteilung der Unfallflucht sind allerdings von großer Unsicherheit geprägt, da § 142 StGB nicht Gegenstand der Kriminalstatistik ist. In den Statistiken des Bundes und der Länder über Straßenverkehrsunfälle wird dieses Delikt nur selten erfaßt, es fehlen hier die Fälle mit leichtem Sachschaden. Basiert eine Verurteilung auch auf fahrlässiger Tötung oder Körperverletzung wird die Unfallflucht in der Verurteiltenstatistik nicht gesondert ausgewiesen[84]. Das Dunkelfeld sowohl hinsichtlich der Zahl der Verkehrsunfälle als auch der Unfallfluchten wird allgemein als sehr hoch eingeschätzt[85]. Zu bedenken ist andererseits, daß die Statistiken, die auf den der Polizei gemeldeten Fällen beruhen, viele solcher Fälle beinhalten können, die tatsächlich - was sich aber erst nach Abschluß der Ermittlungen herausstellen kann - keinerlei Straftatbestand erfüllen[86].

Untersuchungen, die alle verfügbaren Daten zu einem Gesamtbild zusammenzufassen versuchen, kommen zu folgenden Ergebnissen[87]: "Mit ziemlicher Sicherheit"[88] kann davon ausgegangen werden, daß im Bundesdurchschnitt ca. 10 % der Fluchtfälle nach Unfällen mit Personenschaden zu verzeichnen sind. Dabei nimmt die Häufigkeit der Unfallflucht mit der Schwere der Unfallfolgen weiter ab. Sie wird bei Unfällen mit Getöteten mit 3% angegeben. Bei Unfällen mit tödlichem Ausgang ist eine Aufklärungsquote von bis zu 100 % zu verzeichnen.

Bei ca. 90 % der Fälle bzw. der Unfallfluchten handelt es sich also um Unfälle mit reinen Sachschäden. Unter den Sachschadensunfällen überwiegen wiederum die Bagatellunfälle, die sog. Kotflügelunfälle bzw. Parkplatzunfälle. Über 50 % der Sachschadenunfälle können als geringwertige Sachschadenunfälle eingeschätzt werden[89].

Untersuchungen über den Zeitraum der letzten Jahrzehnte zeigen, daß nach einem stärkeren Anstieg in den 50er und 60er Jahren die Zahl der gemeldeten Unfall-

---

84 Zu den weiteren Schwierigkeiten der statistischen Erfassung, vgl. Bär/Hauser IX 1 e S. 149 ff

85 Vgl. LK-Geppert § 142 Rn 5

86 Vgl. Bär/Hauser IX 1 e S. 152

87 Vgl. die aktuellste zusammenfassende Darstellung bei LK-Geppert § 142 Rn 6 ff; selbst die speziellen kriminologischen Untersuchungen zur Unfallflucht greifen hier nur auf diese Ergebnisse zurück, vgl. Eisenberg/Ohder/Bruckmeier (1989); Laumann (1998)

88 Bär/Hauser IX 1 e S. 154

89 Vgl. Bär/Hauser IX 1 e S. 154 f; LK-Geppert § 142 Rn 5 ff; AK-Schild § 142 Rn 11 ff; Zopfs S. 8 ff, 199 f

fluchtfälle - jeweils gesehen zur Zahl der Verkehrsunfälle - seit Anfang der 80er Jahre zu einer gewissen Stabilisierung gekommen ist[90].

Bei allen Zweifeln über den Wert statistischer Angaben überhaupt und insbesondere dieser zur Unfallflucht vorlegbaren, die in überdurchschnittlichem Maße mit den o.g. Schwierigkeiten der Erstellung und Auswertung belastet sind, kristallisiert sich doch heraus, daß das typische Bild des Unfallflüchtigen nicht das eines Menschen ist, der Schwerverletzte hilflos am Unfallort zurückläßt. Es muß daher in den folgenden Überlegungen im Auge behalten werden, daß es zumeist um Unfälle mit geringen Sachschäden geht, zudem um ganz "durchschnittliche" Menschen, die eine Unfallflucht begehen[91].

90 Vgl. Bär/Hauser IX 1 e S. 149
91 Vgl. die Untersuchungen von Laumann, Eisenberg/Ohder/Bruckmeier, Thirolf

III. Das Rechtsgut des § 142 StGB

In den einleitenden Ausführungen wurde bereits mehrfach vom Rechtsgut des § 142 StGB gesprochen. Mit der Diskussion um die Verfassungswidrigkeit der zwangsweisen Selbstbelastung entwickelte sich die Frage nach dem geschützten Rechtsgut der Norm zum bedeutendsten Problemkreis bei der Strafbarkeit der Unfallflucht.

Für die weitere Untersuchung ist wichtig, einen kurzen Abriß des Rechtsgutdogmas zu geben. Wichtig ist dies sowohl für das Verständnis der vielen verschiedenen Definitionen, die zum Rechtsgut des § 142 StGB existieren, als auch für die Bedeutung bzw. Bedeutungslosigkeit dieser Definitionen. Dabei ist keinesfalls ein Anspruch auf Vollständigkeit und umfassende Darstellung der Rechtsguttheorie gegeben[1]; vielmehr soll die Darstellung verbunden mit einer kritischen Würdigung ihrer Bedeutung nur einer ersten Diskussion der unterschiedlichen Rechtsgutbestimmungen zur Unfallflucht und damit der Legitimität der Norm dienen.

1. Geschichte und Begriff des Rechtsguts

Grob zusammengefaßt wird seit ca. Mitte des 18. Jahrhunderts gesagt, das Strafrecht habe die Bedingungen des menschlichen Zusammenlebens zu gewährleisten[2]. Das Rechtsgutdogma erfüllte und erfüllt dabei seit geraumer Zeit mehrere Funktionen. Es ist seit Eingang in die Rechtswissenschaft permanenter und teilweise vehementer Kritik ausgesetzt. Trotz allem ist es bis heute ein wesentlicher Bestandteil der (Straf-)Rechtswissenschaft und es wird überwiegend von einem "allgemein anerkannten Sachverhalt"[3] des Rechtsgüterschutzes als Aufgabe des Strafrechts gesprochen.

Die Schwäche und die darauf bauende Kritik tritt schnell zu Tage. Es gibt bis heute keine allseits befriedigende Definition dessen, was eigentlich ein Rechtsgut - insbesondere ein strafrechtlich schützenwertes - ist. Interessant ist insofern, wie sich diese Rechtsguttheorie als herrschend in der Strafrechtslehre herausbilden konnte, geradezu *indem* die Bestimmung ihres Begriffs uneinheitlich blieb. "Begriff und Funktion des Rechtsguts zeichnen sich unter den Institutionen des Strafrechts in zweierlei Hinsicht aus: Sie gelten gemeinhin als Stützpfeiler des

1 Vgl. hierzu die umfassenden Monographien von Sina und Amelung aus den 60er und 70er Jahren; ein guter Überblick bis in die Gegenwart findet sich in der Arbeit von J. Schmidt S. 120 ff

2 Vgl. Amelung, Rechtsgüterschutz, S. 1; SK-Rudolphi Vor § 1 Rn 1 ff, jeweils mit weiteren Nachweisen

3 Otto, Rechtsgutsbegriff, S. 1

Strafrechtssystems und werden von Wissenschaft, aber auch Praxis, entsprechend intensiv herangezogen - und sie sind schon in ihren ersten Ansätzen ungeklärt"[4].

Die Geschichte der Rechtsguttheorie beginnt mit der Strafrechtswissenschaft der Aufklärung. Ihr zugrunde lag der Gedanke, daß nur sozialschädliches Verhalten strafbar sein solle. Der Staat als vertraglicher Zusammenschluß der Menschen - gemäß der Lehre vom Gesellschaftsvertrag[5] - sollte die größtmögliche Freiheit der Bürger sichern. Ausgehend von der Selbständigkeit des einzelnen bestimmte man das Verhältnis des einen zum anderen nach subjektiven Rechten. Fast zwei Jahrzehnte lang war Feuerbachs Lehre vom Verbrechen als Rechtsverletzung vorherrschend[6]. Der Verbrechensbegriff beinhaltete ein durch eine Strafvorschrift geschütztes subjektives Recht des einzelnen oder des Staates.

Grund dieser Verbrechensbestimmung war Feuerbachs an Kant angelehntes Verständnis des Einzelnen als autonomes Individuum. Diese philosophische Richtung wurde jedoch zunehmend von der Praxis - das positive Strafrecht war mit diesem Grundsatz häufig nicht in Einklang zu bringen - und der aufkommenden sog. historischen Schule[7] als zu spekulativ und generalisierend empfunden. Die Charakterisierung eines Verbrechens als Verletzung eines subjektiven Rechts wurde ersetzt durch die Lehre vom Rechtsgut[8].

Der Rechtsgutbegriff bot die Möglichkeit, ganz konkret Leben, Hab und Gut als strafrechtlich schützenswerte "Rechtsgüter" zu benennen; aufgrund der ihm fehlenden Verbindung der Bestimmung der Strafbarkeit mit der Verletzung der rechtlichen Subjektivität wurde jedoch auch schnell die Erweiterungsmöglichkeit des Begriffs sichtbar. Unter den Rechtsgutbegriff "paßten" auch Gemeingüter, die nicht mehr individuellen Rechten zugeordnet werden konnten. Gesellschaftliche Gemeingüter bis hin zu religiösen und sittlichen Überzeugungen waren den Rechtsgütern zugeordnet[9].

Den Rahmen für die nun folgenden Auseinandersetzungen mit dem Rechtsgutdogma setzten Binding und v. Liszt. Binding nannte Rechtsgut "alles, was in den Augen des Gesetzgebers als Bedingung gesunden Lebens der Rechtsgemeinschaft für diesen von Wert ist, an dessen unveränderter und ungestörter Erhaltung

---

4 Hassemer, Theorie und Soziologie des Verbrechens, S. 12

5 Vgl. Hobbes, Leviathan; Rousseau, Gesellschaftsvertrag

6 Vgl. Feuerbach, Lehrbuch §§ 19, 21 23, 38, 39

7 Grundlegend v. Savigny, Vom Beruf unserer Zeit für Gesetzgebung und Rechtswissenschaft, 1840

8 Zumeist wird Birnbaum als Schöpfer des Rechtsgutbegriffs genannt, Über das Erfordernis einer Rechtsverletzung, S. 149 ff; vgl. Otto, Rechtsgutsbegriff, S. 4; Wolff, Die Abgrenzung, S. 145

9 Vgl. Birnbaum a.a.O.

sie nach seiner Ansicht ein Interesse hat und das er deshalb durch Normen vor unerwünschter Verletzung oder Gefährdung zu sichern bestrebt ist"[10]. "Gegenspieler"[11] des Positivisten[12] Binding war v. Liszt. Er verstand die Rechtsgemeinschaft als Lebensgemeinschaft. Das Leben verschaffe die Güter und Interessen der einzelnen in der Gemeinschaft, das Recht erkläre und rationalisiere nur die vorher intuitiv erfaßten Ziele und erhebe sie damit zu Rechtsgütern. Das Recht habe somit nur eine der Anschauung dienende Rolle, sein Wesen sei Interessenschutz[13]. Heftig diskutierte Formel v. Liszts zum materiellen Gehalt des Unrechts war: "Die Rechtsnorm findet ihn vor, sie schafft ihn nicht"[14].

Erkennbar ist, wie sich die Rechtswissenschaft mit Hilfe des Rechtsgutbegriffs in die Rolle des Gesetzgebers versetzte bzw. versetzen konnte. Eine Eigendynamik erhielt der Rechtsgutbegriff durch Binding jedoch nicht, da er in der Begründung mit dem positiven Recht verbunden wurde. Binding selbst hatte dies gesehen und bekannte: "Hinter Verboten und Geboten beginnt aber für den, der nach der Rechtswidrigkeit sucht, tiefer, undurchdringlicher Nebel"[15]. Erklärt man das Rechtsgut positivistisch wie Binding, ist es an sich fast schon wieder bedeutungslos. Es scheint dem Gesetzgeber dann freizustehen, Verbote zu erlassen und Rechtsgüter zu benennen, die in ihrer Weite nicht begrenzt werden und kaum genauer Begründung bedürfen.

Aber auch die Interessentheorie v. Liszts zieht keine klaren Grenzen. Zwar ist hiernach vorstellbar, daß formelles Recht und Rechtsgut als staatliches oder individuelles Interesse auseindanderfallen, insofern also die Gesetzgebung hinterfragt werden kann; die Definition eines Interesses unterliegt aber nicht minder der Gefahr der Beliebigkeit[16]. Da das Interesse aus sich heraus kein Allgemeinheitskriterium liefern kann, tendiert der Ansatz im Konfliktfall dazu, den stärkeren gesellschaftlichen Interessen den Vorzug zu geben. Das Recht kann unvermittelt mit gesellschaftlicher Zweckrationalität identifiziert werden.

---

10 Binding, Normen Band I, S. 353

11 Amelung, Rechtsgüterschutz, S. 82

12 Zaczyk stellt diese Bewertung Bindings in der Rechtswissenschaft mit Bedauern fest, ginge doch die ganze Tiefe des Ansatzes von Bindings Lehre auf diese Weise verloren. Binding habe jedoch selbst dazu beigetragen, daß man seine Lehre an der Oberfläche messen könne, in Das Unrecht der versuchten Tat, S. 69 f

13 Vgl. v. Liszt, Lehrbuch, 9. Aufl., S. 59; unverkennbar die Anlehnung an die Lehre Rudolf v. Iherings

14 v. Liszt, Lehrbuch, 14./15. Aufl., S. 140

15 Binding, Normen Band II, S. 161

16 Amelung kritisierte "sozialschädlich kann nicht schon sein, was irgendwelchen Interessen zuwiderläuft, sondern nur, was dem Nebeneinander verschiedener Interessen widerspricht", in Rechtsgüterschutz, S. 330

Sollte sich zu Anfang des 20. Jahrhunderts die Interessenlehre trotzdem zunächst behaupten, fanden ihre Vertreter mit Hilfe aller Rationalisierung und Systematisierung keinen Weg, das Strafrecht dieser "Herrschaft des empirischen Zufalls"[17] zu entziehen. Gegner der Interessenlehre resümierten, die für das Rechtsgut angebotenen Begriffsbestimmungen entsprächen allesamt nicht den Anforderungen, dessen inneres Wesen einheitlich und zugleich in erschöpfender Weise zu bestimmen[18].

Dem Rechtsgutdogma gegenübergestellt wurde in der folgenden Zeit zumeist die personale Unrechtslehre, die das Verbrechen nicht als Rechtsgutverletzung, sondern als Pflichtverletzung definierte. Kern des Verbrechens sollte ein Verstoß gegen die von der Gemeinschaft auferlegten Pflichten sein[19]. Der nationalsozialistische Gesetzgeber konnte diese Lehre einfach mit dem willkürlich handhabbaren Gesinnungsstrafrecht verbinden, so daß das Rechtsgutdogma ganz in den Hintergrund trat. Dies führte dann wiederum gleich nach 1945 dazu, daß sich die Rechtsgutlehre gerade wieder besonderer Popularität erfreute. "Man ließ sich nach 1945 von der etwas einfachen Vorstellung leiten, ein Prinzip, das von den Verfechtern einer antiliberalen politischen Bewegung bekämpft wurde, berge offenbar den Schlüssel für eine liberale Kriminalpolitik in sich"[20]. Dabei kann eigentlich nicht davon gesprochen werde, daß sich der Nationalsozialismus neben dem Gesinnungsstrafrecht nicht auch des Rechtsgutbegriffs bediente. Vielmehr bot dieser einen Leerbegriff, in welchen Wertungen aller Art einfließen konnten[21]. Die Kritik mancher Strafrechtswissenschaftler damaliger Zeit bietet für die heutige daher nach wie vor interessante Ansatzpunkte; der Nationalsozialismus hatte den kritischen Ansatz der Rechtslehre jedoch mittels der "völkischen Pflichtenstellung" gegenstandslos gemacht[22].

Eine Blütezeit erlebte die Rechtsgutlehre erneut Anfang der 70er Jahre, als sie mit viel Pathos verbunden der Eliminierung von Straftatbeständen, vor allem im Bereich der Sexualstraftatbestände, diente. Daneben ist jedoch die Tendenz des Gesetzgebers, Schutzgüter immer weiter zu bestimmen, z.B. im Rahmen des Wirtschafts-, Umweltstrafrechts oder bei der Bekämpfung des Terrorismus, erkenn-

---

17 Vgl. Wolff, Die Abgrenzung, S. 153; vgl. auch Amelung, Rechtsgüterschutz, S. 121

18 Vgl. Honig S. 83; Honig selbst sah Rechtsgüter als Gemeinschaftswerte - maßgeblich für die Erhebung zu Rechtsgütern sei allein die Entscheidung des Gesetzgebers, S. 96

19 Man spricht hier von der sog. Kieler Schule; vgl. Dahm, Verbrechen und Tatbestand (1935), Schaffstein, Das Verbrechen als Pflichtverletzung (1935); vgl. auch Gallas, Zur Kritik der Lehre vom Verbrechen als Rechtsgutsverletzung (1936), der den Aspekt der Rechtsgutverletzung jedoch immer noch als gewisses Korrektiv wahrte.

20 Vgl. Amelung, Rechtsgutverletzung, S. 274

21 So die sog. "Marburger Richtung", Hauptvertreter Schwinge und Zimmerl, die einen "teleologischen Rechtsgutsbegriff in Reinform" (J. Schmidt S. 130) schufen.

22 Vgl. W. Beck S. 72

bar[23]. Die sogenannten Universalrechtsgüter wie staatliche Wirtschaftsförderung oder Staatssicherheit lassen zunehmend Entmaterialisierungstendenzen erkennen[24]. Je undeutlicher ein Rechtsgut jedoch ist, desto mehr verflüssigen sich auch die Anforderungen an den Nachweis hinsichtlich Begründung und tatsächlicher Wirkung. Man spricht auch von der Gefahr "symbolischen Strafrechts"[25]. In der gegenwärtigen Diskussion um das Rechtsgut dominieren jedoch Lehren, die das Rechtsgut so aus der Perspektive der Gemeinschaft betrachten, der Einzelne ist darin nur "Systembestandteil"[26]. Wenn der Staat selbst als Interessenträger fungiert, ist jedoch die "Tür für einen am staatlichen Eigeninteresse orientierten Güterschutz aufgestoßen"[27].

Das Rechtsgutdogma hat sich - wie bereits erwähnt - trotz zahlreicher Kritik an seinen einzelnen Rechtsgutbestimmungen bis heute als herrschende Meinung gehalten. Die Versuche, einen materiellen, substantiellen, sozusagen handhabbaren Rechtsgutbegriff zu bestimmen sind zahlreich. Das Rechtsgut wird heute z.B. definiert als "werthafter Zustand"[28], "objektiver Wert, den das geschützte Gut in sich schließt"[29], ein "von der Gesamtheit oder relevanten Mehrheit der staatlichen Gemeinschaft anerkanntes Interesse"[30], "rechtlich geschützter abstrakter Wert der Sozialordnung"[31] oder als der "von wertvollen Sachverhalten ausgehende Achtungsanspruch"[32]. Gesehen wird es auch als eine die Wirkungsmöglichkeit der Person betonende werthafte "Funktionseinheit"[33]. Man könnte die Liste der Definitionen noch zahlreich ergänzen; ihnen allen ist gemein, daß sie weite Spielräume lassen. So wird auch von einer "Dunkelzone"[34] der deutschen Strafrechtswissenschaft gesprochen oder daran gezweifelt, daß jemals eine befriedigende Lösung gefunden werde[35].

---

23 Vgl. Kaiser, FS Klug, S. 587 ff
24 Vgl. AK-Hassemer vor § 1 Rn 265
25 Hassemer, NStZ 1989, S. 553; vgl. auch Herzog, Gesellschaftliche Unsicherheit, S. 65 ff; zum sog. "Risikostrafrecht" vgl. Kap. VI.1.2.
26 Kritisch hierzu Zaczyk, Das Unrecht der versuchten Tat, S. 123; zur Systemtheorie s. Kap. VI.1.2.1.
27 W. Beck S. 71
28 Frisch, FS Stree/Wessels, S. 70
29 Blei, Strafrecht AT I, S. 89
30 Maurach/Gössel/Zipf, Strafrecht AT, § 19 Rn 8
31 Jescheck/Weigend, Strafrecht AT, S. 257
32 Schmidhäuser, Strafrecht AT, S. 83 f; hierin liegt genau genommen bereits eine Differenzierung zwischen Rechtsgut und Rechtsgutsobjekt, die über die Rechtsguttheorie hinausgeht.
33 Rudolphi, FS Honig, S. 163
34 Amelung, ZStW 84, S. 1015
35 Vgl. Marx S. 2

In den Rechtsgutdefinitionen enthalten sind häufig angeblich objektive Sozialwerte und damit die Annahme einer objektiv teleologischen Vorgegebenheit[36]. Sie wirken dadurch einfacher, praktikabler; darin besteht jedoch gleichzeitig ihre große Schwäche bzw. Gefahr - zu leicht entsteht die Tendenz, den vorpositiven Ansatz einer Begründung aus den Augen zu verlieren; zu schnell identifiziert man die Bestimmung eines anschaulichen Rechtsguts mit dessen Legitimität[37]. Nur scheinbar dient es einer permanenten Restriktion des Strafrechts; tatsächlich wurde die Strafbarkeit im Laufe der Geschichte der Rechtsguttheorie (auch) mit ihrer Hilfe erweitert.

Das Rechtsgutdogma birgt die weitere Gefahr in sich, den Rechtskreis des Täters völlig unberücksichtigt zu lassen. Der Täter ist nur noch "Feind des Rechtsguts... Das Feindstrafrecht optimiert Rechtsgüterschutz, das bürgerliche Strafrecht optimiert Freiheitssphären"[38].

Trotz aller begründeter Kritik - geht auch der Anspruch der vorpositiv materialen Unrechtsbegründung[39] teilweise bei den Rechtsgutdefinitionen verloren, es bleibt zumindest die Verpflichtung des Gesetzgebers zur Benennung und Begründung eines Rechtsgutes. Dies wiederum ist wichtige Voraussetzung für Auslegung und Anwendung einer Norm. Speziell bei § 142 StGB wurde bereits auf das Urteil des BGH hingewiesen, der mittels Auslegung des definierten Rechtsgutes den Alleinunfall mit ausschließlichem Eigenschaden aus dem Anwendungsbereich des § 142 StGB ausschloß[40].

Auch in dieser Arbeit wird insofern mit dem Rechtsgutbegriff umgegangen. Der Einfachheit halber kann dieser Begriff häufig schlagwortartig verwendet werden. Für die Untersuchung strafrechtlicher Prinzipien ist jedoch eine weitergehende Begründung erforderlich, auf welchem Strafrechtsverständnis diese Arbeit basiert.

---

36 Vgl. Köhler, Strafrecht AT, S. 24; Wolff, Die Abgrenzung, S. 137 ff

37 Vgl Zaczyk, Das Unrecht der versuchten Tat, S. 119 f

38 Jakobs, ZStW 97, S. 753 ff; teilweise wird das Rechtsgutdogma als Kriterium der Normlegitimation (noch) akzeptiert, jedoch hinsichtlich seiner Tauglichkeit als Kriterium der Sanktionslegitimation abgelehnt, vgl. Kindhäuser, Gefährdung als Straftat, S. 340

39 Vgl. Kant: "Es kann... eine äußere Gesetzgebung gedacht werden, die lauter positive Gesetze enthielte; alsdann aber müßte doch ein natürliches Gesetz vorausgehen, welches die Autorität des Gesetzgebers (d.i. die Befugniß, durch seine bloße Willkür andere zu verbinden) begründete.", MdS Einl. RL IV

40 Vgl. BGHSt 8, 263

2. Das freiheitliche (Straf-)Rechtsverständnis

"Die Schwierigkeit der Materie zeigt, daß man weit zurückgehen muß, um eine ausreichende Basis zu finden"[41]. Mit diesen Worten führt E.A. Wolff den Leser seines Aufsatzes "Die Abgrenzung von Kriminalunrecht zu anderen Unrechtsformen" hin zu der "Erinnerung an die Grundlegung der Freiheit, die von Kant ihren Ausgang nimmt"[42]. Hierin liegt zugleich der wesentliche - im Vergleich zur Rechtsguttheorie - weiterführende Ansatz des freiheitlichen Strafrechtsbegriffs. Die Lehre vom Rechtsgüterschutz als solche garantiert keine liberalen Werte[43]. Die Rechtsgutlehre begnügt sich vielmehr damit, Freiheit der Einzelnen als eines von vielen Rechtsgütern zu begreifen - die Strafrechtsphilosophie der Freiheit spielt keine Rolle mehr[44]. Der Begriff der Freiheit muß jedoch "Denknotwendigkeit"[45] sein, nicht nur ein Faktum, das es zur Zeit gibt, historisch jedoch aufhebbar ist.

Freiheitliches Zusammenleben zeichnet sich aus durch die freie Selbstbestimmung des Einzelnen. Das freiheitliche Rechtsverständnis geht aus von diesem Verständnis jedes Menschen als freiem und vernunftbestimmtem Wesen. Bei der subjektiven Zwecksetzung eines jeden ist gleichsam zwingend das freie Dasein anderer mitzubedenken. "Eine jede Handlung ist Recht, die oder nach deren Maxime die Freiheit der Willkür eines jeden mit jedermanns Freiheit nach allgemeinem Gesetz zusammen bestehen kann"[46]. Dieses Verhältnis - Rechts- oder Anerkennungsverhältnis - zwischen Menschen ist fundamental und nicht erst durch Normen geschaffen[47]. "Das ursprüngliche Recht freier Selbstsetzung und die ihm korrespondierende Pflicht im Selbstverhältnis werden also in eins gedacht mit dem sich-beschränkt-Setzen durch freie Selbstsetzung aller; das Recht der Selbstbestimmung ist gleichursprünglich der rechtlichen Anerkennungspflicht gegenüber dem anderen"[48].

Der Einzelne bildet einen Bereich der Gesellschaft, in dem ein Teil des jedem zustehenden Rechts in direkt gegenseitig bezogene subjektive Rechte verwandelt

---

41 Wolff, Die Abgrenzung, S. 160 f

42 Wolff a.a.O. S. 162; vgl. auch Hegel "Dies, daß ein Dasein überhaupt, Dasein des freien Willens ist, ist das Recht. - Es ist somit überhaupt die Freiheit, als Idee.", Grundlinien der Philosophie des Rechts, § 29

43 Vgl. Amelung, Rechtsgutverletzung, S. 275 f

44 Vgl. Harzer S. 101

45 Zaczyk, Das Unrecht der versuchten Tat, S. 124; vgl. auch Köhler, Strafrecht AT, S. 9

46 Kant MdS, Einleitung in die Rechtslehre, § C. Daraus abgeleitet der kategorische Imperativ: "Handle äußerlich so, daß der freie Gebrauch deiner Willkür mit der Freiheit von jedermann nach einem allgemeinen Gesetze bestehen könne".

47 Vgl. Zaczyk, Das Unrecht der versuchten Tat, S. 165; Köhler, Strafrecht AT, S. 10 f

48 Köhler, Das angeborene Recht ist nur ein einziges, S. 67

wird[49]. Das Verbrechen hat zu seinem Gegenstand die Vernichtung der anerkannten bzw. anzuerkennenden Freiheit, der Autonomie des Einzelnen. Bei der notwendigen Abstraktion von den subjektiven Vorstellungen des Einzelnen setzt nun das Strafrecht ein. Durch Abstraktion sichert es die Objektivität und das notwendige Element des äußeren Zwangs zur Wahrung der Freiheit des Einzelnen, ohne dabei den Raum individueller Entfaltungs- und Verwirklichungsfreiheit beschränken zu dürfen[50].

Das freiheitliche Rechtsverständnis setzt konsequent ein rechtlich strukturiertes Gemeinschaftsleben voraus, in dem rechtliche Freiheit verwirklicht wird, d.h. das Strafrecht als Teil des strukturierten Gemeinschaftslebens kann dem Einzelnen keine Aufgaben auferlegen, die nicht Teil des gegenseitigen Anerkennungsverhältnisses sind[51], es kann mit anderen Worten keine beliebigen "Rechtsgüter" erfinden, die nicht außerhalb des Strafrechts das freiheitliche Zusammenleben ausmachen[52]. "Und dieser Punkt läßt noch einen weiteren Aspekt erkennen. Gerade auch außerhalb des Strafrechts muß eine Rechtsgemeinschaft für das von ihr im Strafrecht behauptete Rechtsgut etwas für dessen Erhaltung leisten. Erst dann kann ein Rechtsgut mit Grund zum Strafrechtsgut werden"[53].

Nicht jede Verletzung des Anerkennungsverhältnisses stellt strafbares Unrecht dar. Das *Strafrecht* setzt erst ein, wenn die Verletzung in einem Ausmaß erfolgt, das die rechtliche Selbständigkeit des betroffenen Individuums oder der Gemeinschaft grundlegend beeinträchtigt[54]. Das *Maß* der Verletzung ist dabei nicht als äußerer Verlust mißzuverstehen. Eine einfache Vertragsverletzung kann einen wesentlich höheren Schaden verursachen als ein Betrug. Entscheidend ist vielmehr, daß der Täter den anderen für seine eigenen Zwecke instrumentalisiert und dessen Freiheit hierfür in fundamentaler Weise beschränkt[55]. Niemand ist berechtigt, seine Interessen einseitig auf Kosten eines anderen Individuums durchzusetzen[56]. In dem Begriff des Maßes liegt demnach auch das Kriterium der *Art* der Verletzung des gegenseitigen Anerkennungsverhältnisses.

---

49 Vgl. Wolff, Die Abgrenzung, S. 206

50 Vgl. Köhler, Strafrecht AT, S. 13; Schürer-Mohr S. 56

51 Vgl. Wolff, Die Abgrenzung, S. 217, der ein anschauliches Beispiel hinsichtlich der Gefahr der Beliebigkeit gibt: "Ein Student, der die Vorlesung verläßt, stört die Veranstaltung. Veranstaltungen der Rechtslehre sind aber notwendig für die besonders anfällige Basis des Gemeinwesens, nämlich das Daseins des Rechts. So verletzt diese Handlung besonders zentrale Güter der Gemeinschaft und man kann die Höhe der Strafe kaum mehr abschätzen."; a.a.O. in Fn 6

52 Vgl. Zaczyk, Das Unrecht der versuchten Tat, S. 188

53 Zaczyk, Das Unrecht der versuchten Tat, S. 188

54 Vgl. Wolff, Die Abgrenzung, S. 211 ff; Köhler, Strafrecht AT, S. 22. Man spricht seit Binding auch vom "fragmentarischen Charakter" des Strafrechts.

55 Vgl. Zaczyk, Das Unrecht der versuchten Tat, S. 200 f

56 Vgl. Schürer-Mohr S. 51

Hinsichtlich des Maßes der Verletzung kann so weiter begründet differenziert werden: Beraubt der verletzende Eingriff den anderen seiner Freiheit vollständig (Tötungsdelikt) oder wesentlich (schwere Körperverletzung), ist dies als schwereres Unrecht erkennbar als eine Vermögensbeschädigung. Letzteres beeinträchtigt die sonstige Verhaltensfreiheit in der Regel nicht. Ein Diebstahl hat eine andere Qualität als eine Sachbeschädigung, da letztere den anderen nicht in seiner Stellung als Eigentümer beschränken will. Bloße Gebrauchsanmaßungen stehen entsprechend auf unterster Stufe[57].

Sofern eine Strafnorm bzw. deren "Rechtsgut" untersucht wird, muß deren Legitimität bzw. die Legitimität des "Rechtsguts" somit immer hinsichtlich Art und Ausmaß der Verletzung des Anerkennungsverhältnisses hinterfragt werden. Nur eine Verletzung, die fundamental und substantiell in den rechtlich garantierten (äußeren) Freiheitsbereich anderer Personen oder der Gemeinschaft eingreift, kann strafbares Unrecht begründen[58].

3. Der gegenwärtige Stand der Diskussion um das Rechtsgut des § 142 StGB

Bei der Darstellung der Entstehungsgeschichte der Norm wurde bereits darauf hingewiesen, daß trotz der Festlegung des Gesetzgebers im Jahr 1975, § 142 StGB diene der Sicherung bzw. Abwehr zivilrechtlicher Schadenersatzansprüche und sei dementsprechend ausgestaltet, die Definition des Rechtsguts der Norm umstritten blieb. Zwar hat sich die herrschende Meinung den Ausführungen des Gesetzgebers relativ unkritisch angeschlossen[59], genauere Untersuchungen tun sich jedoch nach wie vor schwer mit der konkreten Bestimmung eines legitimen Rechtsguts.

Einigkeit herrscht nur hinsichtlich zweier Schutzrichtungen, die negativ ausgeschlossen werden: § 142 StGB diene weder dem staatlichen Interesse an der Strafverfolgung noch der Durchsetzung ordnungsrechtlicher Maßnahmen, da diese Schutzzwecke mit dem rechtsstaatlichen Gebot, daß niemand sich selbst anzeigen und belasten müsse, unvereinbar seien[60]. Interessant, wenn nicht inkonsequent ist andererseits, daß die zwangsweise Folge der Selbstbelastung von der herrschenden Meinung als *mittelbarer* Effekt noch heute akzeptiert wird[61]. Inwiefern der

---

57 Vgl. W. Beck S. 86; Wolff, Die Abgrenzung, S. 214 f

58 Vgl. Köhler, Strafrecht AT, S. 22 f

59 Vgl. Schönke/Schröder/Cramer/Sternberg-Lieben § 142 Rn 1; Lackner/Kühl § 142 Rn 1; LK-Geppert § 142 Rn 1 ff; Jagusch/Hentschel § 142 StGB Rn 20, jeweils mit zahlreichen Nachweisen

60 Seit BGHSt 8, 263

61 Vgl. Kap. II.2.

Ausschluß dieser Schutzrichtungen daher überzeugt oder nur ein bloßes Lippenbekenntnis darstellt, sollte nicht Problematik dieser Arbeit sein. Erlaubt sei jedoch noch einmal der Hinweis, daß diesbezüglich die Meinung vertreten wird, die Norm sei verfassungswidrig[62], der Austausch der Begründungen nach 1975 sei lediglich "rein deklaratorisch"[63].

Zu untersuchen sind jedoch die positiv bestimmten Rechtsgüter. Die Klarstellung des Gesetzgebers wird den Definitionen dabei jeweils zugrunde gelegt, jedoch unterschiedlich spezifiziert[64]: Der Großteil der Lehre definiert das Rechtsgut des § 142 StGB dementsprechend als "privates Beweissicherungsrecht aller Unfallbeteiligten und Geschädigten an der Feststellung der Unfallursachen zwecks Klarstellung der zivilrechtlichen Verantwortlichkeit"[65] oder ganz plakativ als privates Aufklärungs-, Feststellungs- und/oder Beweissicherungsinteresse[66]; andere umschreiben geringfügig geändert die Gesetzesbegründung mit "Nichtermöglichung beweiserheblicher Feststellungen nach einem Verkehrsunfall"[67].

Manche sehen (nur) das Vermögen als das eigentliche Rechtsgut der Norm an[68]. Teilweise wird als Schutzrichtung allein die Sicherheit bzw. auch allgemein die Funktionstüchtigkeit des (Straßen-)Verkehrs benannt[69].

Vereinzelte Zweifel an der Haltbarkeit dieser Rechtsgutbestimmungen werden dadurch kompensiert, daß Strafgrund auch das sozialschädliche und verantwortungslose Täterverhalten sei[70], oder sie werden vollständig durch moralisierende Bewertungen überlagert - § 142 StGB habe eine allgemein anerkannte Anstandspflicht zu einer Strafnorm erhoben[71]. Im übrigen werden Zweifel jeglicher Art durch einen recht zügigen Verweis auf die "Besonderheiten des Straßenverkehrs" kaschiert, womit der schwerpunktmäßig zu prüfende Gegenstand dieser Arbeit berührt ist.

---

62 Vgl. Dietrich, 142 StGB und das Verbot zwangsweiser Selbstbelastung (1998)

63 Engelstädter S. 168; vgl. auch Geppert, JURA 1990, S. 78 f

64 Häufig läßt sich allerdings gar keine genaue Trennung verschiedener Ansichten zum Rechtsgut vollziehen, da zumeist mehrere Gesichtspunkte gleichzeitig genannt werden, ohne daß *ein* Rechtsgut konkret benannt würde.

65 LK-Geppert § 142 Rn 1

66 Vgl. Blum v. Ann S. 10; Dietrich S. 76; Brock S. 87; Friemel S. 57; Säzler S. 14; Thirolf S. 33

67 Maurach/Schroeder/Maiwald, Strafrecht BT 1, S. 531

68 Vgl. Magdowski S. 42; Jäger S. 42

69 Vgl. Lincke S. 111; Engelstädter S. 174

70 Vgl. Tröndle/Fischer § 142 Rn 5

71 Vgl. Bär/Hauser IX 1 b; ebenso Erdsiek, NJW 1963, S. 364, der auch davon spricht, § 142 StGB schütze den "sozialen Gedanken" (a.a.O.).

Erkennbar verlassen diese zuletzt genannten Argumentationen den Bereich einer Auseinandersetzung mit der - nach herrschender Meinung ja erforderlichen - Rechtsgutsbestimmung. Sie müssen daher gesondert hinterfragt werden. Bevor jedoch hierauf eingegangen werden kann, müssen die benannten Rechtsgüter bzw. Schutzrichtungen zunächst auf ihre Überzeugungskraft hin geprüft werden. Die folgenden Ausführungen stellen also nicht den Versuch dar, das Rechtsgut des § 142 StGB zu präzisieren; vielmehr soll verdeutlicht werden, warum die Diskussion um die Strafwürdigkeit der Unfallflucht überwiegend an anderer Stelle bzw. auf andere Weise geführt wird.

4. Kritische Analyse der einzelnen Rechtsgutsbestimmungen zum § 142 StGB unter besonderer Berücksichtigung der Ausgestaltung als (abstrakten) Gefährdungsdelikts

Der kritischen Analyse innerhalb der einzelnen Rechtsgutsbestimmungen ist ein Aspekt der Norm gemeinsam, das der Ausgestaltung als (abstraktes) Gefährdungsdelikt. Gleichgültig, welcher Definition eines Rechtsguts man folgt, § 142 StGB verlangt insofern keinen Tatbestandserfolg - weder, daß die Beweissicherung vereitelt, jemandes Vermögen geschädigt oder die Sicherheit des Straßenverkehrs tatsächlich beeinträchtigt wird. Dieser Umstand hat bisher zu wenig Beachtung geführt, die Kategorisierung der Norm als (abstraktes) Gefährdungsdelikt wird unkritisch der Benennung des jeweils angenommenen Rechtsguts nur erläuternd hinzugefügt[72].

Die Kategorisierung als abstraktes Gefährdungsdelikt ist jedoch zu wichtig, als daß man sie nur positivistisch feststellen dürfte[73]. Um die Bedeutung dieser Kategorisierung zu verdeutlichen, erscheint es daher sinnvoll, diese Deliktskategorie als Gemeinsamkeit der Rechtsgutdefinitionen in einer ausführlicheren Darstellung voranzustellen, um Aspekte und auch problematische Kriterien des (abstrakten) Gefährdungsdelikts mit in die Argumentation um das geschützte Rechtsgut aufzunehmen, statt - dogmatisch genauer, in der Darstellung jedoch umständlich - die Analyse der einzelnen Rechtsgüter (zunächst) ohne diesen Hintergrund vorzunehmen.

---

72 Vgl. Lackner/Kühl § 142 Rn 2; Schönke/Schröder/Cramer/Sternberg-Lieben § 142 Rn 1; LK-Geppert § 142 Rn 1; AK-Schild § 142 Rn 38; kritischer Engelstädter S. 37 ff; vorsichtig auch Thirolf S. 47 ff

73 Vgl. Herzog, Gesellschaftliche Unsicherheit, S. 1

4.1. Das Gefährdungsdelikt

"Es gibt Rechtsbegriffe, die trotz ihrer Unentbehrlichkeit gefährlich sind. Schwer verständlich, werden sie leicht mißdeutet, ebenso leicht mißbraucht. An ihre Verwirklichung im Leben schwere Rechtsfolgen zu knüpfen, unterliegt sonach großen Bedenken"[74]. Mit diesen Worten leitete Binding im Jahre 1919 seine Ausführungen über den strafrechtlichen Gefahrbegriff ein. Sie haben an Aktualität nichts verloren[75].

Für ein am Rechtsgüterschutz orientiertes Strafrecht ist der eindeutigste, weil greifbarste Unrechtserfolg die Rechtsgutsverletzung[76]. Grundsätzlich ist die vorsätzliche Verletzung strafbar, teilweise auch der fahrlässig herbeigeführte Verletzungserfolg. Strafbar kann aber auch Verhalten sein, welches nicht zu einer effektiven Verletzung eines Rechtsgutes führt. Hierzu zählt vor allem die versuchte Straftat. Die heute herrschende Ansicht vertritt die Auffassung, daß der Strafbarkeit des Versuchs sowohl subjektive als auch objektive Kriterien zugrundezulegen sind. Voraussetzung ist zum einen, daß der Täter Vorsatz hinsichtlich der Vollendung einer Tat hat - womit der Versuch sich deutlich von den Gefährdungsdelikten unterscheiden wird - als auch nach seiner Vorstellung von der Tat zur Verwirklichung des Tatbestands unmittelbar ansetzt, § 22 StGB. Nach der Frank'schen Formel ist unmittelbares Ansetzens gegeben bei jeder Tätigkeit, die vermöge ihrer notwendigen Zusammengehörigkeit mit einer Tatbestandshandlung für die natürliche Auffassung als deren Bestandteil erscheint[77].

Vereinzelt spricht man beim Versuch auch von einem Gefährdungsdelikt[78]. Diese Gleichstellung ist jedoch ungenau. Das nach der Tatvorstellung des Täters realisierte Verhalten muß sich sowohl in subjektiver als auch in objektiver Perspektive schon als Teilmoment des jeweils besonderen Tatbestandshandelns begreifen lassen[79]. Hierin liegt zumeist eine tatsächliche Gefahr für das anvisierte Objekt; es hat jedoch bereits eine andere Qualität. Durch die Versuchsstrafbarkeit läßt sich ein Gefährdungserfolg oder gefährliches Verhalten per se keinesfalls erfassen.

Der Gesetzgeber hat mittels der Gefährdungsdelikte eine andere Art der Vorverlagerung der Strafbarkeit geschaffen. Die Gefährdungstatbestände sollen die "Zufallshaftung" abmildern[80]. Häufig entscheidet nur der Zufall über den Eintritt eines Verletzungserfolges. Es wird als ungerecht empfunden, denjenigen, dessen

74 Binding, Normen, Band 4, S. 374
75 Vgl. Herzog, Gesellschaftliche Unsicherheit (1991)
76 Vgl. Arzt/Weber Rn 5
77 Vgl. Frank, StGB, § 43 Anm. II 2 b
78 Vgl. Diskussion bei Zieschang S. 127 ff
79 Vgl. Köhler, Strafrecht AT, S. 460
80 Vgl. Berz, Formelle Tatbestandsverwirklichung, S. 62 ff

gefährliches Verhalten durch Zufall zu einem Schaden führte, zu bestrafen; denjenigen, der zufälligerweise Glück hatte, straflos gehen zu lassen. Als unbestreitbar wird gesehen, daß ein Vorgang, bei dem beinah etwas passiert sei, eine ähnliche Notwendigkeit der Bestrafung hervorrufe, wie bei einer vollendeten Verletzung[81].

Ein weiterer Grund der Schaffung von Gefährdungsdelikten entstammt der Rechtspraxis, nämlich das Problem praktischer Beweisschwierigkeiten. Häufig ist nicht nachweisbar, ob ein per se als gefährlich einzustufendes Verhalten tatsächlich zu einer Rechtsgutsverletzung oder Gefährdung geführt hat. So kann z.B. die Feststellung, inwiefern eine falsche Aussage entscheidenden Einfluß auf ein Urteil gehabt hat, unmöglich sein. H. Schröder führt beispielhaft an, daß das Straßenverkehrsrecht zum Scheitern verurteilt sei, wenn Beweisschwierigkeiten seine Praktikabilität in ständigen Zweifel ziehen würden[82].

Das Strafgesetzbuch unterscheidet nun zwischen konkreten und abstrakten Gefährdungsdelikten. Beiden ist die Vorverlagerung der Strafbarkeit in Form der Herbeiführung einer Gefahrenlage gemein. Neben dieser Gemeinsamkeit weisen sie jedoch große strukturelle Unterschiede auf. Das konkrete Gefährdungsdelikt verlagert die Strafbarkeit in das Vorfeld der Schädigung; bei den abstrakten Gefährdungsdelikten ist nur eine Verhaltensweise normiert, ohne den Nachweis einer Gefahr zu erfordern. Andere formulieren: Bei den konkreten Gefährdungsdelikten ist die Gefahrenlage Tatbestandsmerkmal, bei den abstrakten Gefährdungsdelikten Motiv des Gesetzgebers[83]. Diese Differenzierung ist jedoch bei genauerer Untersuchung nur scheinbar klar; bezogen auf einzelne Strafvorschriften werden zum Teil ganz kontroverse Auffassungen dazu vertreten, in welche Gefährdungsgruppe die Einordnung zu erfolgen hat[84].

4.1.1. Der Begriff der Gefahr

Der Begriff der Gefahr bereitet hinsichtlich Auslegung und Anwendung erhebliche Schwierigkeiten. Überwiegend wird zwar festgestellt, eine Gefahr habe zwei Wesensmerkmale, nämlich die Möglichkeit oder Wahrscheinlichkeit eines in der Zukunft liegenden Ereignisses sowie der schädliche Charakter desselben[85]. War man in den 30er Jahren noch recht "optimistisch", auf diese Weise den Begriff der

---

81 Vgl. Demuth S. 194; Berz, Formelle Tatbestandsverwirklichung, S. 55, 62; Weber, Beiheft ZStW 1987, S. 27; Lackner, Das konkrete Gefährdungsdelikt, S. 4 ff

82 Vgl. Schröder, ZStW 81, S. 16; ähnlich, allerdings mit konkreten Einschränkungen hierzu Weber, Beiheft ZStW 1987, S. 33

83 Vgl. Berz, Formelle Tatbestandsverwirklichung, S. 58; Tröndle/Fischer vor § 13 Rn 31a

84 Hierzu ausführlich Zieschang, Die Gefährdungsdelikte (1998)

85 Vgl. Bassenge S. 18 f; Lackner, Das konkrete Gefährdungsdelikt, S. 16; Volz S. 8; Arzt/Weber Rn 70

Gefahr erfaßt zu haben[86], schließen neuere Arbeiten überwiegend mit dem Fazit, daß der Gefahrbegriff sich nicht so definieren lasse, einheitliche Entscheidungen hierzu zu gewährleisten[87] oder mit der Aussage, daß auch genauere Definitionen der praktischen Handhabung gar nicht nützlich wären[88].

Der BGH stellte geradezu kapitulierend fest: "Nach dem Sprachgebrauch besteht eine Gefahr, wenn der Eintritt eines Schadens naheliegt. Das ist dann der Fall, wenn nicht nur die gedankliche Möglichkeit, sondern eine auf festgestellte tatsächliche Umstände gegründete Wahrscheinlichkeit eines schädigenden Ereignisses besteht. Die für die Besorgnis eines Schadens maßgeblichen Umstände können unterschiedliches Gewicht haben. Welches Gewicht ihnen im Einzelfall zukommt, läßt sich allenfalls schätzen, dagegen nicht rechnerisch sicher bestimmen, zumal wenn, wie im Regelfall, eine Reihe von Umständen vorliegt, die auch in ihrem Zusammen- oder Gegeneinanderwirken bewertet werden müssen... Der Begriff der Gefahr entzieht sich genauer wissenschaftlicher Umschreibung. Er ist nicht allgemeingültig bestimmbar und überwiegend tatsächlicher, nicht rechtlicher Natur"[89].

Die Schwierigkeit liegt darin, daß die Feststellung einer Gefahr immer ein Gefahrurteil voraussetzt, und zwar nicht über einen wirklichen, sondern über einen nur gedachten, hypothetischen Kausalverlauf unter dem Gesichtspunkt, ob er nach menschlicher Erfahrung möglich erscheint. Fraglich ist aber, ob es für diese Beurteilung einen einheitlichen Maßstab geben kann, wessen Urteilsvermögen entscheidend ist[90]. Wer will schon entscheiden, ob bei einem riskanten Verhalten eine Gefahr gegeben ist/war oder ob sich das Verhalten noch im Rahmen des sozial Anerkannten und Üblichen hält/hielt[91]. Die Beurteilung unterliegt also immer einer Wertung, ohne aber auf exakte Wertungskriterien zurückgreifen zu können: Die Gefahr kann objektiv und/oder subjektiv beurteilt werden. Es ist fraglich, ob sie ex post oder ex ante gesehen werden muß bzw. darf. Der Richter

---

86 Vgl. Henckel, Der Gefahrbegriff im Strafrecht (1930), wobei in Zweifel gezogen werden darf, ob die Problematik mehr als nur vage erfaßt wurde: "Es muß versucht werden, die zahlreichen Delikte, für die der Gefahrbegriff irgendwie eine Rolle spielt, nach irgendwelchen Gesichtspunkten systematisch zu ordnen" (a.a.O. S. 46); Appel, Das Verbrechen der Gefährdung (1931); Herrmann, Zum Begriff der Gefahr (1939); Nick, Gefahr und Gefährdungsvorsatz (1937); Pütz; Der Gefahrbegriff (1936)

87 Vgl. Bassenge S. 139

88 Vgl. Horn S. 211; Demuth definiert Gefahr alternativ als die "mit normalen schadensverhütenden Mitteln nicht mehr beherrschbare Bedrohung", S. 218

89 BGHSt 18, 271, 272f

90 Vgl. Lackner, Das konkrete Gefährdungsdelikt, S. 16 f; Zieschang S. 43 ff; Schünemann, JA 1975, S. 514

91 Vgl. Demuth S. 7 ff, 60 ff mit zahlreichen widersprüchlichen Beispielen aus der Rechtsprechung

weiß immer mehr als der in der konkreten Situation Handelnde, Sonderwissen des Täters könnte zu berücksichtigen sein etc.[92].

Dieser schillernde Begriff ist also Ausgangspunkt der Gefährdungsdelikte. Für die vorliegende Arbeit sollen Andeutungen über die Auslegung und Anwendung des Gefahrbegriffs jedoch ausreichen. Die Darstellung soll nur zu erkennen geben, daß bereits die Basis des normativen Begriffs unklar ist. Um so schwerer wiegen Bedenken, die im folgenden aufzuzeigen sind.

4.1.2. Konkrete Gefährdungsdelikte

Die konkreten Gefährdungsdelikte sind dadurch gekennzeichnet, daß sie den Eintritt einer konkret verwirklichten Gefahr für ein tatbestandlich geschütztes Objekt verlangen. Sie enthalten als Tatbestandsmerkmal in Gestalt einer Lebens-, Leibes- oder Sachgefährdung einen Gefahrerfolg[93]. Sie sind in der Weise konstruiert, daß mit einer bestimmten Verhaltensweise die Herbeiführung einer konkreten Gefahr kausal verknüpft ist. Der dem Handelnden zuzurechnende Eintritt der konkreten Gefahr muß bewiesen sein.

Der Gesetzgeber bevorzugt konkrete Gefährdungsdelikte vor allem für solche Lebensbereiche, die wegen ihres hohen Grades von Technisierung und der damit einhergehenden Massenhaftigkeit gleichartiger Vorgänge mit besonders hohen Risiken behaftet sind. Das ihnen gemeinsame Merkmal besteht darin, daß ein Fehlverhalten sehr leicht die Verletzung von Menschenleben oder große Sachschäden zur Folge haben kann.

Die zur Auslegung des Gefahrbegriffs genannten Probleme sind in der Rechtsanwendung der konkreten Gefährdungsdelikte von besonderer Relevanz, da der Eintritt einer Gefahr als Tatbestandsmerkmal bewiesen sein muß[94]. Die konkreten Gefährdungsdelikte sind als solche jedoch als legitim anerkannt[95].

---

92 Hierzu vor allem Gallas, FS Heinitz, S. 177 ff; Volz S. 13 ff; Horn S. 34 ff; Demuth S. 51 ff; Bassenge S. 33; Gallas, Schröder und Horn zeigen deutlich auf, daß eine reine ex ante-Betrachtung unmöglich ist. Zur Basis des Gefahrurteils gehöre immer auch die der Handlung des Täters nachfolgende Bedingung des Eintritts eines Rechtsguts in den Wirkungskreis der gefährlichen Handlung; damit sei schon der erste Schritt zu einer ex post-Begründung getan. Bassenge beurteilt die Theorie der Bewertung ex ante als "veraltet", Gallas a.a.O. S. 33 ff; a.A. Zieschang S. 167 ff

93 h.M., vgl. Lackner, Das konkrete Gefährdungsdelikt, S. 7; Horn S. 11 ff; Arzt/Weber Rn 61; Schröder, ZStW 81, S. 17; Demuth S. 48; Berz, Formelle Tatbestandsverwirklichung, S. 55

94 Insofern zu den konkreten Gefährdungsdelikten Zieschang S. 54 ff

95 Vgl. Wohlers S. 284 ff

4.1.3. Abstrakte Gefährdungsdelikte

Verursachen die konkreten Gefährdungsdelikte hauptsächlich Schwierigkeiten der Definition bzw. Feststellung einer tatsächlich konkreten Gefahr, unterliegen die abstrakten Gefährdungsdelikte einer noch grundliegenderen Problematik. Diese Problematik besteht - neben den dogmatischen Fragen ihrer konkreten Auslegung und Handhabung - in der fundamentalen Frage ihrer strafrechtlich zu beurteilenden Legitimation. Sie sind Delikte, die weder eine Verletzung noch eine konkrete Gefährdung noch eine Verletzung eines Rechtsguts voraussetzen. Der Gesetzgeber stellt mit ihnen eine Handlung als solche unter Strafe, weil diese nach allgemeinem Erfahrungswissen gefährlich oder generell geeignet ist, Verletzungen herbeizuführen bzw. weil ein derartiges Verhalten erfahrungsgemäß mit einiger Wahrscheinlichkeit die Verletzung eines Rechtsguts bewirkt[96]. Sie eignen sich in noch größerem Maße zur Erfassung technisierter Lebensbereiche, in denen massenhaft gleichartige Geschehensabläufe stattfinden, deren generelle Gefährlichkeit voraussehbar ist und die deshalb im voraus tatbestandlich "vertypt" werden können.

Die strafrechtliche Entwicklung des abstrakten Gefährdungsdelikts steht entsprechend in engem Zusammenhang mit der des Polizeirechts. Neben der Postulierung der Gefahrabwehr als präventiver Aufgabe der Polizeibehörden enthielt das Polizeirecht stets auch strafbewehrte Vorschriften, die generell gefährliche Verhaltensnormen verboten[97]. Das Ordnungswidrigkeitenrecht ist heute das Hauptfeld, auf dem Prävention mittels abstrakter Gefährdungsdelikte bezweckt wird. Abstrakte Gefährdungsdelikte haben jedoch eben auch Einzug in das Strafgesetzbuch gehalten.

Hat aber das Strafrecht die Funktion, Rechtsgüter zu schützen bzw. fundamentale, substantielle Eingriffe in den Freiheitsbereich anderer Personen zu bestrafen, so stellt ein abstraktes Gefährdungsdelikt, das auf die Verletzung, ja sogar die konkrete Gefährdung eines Rechtsgutes verzichtet bzw. das notwendige Interpersonalitätsverhältnis außer Acht läßt, eine schwer zu legitimierende Straftat dar. Infolge ihrer Fixierung auf eine tatbestandliche Handlungsbeschreibung entstehen zudem Konflikte mit der materiellen Gerechtigkeit dieser Normen und mit dem straf-

96 Vgl. J. Schmidt S. 2; Gallas, FS Heinitz, S. 171 ff; Arzt/Weber Rn 48; Weber, Beiheft ZStW 1987, S. 21; Brehm S. 9; Berz, Formelle Tatbestandsverwirklichung, S. 57; weitere Definitionen s. Zieschang S. 164 ff, insbesondere zum Verständnis der Geeignetheit S. 197 ff

97 Angefangen bei den Reichspolizeiverordnungen von 1530, 1548 und 1577, die z.B. gesundheitsgefährdende Nachlässigkeiten in Apotheken oder im Umgang mit Lebensmitteln pönalisierten; vgl. hierzu Herzog, Gesellschaftliche Unsicherheit, S 74 ff; Arzt/Weber Rn 46

rechtlichen Schuldprinzip, wenn eine Handlung unter Strafe gestellt ist und sich im konkreten Einzelfall als völlig ungefährlich erweisen könnte[98].

Diese grundlegende Diskussion über die Legitimation der abstrakten Gefährdungsdelikte basiert im wesentlichen auf 2 Theorien, die Theorie der generellen Gefahr bzw. die Theorie der abstrakten Gefahr.

4.1.3.1. Grundlagen der Theorie der generellen Gefahr

Nach der Theorie der generellen Gefahr sind abstrakte Gefährdungsdelikte materiell allein dadurch legitimiert, daß der Gesetzgeber solche Verhaltensweisen untersagt, die generell, d.h. typischerweise zur Beeinträchtigung eines Rechtsguts führen und daher allgemein mißbilligt werden. Die Theorie der generellen Gefahr basiert auf einem statistischen Wahrscheinlichkeitsurteil, das dazu führt, daß nicht die einzelne, unter die abstrakten Gefährdungsdelikte zu subsumierende Handlung gefährlich sein muß, sondern die Gruppe dieser Handlungen. Der Tatbestand der abstrakten Gefährdungsdelikte beschreibt Handlungen, die erfahrungsgemäß in zahlreichen Fällen zu Rechtsgutsverletzungen führen. Es wird also mit einem generellen Gefahrenurteil gearbeitet, das die Gefährlichkeit der einzelnen Handlung nicht voraussetzt[99]. Grund des Verbotes soll nicht die individuelle Verletzungsrelevanz eines konkreten Verhaltens, sondern die generelle Verletzungsrelevanz der durch die im Tatbestand genannten Merkmale konstituierten Klasse von Verhaltensweisen sein[100].

Dieser Ansatz wird zum einen damit begründet, er erleichtere dem Normadressaten die Erwägung der Rechtsgutsgefährdung durch Pönalisierung bestimmter Verhaltensweisen; zum anderen sei Generalisierung eine notwendige Folge staatlichen Rechtssetzens, da gewisse soziale Bereiche nur bei Standardisierung des Verhaltens organisiert werden könnten[101].

Diese Begründung von Normen ist dem Recht nicht fremd; sie ist jedoch die Legitimationsgrundlage von Polizeiverordnungen und nicht des Strafrechts[102]. Die derart generalisierende Betrachtungsweise wird dem Strafrecht nicht gerecht - "Denn es kommt ja nicht nur darauf an, daß ein Verhalten wegen seiner Zugehörigkeit zu einer Klasse generell verletzungsrelevanter Verhaltensweise zu mißbilligen ist.

98 Vgl. J. Schmidt S. 5; insbesondere zur Frage der Eingrenzung der abstrakten Gefährdungsdelikte - unter Anerkennung ihrer prinzipiellen Legitimation - liegen zahlreiche Abhandlungen vor, vgl. Nachweise bei Zieschang S. 349 Fn 1; Wohlers S. 287 ff

99 Vgl. Darstellung bei Kindhäuser, Gefährdung als Straftat, S. 229 f; J. Schmidt S. 22 f mit weiteren Nachweisen

100 Vgl. Kindhäuser, Gefährdung als Straftat, S. 230

101 Vgl. Bohnert S. 183 ff

102 Vgl. Kap. VIII.2.

Entscheidend ist vielmehr auch, daß der Normwiderspruch den strafrechtlichen Schuldvorwurf... rechtfertigt"[103]. Die Einordnung als Unrecht ist - wie schon betont - nicht gleichbedeutend einer Bewertung als strafbar.

Die Theorie der generellen Gefahr führt dazu, daß dem Täter nicht vorgeworfen wird, sein Verhalten habe ein Rechtsgut schädigen können, sondern sein Verhalten habe zu einer Gruppe von Handlungen gehört, die mit einer gewissen Wahrscheinlichkeit zu einer Rechtsgüterbeeinträchtigung führen[104]. Im Gegenzug müßte der Täter sich mit dem "in dubio pro reo"-Grundsatz verteidigen können, es stehe eben nicht fest, ob gerade sein Verhalten zu einer Rechtsgutsgefährdung geführt hat. Ein Wahrscheinlichkeitsurteil dieser Art trifft keinerlei Aussage darüber, ob das Ereignis im konkreten Fall eintreten wird oder kann[105].

Über den Ansatz der Theorie der generellen Gefahr läßt sich daher keine materielle Legitimation der abstrakten Gefährdungsdelikte herleiten; der Schuldvorwurf wird vollkommen entindividualisiert, auf eine Beziehung zwischen Norm und Rechtsgut wird verzichtet[106].

4.1.3.2. Theorie der abstrakten Gefahr (Präsumtionstheorie)

Die Theorie der abstrakt gefährlichen Handlung bzw. der abstrakten Gefahr (sog. Präsumtionstheorie) geht ebenso wie die Theorie der generellen Gefährlichkeit von der Beobachtung aus, daß es bei abstrakten Gefährdungsdelikten sowohl an einem konkreten Gefahrerfolg als auch an der Gefährlichkeit der Handlung im Einzelfall fehlen kann. Im Unterschied zur Theorie der generellen Gefährlichkeit akzeptiert sie dieses Phänomen jedoch nicht. Eine Rechtsgutsbeeinträchtigung im Sinne einer Rechtsgütergefährdung bleibt nach dieser Theorie wesentlich, jedoch ungeschriebene Deliktsvoraussetzung. Der Eintritt der Gefahr müsse danach jedoch auch nur vermutet, nicht nachgewiesen werden. Die gesetzliche Vermutung der Rechtsgutsbeeinträchtigung ersetzt somit das Erfordernis des Nachweises des tatsächlichen Eintritts einer Gefährdung[107].

Es gibt zwei unterschiedliche Ausprägungen dieser Theorie der abstrakten Gefahr, und zwar als unwiderlegliche oder widerlegliche Gefahr. Die Theorie der unwiderleglichen Gefahrenvermutung wird jedoch heute nicht mehr vertreten[108]. Sie stellte nur die These auf, daß ein ungeschriebenes Tatbestandsmerkmal nicht

103 Kindhäuser; Gefährdung als Straftat, S. 230

104 Vgl. J. Schmidt S. 29

105 Vgl. Brehm S. 41 ff; s. hierzu die "Beispielsrechnungen" von Kindhäuser, Gefährdung als Straftat, S. 232 ff

106 Vgl. Kindhäuser, Gefährdung als Straftat, S. 230 ff; J. Schmidt S. 28 ff; Brehm S. 41 ff

107 Daher der Begriff Präsumtionstheorie; vgl. Graul S. 151; J. Schmidt S. 32f

108 Vgl. Untersuchung bei J. Schmidt S. 35 ff

nachgewiesen werden müsse, ohne zu erklären, warum das geforderte Tatbestandsmerkmal ungeschrieben geblieben ist und warum der Gesetzgeber auf den Nachweis des Tatbestandsmerkmals verzichtet hat. Hierdurch entstand jedoch ein unüberwindlicher Konflikt mit dem Schuldprinzip. Der Eintritt einer Gefahr sollte Tatbestandsmerkmal bleiben (wenn auch ungeschrieben); die Strafbarkeit war jedoch völlig unabhängig davon, ob eine Gefahr eingetreten ist. Der Eintritt einer Gefahr wurde unwiderleglich vermutet. Ist es so, kommt es jedoch weder rechtlich noch tatsächlich überhaupt auf den Eintritt einer Gefahr an, obwohl gerade diese Theorie an dem Erfordernis des ungeschriebenen Tatbestandsmerkmals festhalten will. Bei dieser Theorie wird daher auch von einer "tautologischen Scheinbegründung"[109] gesprochen.

Die Theorie der widerleglichen Gefahrenvermutung versucht den Widerspruch zum Schuldprinzip dadurch auszuräumen, daß sie den Gegenbeweis der Ungefährlichkeit zulassen will. Teilweise wird dies dadurch versucht, daß auch bei den abstrakten Gefährdungsdelikten eine in Wirklichkeit in Erscheinung getretene Gefährdung vorliegen müsse, welche auch im Prozeß nachgewiesen werden müsse[110]. Der Unterschied zu den konkreten Gefährdungsdelikten bestehe danach nur darin, daß diese die Gefahr benennen, wobei sie im Tatbestand der abstrakten Gefährdungsdelikte unbenannt ist. Da die Vertreter dieser Theorie abstrakte und konkrete Gefährdungsdelikte trotzdem nicht gleichsetzen wollen, bleibt als Unterscheidungskriterium nur die Frage der Beweislast. Für den Täter hat diese Ansicht zur Folge, daß er bei den abstrakten Gefährdungsdelikten mit dem non liquet belastet ist, d.h. gelingt ihm der Gegenbeweis nicht, wird die Gefahr weiterhin gesetzlich vermutet. Die Frage der Vereinbarkeit mit dem Schuldprinzip bleibt offen[111].

Um dieser Problematik des non liquet zu entgehen, hat H. Schröder den Nachweis der Gefährlichkeit dem Gericht zugewiesen[112]. Er kann seinen Ansatz jedoch nicht konsequent durchhalten, da er zum einen die Widerlegbarkeit nicht bei allen abstrakten Gefährdungsdelikten zulassen will, zum anderen auch hier wieder dem Täter ein non liquet aufbürdet, wenn das Gericht keinen Beweis führen kann[113]. Von Schröder stammt in diesem Zusammenhang auch die Bezeichnung der

---

109 Brehm S. 40; er erklärt diese Theorie historisch als Versuch, die Systemwidrigkeit einer Strafrechtsdogmatik zu beseitigen, die das Unrecht der Straftat nur vom Erfolg her begriff.

110 Vgl. Rabl S. 20; auch Pütz S. 36 f

111 Vgl. Brehm S. 70; Cramer, Vollrauschtatbestand, S. 56; Berz, Formelle Tatbestandsverwirklichung, S. 103

112 Schröder, ZStW 81, S. 16

113 Vgl. Brehm S. 74; Graul unterscheidet danach, ob die Vermutung der Gefahr eine Beweisregel oder Beweislastregel darstellt. Sie kommt zu dem Ergebnis, daß die Vermutung als Beweisregel gegen den Grundsatz der freien richterlichen Beweiswürdigung verstößt, als Beweislastregel gegen das in dubio pro reo-Prinzip, S. 258 ff

"abstrakt-konkreten Gefährdungsdelikte"[114]. Ihre Besonderheit sieht er darin, daß "der Gesetzgeber wegen der Unmöglichkeit, die Voraussetzungen der Gefahr selbst abschließend zu bestimmen, die Entscheidung zwar dem Richter überläßt, durch die Fassung seines Tatbestands aber zu erkennen gibt, daß bei der Entscheidung nicht die konkrete Situation maßgeblich ist, sondern generelle Maßstäbe anzulegen sein sollen"[115]. Die generelle Gefährlichkeit eines Verhaltens sei somit nicht nur gesetzgeberisches Motiv, sondern vielmehr Tatbestandsmerkmal, das vom Richter festgestellt werden müsse.

Diese Bezeichnung als Mischform hat sich als Deliktsform nicht durchsetzen können[116]. Die Feststellung einer Schadenseignung ändert nichts daran, daß auch bei diesen Delikten nur eine abstrakte Gefahr vorliegt[117].

Binding hatte bereits vor 100 Jahren die Konsequenz gefordert, daß überall dort, wo das Gesetz von Gefahr redet, diese Gefahr konkret ausgelegt und dem Täter im Einzelfall nachgewiesen werden müsse[118]. Nicht nur die Verletzungsdelikte, sondern auch die Gefährdungsdelikte würden einen materiellen Angriff auf Rechtsgüter in Gestalt einer Beeinträchtigung in ihrer ungestörten Existenz enthalten[119]. Dabei will er den Angriff als einen konkreten verstanden wissen. Allerdings würden nicht alle Gefährdungsdelikte einen Gefährdungserfolg voraussetzen; diese nennt er jedoch nicht abstrakte Gefährdungsdelikte. Hier werde die konkret zu beurteilende gefährliche Handlung deshalb verboten, weil der Eintritt des Erfolges nur vom Zufall abhängig sei, den der Täter nicht kontrollieren und übersehen könne. Die Gefahr müsse daher auch nicht vermutet werden. Gefährdungsdelikte, die diesen materiellen Kern nicht enthalten, seien dem Strafrecht nicht zuzuordnen. Verbote, die im Einzelfall auch ungefährliche Handlungen erfassen können, seien nur Polizeiübertretungen oder einfacher Ungehorsam[120].

Bindings Versuch, in den als abstrakten Gefährdungsdelikten den gleichen Erfolg wie bei den konkreten Gefährdungsdelikten nachzuweisen, leidet zwar unter gewissen Widersprüchen, die immer wieder scharf kritisiert wurden[121]. Seine "Verteidiger"[122] weisen jedoch zu Recht darauf hin, daß Bindings Untersuchung

---

114 Schröder, JZ 1967, S. 522

115 Schröder a.a.O. S. 525

116 Ebensowenig viele andere "Mischform-Bezeichnungen", s. Zieschang S. 162 ff

117 So insbesondere Gallas, FS Heinitz, S. 171 ff; Berz, Formelle Tabestandsverwirklichung, S. 60; Brehm S. 21 f; s. auch Zieschang S. 173

118 Vgl. Binding, Normen, Band 1, S. 374 ff

119 Vgl. Binding a.a.O S. 383

120 Vgl. Binding a.a.O. S. 408; vor ihm bereits auch grundlegend Feuerbach, Über die Polizei-Strafgesetzgebung (1822)

121 So vor allem Cramer,Vollrauschtatbestand, S. 52 ff; Meyer S. 157 f

122 Hierzu Brehm S. 57 ff

weiter zielte, nämlich auf die Legitimation der abstrakten Gefährdungsdelikte strafbaren Unrechts. Seine Systematik zu den Gefährdungsdelikten stellte letztlich eine Theorie zur Abgrenzung des Polizeiunrechts vom Kernstrafrecht dar und führte damit über den positivistischen Ansatz hinaus[123].

4.1.3.3. Subjektivierung des Lösungsansatzes

Neuere Ansätze subjektivieren den Legitimationsansatz. Sie versuchen den individuellen, schuldbezogenen Charakter des Strafrechts mit den abstrakten Gefährdungsdelikten zu vereinbaren, stellen das Handlungsunrecht in den Vordergrund und konstruieren eine Verwandtschaft zur Versuchsstrafbarkeit und zu den Fahrlässigkeitsdelikten[124].

Cramer verweist auf die Vergleichbarkeit des abstrakten Gefährdungsdelikts mit dem untauglichen Versuch, der auch unter Strafe stehe, obwohl eine konkrete Gefahr für ein Rechtsgut begrifflich ausgeschlossen sei. Der Bestand an rechtlichen Interessen könne also allein dadurch gefährdet werden, daß ein Mensch um eine Verletzung bemüht sei und die Daseinsgewißheit eines Rechtsguts erschüttert werde[125]. Das abstrakte Gefährdungsdelikt weise zum konkreten Gefährdungsdelikt insofern ein ähnliches Verhältnis auf wie der untaugliche zum tauglichen Versuch, da es auf die Gefährlichkeit des Täters ankomme. Bei den abstrakten Gefährdungsdelikten sei die Intensität des Angriffs lediglich geringer als bei den konkreten, es reiche die naheliegende Möglichkeit einer Gefahr. Kurz gefaßt sei die abstrakte Gefahr die Wahrscheinlichkeit der konkreten Gefahr[126].

Der Ansatz Cramers sieht sich überwiegend Kritik ausgesetzt[127]. Abgesehen von der grundlegend angreifbaren These der Strafbarkeit des untauglichen Versuchs als solcher[128], ist der Vergleich zum (untauglichen) Versuch nicht überzeugend. Gefährdungsdelikte setzen immer voraus, daß die Möglichkeit einer Gefahr besteht; diese ist beim untauglichen Versuch gerade ausgeschlossen. Offen bleibt auch die Vergleichbarkeit des gefährlichen Verhaltens mit dem unmittelbaren

123 Auf die Frage der Abgrenzung zum (heutigen) Ordnungswidrigkeitenrecht wird an späterer Stelle genauer eingegangen; vgl. Kap. VIII.2.

124 Graul faßt diese Ansätze auch unter der Theorie der generellen Gefahr zusammen und nennt diese Theorie daher die heute herrschende, S. 145 ff; wenn in einigen Zügen auch Ähnlichkeit mit der Theorie der generellen Gefahr besteht, wird eine differenziertere Darstellung der Theorien jedoch für dogmatisch exakter angesehen; vgl. Darstellung bei J. Schmidt S. 22 ff, insbesondere S. 47 ff

125 Vgl. Cramer, Vollrauschtatbestand, S. 61 ff, 85; Otto nimmt diesen Vergleich auf in ZStW 87, S. 568

126 Vgl. Cramer a.a.O. S. 69

127 Vgl. Herzog, Gesellschaftliche Unsicherheit, S. 25 ff

128 Grundlegend hierzu Zaczyk, Das Unrecht der versuchten Tat; Köhler, Strafrecht AT, S. 456 ff

Ansetzen zur Tat als auch die Vergleichbarkeit der Sachverhalte, warum im konkreten Einzelfall keine effektive Verletzung eingetreten ist.

Arthur Kaufmann sieht hierin den logischen Fehler, daß in dem Begriff der Gefahr ja schon das Moment der Wahrscheinlichkeit liege. Cramers Definition bedeute letztlich, daß die abstrakte Gefahr die Wahrscheinlichkeit der Wahrscheinlichkeit eines Erfolgseintritts sei und somit letztlich doch wieder einen Erfolg verlange, den Cramer zuvor ablehnt[129]. Ginge es jedoch nur um eine geringere Intensität, hätte der Gesetzgeber die abstrakten Gefährdungsdelikte nur als konkrete Gefährdungsdelikte geringerer Intensität mit tatbestandlichem Bezug auf das jeweils geschützte Rechtsgut ausgestalten müssen. Es bliebe dann jedoch wieder fraglich, warum ein im Einzelfall als ungefährlich zu beurteilendes Verhalten bestraft werden sollte bzw. warum abstrakte Gefährdungsdelikte mit zum Teil sehr hohen Strafandrohungen versehen werden[130].

Um auf einen Erfolg auch im weiteren Sinne verzichten zu könne, betont Volz Ähnlichkeiten des abstrakten Gefährdungsdelikts mit den Fahrlässigkeitsdelikten. Der Unrechtsgehalt der abstrakten Gefährdungsdelikte liege wie bei den Fahrlässigkeitsdelikten in dem Risiko, das der Täter im Hinblick auf eine mögliche Verletzung eines Rechtsguts eingehe[131]. Das Unwerturteil schließe an die Pflichtenstellung des Handelnden an[132]. Jene gebietet es ihm, kein unnötiges Risiko einzugehen. Die möglichen Folgen "interessieren nicht mehr"[133]; das abstrakte Gefährdungsdelikt sei demnach das Überschreiten eines erlaubten Risikos.

Die Überzeugungskraft der Argumentation von Volz ist insofern schwach, da er trotz seiner Überlegungen zur Folgenirrelevanz an der Ansicht, das Strafrecht bezwecke den Rechtsgüterschutz festhält. Inwiefern dieser Ansatz mit der Theorie der Risikoüberschreitung, nach welcher die tatsächlichen Folgen des Verhaltens zur Beurteilung der Strafbarkeit irrelevant sein sollen, zu vereinbaren ist, bleibt unklar. Ausdrücklich hält er abschließend fest, daß die Frage nach der potentiellen Wirkung auf den Rechtsgutbestand die abstrakten Gefährdungsdelikte dem Ordnungswidrigkeitenrecht zufallen ließe[134]. Die Theorie der Risikoüberschreitung könne diese Problematik umgehen. Die Argumentation widerspricht sich daher, zumal offenbleibt, woran das Risiko gemessen werden soll. Volz betont, daß

---

129 Vgl. Arthur Kaufmann, JZ 1963, S. 433; im Anschluß daran Volz S. 52; Brehm S. 83; Horn S. 24; Berz, Formelle Tatbestandsverwirklichung, S. 106

130 Vgl. J. Schmidt S. 53

131 Vgl. Volz S. 143 ff

132 Volz betont ausdrücklich, daß seine Ansicht mit dem Güterschutzgedanken harmoniere, da es sich nur um eine Akzentverschiebung handele. Maßstab für das Unwerturteil sei immer das betroffene Rechtsgut, S. 145 ff

133 Volz S. 148

134 Vgl. Volz S. 189

Maßstab immer das betroffene Rechtsgut bleibe; diese Feststellung bleibt jedoch als Behauptung stehen[135]. Die Theorie von Volz ähnelt im Ergebnis damit stark der Theorie der generellen Gefahr.

In Weiterentwicklung dieser Ansätze stellen andere deutlicher auf das Kriterium der Sorgfaltswidrigkeit ab. Der Täter überlasse es sorgfaltswidrig dem Zufall, ob das geschützte Rechtsgut verletzt oder gefährdet werde. Der Handlungsunwert bestehe darin, daß der Täter mit einer Handlung zumindest fahrlässig zugleich die Realisierung des mit der betreffenden Norm mißbilligten Unwerts erstrebt haben müsse[136]. Abstrakte Gefährdungsdelikte seien exemplarisch vertypte Sorgfaltswidrigkeiten[137], "eine Art allgemeine Sorgfaltsregel"[138]. Sorgfaltswidrig sei ein Verhalten dann, wenn es geeignet ist, das geschützte Rechtsgut zu verletzen[139].[140]

Die Theorien, die den normlegitimierenden Rechtsgutsbezug der abstrakten Gefährdungsdelikte über die Zurechnungskriterien der Sorgfaltswidrigkeit herstellen wollen, müssen daran scheitern, daß es keine dogmatisch nachvollziehbare Erklärung gibt, Maßstäbe der strukturell völlig anders konzipierten Fahrlässigkeitsdelikte auf die abstrakten Gefährdungsdelikte zu übertragen. Die Fahrlässigkeitsdelikte sind Erfolgsdelikte, über die ein tatbestandlicher Erfolg einem Täter zugerechnet wird, der diesen Erfolg durch eine grundsätzlich erlaubte, aber sorgfaltswidrig durchgeführte Handlung verursacht hat. Die Fahrlässigkeitsdelikte betreffen Verhaltensweisen, die im Normalfall weitgehend ungefährlich und nicht strafbar sind, die sich aber im konkreten Einzelfall aufgrund sorgfaltswidriger Handlungsdurchführung in einem Erfolg realisiert haben. Das Unrecht liegt in dem Außerachtlassen der in der konkreten Situation gebotenen Sorgfalt. Diese Sorgfaltswidrigkeit ist mit der mangelnden Beherrschbarkeit des Täterverhaltens nicht gleich zu setzen[141]. Es ist etwas anderes, einem Autofahrer vorzuhalten, er hätte in einer Ortschaft die von ihm eingehaltene zulässige Höchstgeschwindigkeit im konkreten Fall drosseln müssen, als er hätte sich mit seinem Fahrzeug im Zustand absoluter Fahruntüchtigkeit nicht in den Straßenverkehr begeben dürfen. Die abstrakten Gefährdungsdelikte sind nämlich gerade umgekehrt strukturiert. Sie setzen Verhaltensweisen unter Strafe, die grundsätzlich als höchst gefährlich

135 Vgl. Brehm S. 87 f; Meyer S. 169 ff; J. Schmidt S. 57

136 Rudolphi, FS Maurach, S. 60

137 Vgl. Horn S. 94

138 Berz, Formelle Tatbestandsverwirklichung, S. 113 f

139 Vgl. Brehm S. 124 f

140 Schünemann, JA 1975, S. 435 ff, 798 ff konstruiert hiervon abweichend das abstrakte Gefährdungsdelikt als fahrlässigen Versuch; dies ist jedoch systematisch nicht haltbar, vgl. hierzu Zaczyk, Das Unrecht der versuchten Tat, S. 209 ff; J. Schmidt S. 68. Meyer deutet die abstrakten Gefährdungsdelikte als "Gefährlichkeitsdelikte", wobei die typische Gefährlichkeit einer Tathandlung ungeschriebenes Tatbestandsmerkmal sei und dem Täter nach Kriterien der Fahrlässigkeit zuzurechnen; kritisch hierzu J. Schmidt S. 77 ff

141 Vgl. Demuth S. 38

gelten und deshalb eben grundsätzlich nicht als sozialadäquat einzustufen sind. Es ist nicht ersichtlich, wie Kriterien der Erfolgszurechnung bei den Fahrlässigkeitsdelikten in die Dogmatik der abstrakten Gefährdungsdelikte eingepaßt werden können, da es letzteren auf einen Erfolg gerade nicht ankommt[142].

4.1.3.4. Neuere Theorien unter Beibehaltung des Rechtsgutdogmas

Jakobs hat versucht, die Problematik erneut ausgehend vom Rechtsgutbegriff zu lösen. Er fragt, ob ein Verhalten, das in seiner Eigenschaft als Vorbereitung der Verletzung bestimmter Rechtsgüter nicht legitim kriminalisiert werden könne, doch wegen der Verletzung vorgezogener oder flankierender Rechtsgüter Kriminalisierung verdiene. "Dabei ist nicht an eine Verdünnung des Rechtsgutsangriffs von der Verletzung zur Gefährdung gedacht, sondern an eine Zerlegung des Rechtsguts. Man kann das Unrecht des Verletzungsstadiums in diverses Partialunrecht zerlegen und unter Verzicht auf eine komplette Sammlung allen Partialunrechts das Unrecht durch einige frühzeitig verwirklichte Unrechtssplitter oder gar nur durch einen einzigen Splitter definieren"[143].

J. Schmidt beendet seine Untersuchung zur Legitimität der abstrakten Gefährdungsdelikte mit dem Versuch einer neuen Bestimmung des Rechtsgutsbegriffs. Rechtsgüter seien wertvolle, reale Lebenssachverhalte des einzelnen oder der Allgemeinheit, einschließlich des Wertes, der diesen Lebenssachverhalten aufgrund des durch die Rechtsordnung gewährleisteten sicheren Umfelds und den daraus dem Rechtsgutsinhaber erwachsenden Einsatz- bzw. Nutzungsmöglichkeiten zukommt. Bedeutsame Rechtsgüter könne der Gesetzgeber damit durch ein Sicherheitssystem schützen, ohne daß ein Erfolg am geschützten Rechtsgutobjekt notwendig sein müsse[144].

J. Schmidt verfolgt hiermit einen Ansatz Kindhäusers weiter, der abstrakte Gefährdungsdelikte Verbote nennt, Sicherheitsbedingungen zu beeinträchtigen, die zur sorgelosen Verfügung über Güter notwendig seien[145]. Sicherheit bedeute berechtigte Sorgelosigkeit bei der Verfügung über Güter[146]. Die Schädlichkeit der abstrakten Gefährdung liege in dem Dreiecksverhältnis zwischen dem tatbestandlichen Verhalten, einem Gut und normativen Erwartungen. Strafbar unter dem Aspekt der Sicherheit sei, was - gemessen an der Erwartung eines rational urtei-

142 Vgl. J. Schmidt S. 102 f
143 Jakobs, ZStW 97, S. 774
144 J. Schmidt S. 206
145 Vgl. Kindhäuser, Gefährdung als Straftat, S. 279 ff
146 Vgl. Kindhäuser, Gefährdung als Straftat, S. 282

lenden Subjekts[147] - Zweifel an der Sicherheit rechtfertige und dadurch die Verfügungsmöglichkeit über Rechtsgüter beeinträchtige.

Die Zerlegung oder Umformung von Rechtsgütern sowie das Ansehen von Rechtsgütern inklusive des Schutzes ihres sicheren Umfelds oder des diesbezüglichen Sicherheitsempfindens führt zwangsläufig zu der Kritik am Rechtsgutbegriff zurück, die bereits oben angesprochen wurde[148]. Der Rechtsgutbegriff erweist sich erneut bzw. auch hier als weit ausdehnbar, sogar teilbar oder andererseits durch Hinzufügung eines Umfeldes ergänzungsfähig. Er verliert besonders bei den abstrakten Gefährdungsdelikten den Bezug zur personalen Freiheit: Den abstrakten Gefährdungsdelikten sind typischerweise abstrakte Rechtsgüter wie öffentlicher Friede, öffentliche Sicherheit, Sicherheit des Straßenverkehrs etc. eigen, die der Strafbarkeit diversen Verhaltens Tür und Tor öffnen. Manche sprechen hier offen von Normen, die aus "lerntheoretischen Gründen" geboten seien[149] oder sozial nützliches Verhalten gebieten[150]. Je allgemeiner das Schutzkonzept ausgegeben wird, um so leichter läßt sich von einer Verletzung des Schutzguts ausgehen. Das Festhalten am Rechtsgutdogma kann unter diesen Voraussetzungen keine wirklich befriedigende Lösung bieten[151].

Ebenso, wenn man die Legitimation der abstrakten Gefährdungsdelikte nach dem oben begründeten Ansatz - Verwirklichung von Strafrecht durch fundamentale Beschränkung der Freiheit eines anderen - hinterfragt, ist ihre Strafbarkeit äußerst fraglich. Offensichtlich ist hier sofort die Schwierigkeit der Einstufung abstrakt gefährlichen Verhaltens als Strafrecht, da die Beeinträchtigung abstrakter Bestandsbedingungen für die personale Freiheit ohne Eintritt erheblicher konkreter Gefahren generell keine fundamentale Freiheitsbeschränkung darstellen kann[152]. Kaum wird hieraus zwar die ausnahmslose Konsequenz gezogen, die abstrakten Gefährdungsdelikte ganz aus dem Strafrecht zu verbannen[153]. Wenn die gesetzte Gefahrenkonstellation ihrem eigenen Maß nach selbstbestimmtes Freiheitsdasein schon erheblich beeinträchtige, lasse sich ein abstraktes Gefährdungsdelikt (noch)

---

147 Vgl. Meyer, S. 151 und hierzu auch J. Schmidt, S. 98 f, kritisieren die Unbestimmtheit dieser angeblichen Objektivität bzw. die einzelfallbezogene Sichtweise; Schmidt, S. 99: "Ein vom Normzweck abgeleiteter einzelfallbezogener Sicherheitsbegriff ist nicht geeignet, eine normlegitimierende Verbindung zwischen Tatbestand und Rechtsgut herzustellen".

148 Kindhäuser versucht daher auch, sein Konzept ohne unmittelbaren Rechtsgutsbezug zu begründen, wobei bezweifelt wird, ob ihm dies gelingt, vgl. Roxin, Grundlagen, S. 342; Herzog, Gesellschaftliche Unsicherheit, S. 41 ff

149 Vgl. Schünemann, JA 1975, S. 798; im Anschluß daran Wolter, S. 277

150 Vgl. Jakobs, ZStW 97, S. 760

151 So auch Zieschang S. 354 f

152 Vgl. Köhler, Strafrecht AT, S. 30

153 Vgl. Köhler, Strafrecht AT, S. 30; Wolff, Die Abgrenzung, S. 220, meint, man könne trotzdem noch "gute Gründe" für ihre Berechtigung im einzelnen finden, so insbesondere bei § 316 StGB.

begründen[154]. Grundsätzlich seien jedoch abstrakte Gefährdungsdelikte dem Ordnungswidrigkeitenrecht zuzuordnen[155].

Lediglich Zieschang kommt zu dem Ergebnis, daß man - sofern man abstrakte Gefährdungsdelikte nicht vereinzelt als konkrete auslegen bzw. allgemein als solche konzipieren könnte - diese Deliktsgruppe aus dem Strafrecht eliminieren müsse. Durch sie werde die Stellung des einzelnen, welche die eines autonomen Subjekts sein sollte, unterwandert, indem Verhaltensanweisungen ohne Einschätzungsspielraum auf Kosten der Freiheit des einzelnen aufgestellt würden[156].

Akzeptiert man die Möglichkeit von Ausnahmen muß zur näheren Konkretisierung der Ausnahmen jedenfalls wieder das Maß der Verletzung herangezogen werden. Ausnahmen können sich so ergeben, wenn der Handelnde das gegenseitige Anerkennungs- und Vertrauensverhältnis derart verletzt, daß er Gefahrbedingungen setzt, deren Umschlagen in eine konkrete Gefahr oder Verletzung nicht mehr von ihm oder einem anderen beherrschbar ist[157]. Dieses beinhaltet sowohl die Frage der Beherrschbarkeit einer Gefahrenlage im Hinblick auf die nachhaltige Beschränkung der Freiheit eines anderen (wobei man sich hier schon stark der Voraussetzung einer konkreten Gefährdung nähert), es fragt auch nach der Schwere des möglichen Verletzungserfolges. So wie nicht jede Straftat bei Versuch, jeder Erfolg einer Fahrlässigkeit oder jede konkrete Gefährdung unter Strafe zu stellen ist, muß auch bei generell besonders gefährlichen Handlungen gefragt werden, was eigentlich (abstrakt) gefährdet wird[158]. Öffentlicher Friede und öffentliche Sicherheit sind z.B. zu schwach und unvermittelt[159]. Das Strafrecht würde so zum totalen Ordnungsmittel herabgestuft. Herzog sieht hierin gar als Folge die Gefahr des Verlustes der Bereitschaft der Gesellschaft zur autonomen Gefahrenbearbeitung, wodurch nach immer mehr strafrechtlicher Regulierung verlangt werde[160].

"Rückübersetzt" in das Rechtsgutdogma müßte man verlangen, daß abstrakte Gefährdungsdelikte nur dann legitim sein können, wenn die Norm einem Rechtsgut von hohem Rang dient und der Bestand des Rechtsguts in erheblichem Maße von der Befolgung der Norm abhängt[161].

---

154 Vgl. Köhler, Strafrecht AT, S. 30

155 Vgl. hierzu W. Beck S. 87; Köhler, Strafrecht AT, S. 32; Wolff, Die Abgrenzung, S. 216

156 Vgl. Zieschang S. 378 ff; wohl auch Detzner S. 264

157 Vgl. W. Beck S. 87; Köhler, Strafrecht AT, S. 31, bezeichnet die abstrakten Gefährdungsdelikte daher als "Grenzbegriff in der Verbrechenstheorie".

158 Vgl. Weber, Beiheft zur ZStW 1987, S. 27 ff; Berz, Formelle Tatbestandsverwirklichung, S. 55; zur Fahrlässigkeit Arzt/Weber Rn 11

159 Manche Normen mit Hinblick auf diese Zwecke seien nur geschaffen, um polizeiliches Einschreiten zu ermöglichen; so Weber, Beiheft zur ZStW 1987, S. 31

160 Vgl. Herzog, Gesellschaftliche Unsicherheit, S. 72; vgl. Kap. VI.1.2.

161 Vgl. Dölling, JZ 1985, S. 463; ähnlich Lagodny S. 520

Als Ergebnis dieser vorangestellten Überlegungen soll festgehalten werden: Weder den allgemein am Rechtsgutdogma festhaltenden Ansätzen noch den subjektivierten Lösungsansätzen ist es widerspruchsfrei gelungen, eine grundsätzliche, materielle Legitimation der abstrakten Gefährdungsdelikte zu geben[162]. Delikte, die derart ausgestaltet werden, sehen sich *mindestens* einem erhöhten, ganz besonderen Legitimationsdruck ausgesetzt. Im Einzelfall kann eine Begründung eine Ausgestaltung als abstraktes Gefährdungsdelikt gegeben sein[163]; es ist in einem solchen Fall aber von besonderer Bedeutung festzustellen, worin die fundamentale Verletzung der Rechte anderer genau liegt. Auf dieser Basis und mit diesem Anspruch müssen nun die Rechtsgutdefinitionen zu § 142 StGB hinterfragt werden.

4.2. Die Rechtsgüter im einzelnen

4.2.1. Das Beweissicherungsinteresse[164]

Wer als Rechtsgut des § 142 StGB das Beweissicherungsinteresse benennt, gibt auch oft die Einmaligkeit dieses Rechtsguts im Strafrecht zu[165]. Die positivistische Überprüfung dieses Zugeständnisses ergibt schnell die Richtigkeit desselben. Ein Beweissicherungsinteresse wird von keiner anderen Norm des Strafgesetzbuches oder der strafrechtlichen Nebengesetze geschützt[166]. Nun ist die Einmaligkeit natürlich nicht per se ein Grund, diese Schutzrichtung als zweifelhaft zu bezeichnen; sie ist jedoch schon ein gewisses Indiz ihrer prinzipiellen Fragwürdigkeit.

Dargestellt wurde bereits, inwiefern das Beweissicherungsinteresse in den Vordergrund gestellt wird, um dem Konflikt mit dem Selbstbegünstigungsprinzip zu entgehen. Sofern es nur um die Klärung zivilrechtlicher Haftungsfragen gehe, sei keine Selbstanzeige gegeben[167]. Der Gesetzgeber habe vielmehr mit dem § 142

---

162 Vgl. Herzog, Gesellschaftliche Unsicherheit S. 45 ff; Detzner S. 261 ff

163 Vgl. Wolff, Die Abgrenzung, S. 220; Wohlers, S. 338: "Eine Lösung kann mithin von vornherein nicht en bloc erfolgen, sondern muß den beschwerlichen wie unspektakulären Weg der Einzelnormprüfung gehen".

164 Für die in Kap. III.3. genannten Umschreibungen wird hier der Einfachheit halber ausschließlich die Bezeichnung "Beweissicherungsinteresse" verwandt.

165 Vgl. Thirolf S. 36; Ruck S. 16 f; Engelstädter S. 160; Dietrich S. 108 ff

166 Erdsiek, NJW 1963, S. 634, verneint diese Einmaligkeit mit dem Argument, es sei nicht ungewöhnlich, daß die Strafrechtsordnung zum Schutz zivilrechtlicher Ansprüche gesetzt werde und stellt § 142 StGB einfach mit § 170 StGB (Verletzung der Unterhaltspflicht) und den Insolvenzstraftaten gleich. Damit verwischt er aber zum einen das speziell herausgestellte Rechtsgut des Beweissicherungsinteressen, zum anderen, daß in den genannten Vergleichsfällen immer *bestehende* Ansprüche Tatbestandsmerkmal sind; vgl. hierzu weiter Kap. III.4.2.2.

167 s. Kap. II.2.

StGB ausnahmsweise einen Straftatbestand geschaffen, der zivilrechtliche Probleme behandle bzw. er habe die Problematik in das "privat-rechtliche Vorfeld"[168] verlagert - schließlich gehe es ja um die Feststellung von zivilrechtlichen Schadenersatzansprüchen.

Unzweifelhaft ist das Schadenersatzrecht Materie des Zivilrechts. Es entsteht mit der Behauptung der privatrechtlichen Vorverlagerung aber nun der Eindruck, als habe der Gesetzgeber sich im Strafrecht ausnahmsweise einer zivilrechtlichen Problematik angenommen und zivilrechtliche Pflichten ausnahmsweise auch zu strafrechtlichen Pflichten erhoben. Dies ist jedoch mitnichten der Fall; diese Verknüpfung der Rechtsgebiete ist vielmehr irreführend und unzulässig, wie im folgenden zu zeigen sein wird.

Zur näheren Begründung dieser Kritik ist zunächst eine kurze Erinnerung an zivilrechtliche Grundmomente erforderlich: Larenz hat das Privatrecht definiert als "das Recht der rechtlich gleichgestellten Individuen zur grundsätzlich eigenverantwortlichen Wahrnehmung ihrer Individualinteressen"[169]. Ausgehend von der Privatautonomie des einzelnen hat das Privatrecht die Aufgabe, Regelungen für den rechtsgeschäftlichen Verkehr und für die Bereinigung aktueller oder potentieller Interessenkonflikte zwischen Privatpersonen bereitzustellen. Die Beziehungen der einzelnen Personen zueinander basieren auf ihrer Gleichberechtigung und Selbstbestimmung. Die Privatautonomie knüpft an diese personale Selbstverantwortung der Bürger an und überläßt ihnen die Ausübung und die Gestaltung ihrer Rechte grundsätzlich in eigener Entscheidung[170]. Das Privatrecht unterscheidet sich insofern von der Verantwortung des einzelnen gegenüber der staatlich verfaßten Gemeinschaft, wie sie im Strafrecht begründet ist. Auch die Privatautonomie im Zivilrecht hat ihre Grenzen; die Beschränkung der privatautonomen Freiheit bedarf aber jeweils einer besonderen Rechtfertigung. Fehlt es an einer solchen Rechtfertigung, gebührt der Freiheit der Vorrang.

Mittelpunkt und Grundbegriff des Zivilrechts ist die Person, der Bürger als Rechtssubjekt, als Inhaber von Rechten und Adressat von Pflichten. Die Basis für die Entwicklung des subjektiven Rechts im Zivilrecht hatte von Savigny gelegt, der den Willen der Person zum Grund ihrer rechtlichen Macht erklärte. Daneben entwickelte er den zivilrechtlichen Begriff des Rechtsverhältnisses als konkreter

168 Ruck S. 16; auch wird vertreten, bei Verletzung höherwertiger Rechtsgüter - wobei Leben, Leib und körperliche Unversehrtheit genannt werden - werde ein sich an die Tat anschließendes Feststellungsinteresse zu einem eigenständigen Rechtsgut ausgestaltet; vgl. Blum v. Ann, S. 5; unklar ist hier, welches höherwertige Rechtsgut im Falle der Unfallflucht gemeint ist bzw. worin die "Tat" besteht.

169 Larenz/Wolf, Bürgerliches Recht AT, S. 3

170 Vgl. Larenz/Wolf, Bürgerliches Recht AT, S. 1

Beziehung von Person zu Person[171]. Die weniger individualistische und stärker sozial orientierte Betrachtung rückte das Rechtsverhältnis in den Vordergrund, womit das Gefüge von Pflichten, Gebundenheiten und Obliegenheiten stärker betont werde[172]. Im Gegensatz zur kritischen Betrachtung des subjektiven Rechts als Ausgangspunkt strafrechtlicher Rechte und Pflichten[173], wird der Begriff des subjektiven Rechts für die Erfassung des Privatrechts von der herrschenden Meinung als unentbehrlich angesehen. Er "hält die Auffassung lebendig, daß das Privatrecht und der Rechtsschutz, den es begründet, letztlich der Aufrechterhaltung der Freiheit des einzelnen in der Gesellschaft dient, daß die individuelle Freiheit eine der grundlegenden Ideen ist, um deretwillen das Privatrecht existiert"[174].

Das Zivilrecht kennt subjektive Rechte als Herrschaftsrechte, Persönlichkeitsrechte sowie Forderungsrechte. Zu den Forderungsrechten zählen die sog. Ansprüche. Ein Anspruch ist definiert als das Recht, von einem anderen ein Tun oder Unterlassen zu verlangen, § 194 Absatz 1 BGB. Hierzu zählen nicht nur schuldrechtliche Forderungen, sondern auch die Ansprüche des Familien- und Erbrechts sowie die sog. unselbständigen Ansprüche, also diejenigen, die der Verwirklichung und dem Schutz eines anderen Rechts dienen[175]. Greift jemand zum Beispiel in das Herrschaftsrecht Eigentum ein, gewinnt der Eigentümer gegenüber dieser konkreten Person ein Recht auf Herausgabe, Beseitigung der Beeinträchtigung o.ä..

Sog. Pflichtrechte, d.h. Rechte, die von vornherein mit einer Pflichtbindung versehen sind, bilden im Zivilrecht die Ausnahme[176]. Rechte werden insbesondere nicht dadurch zu Pflichtrechten, daß ihre Ausübung Schranken unterliegt, denn diese Schranken begrenzen zwar die Verfolgung eigener Interessen, gebieten aber nicht wie Pflichtrechte positiv die Wahrnehmung fremder Interessen[177].

Wo tangiert nun die Unfallflucht eine "zivilrechtliche Problematik"? Welche Rechte und Pflichten des Privatrechts kommen zum Tragen?

Ein Unfall im Sinne des § 142 StGB setzt per definitionem einen nicht völlig belanglosen Personen- oder Sachschaden voraus[178]. Das Zivilrecht billigt im

---

171 Vgl. v. Savigny, System des heutigen römischen Rechts, S. 7 f

172 Vgl. Larenz/Wolf, Bürgerliches Recht AT, S. 270 f; die unterschiedlichen im Kap. III.1. angedeuteten Ansätze fanden im Zivilrecht ebenso Anklang. Man unterscheidet hier entsprechend insbesondere die positivistische Begriffsjurisprudenz (Windscheid) und die Interessenjurisprudenz (v. Jhering/Heck).

173 Vgl. die Entwicklung zum Rechtsgut, Kap. III.1.

174 Coing S. 54

175 Vgl. Larenz/Wolf, Bürgerliches Recht AT, S. 304

176 Zu ihnen zählt z.B. das Recht der elterlichen Personensorge.

177 Vgl. Larenz/Wolf, Bürgerliches Recht AT, S. 321

178 Vgl. Lackner § 142 Rn 5; BGHSt 8, 263

Schadensfall einem Geschädigten über § 823 Absatz 1 BGB den Anspruch zu, von demjenigen, der widerrechtlich und schuldhaft - bei Betrieb eines Kraftfahrzeuges kommt haftungserweiternd die verschuldensunabhängige Gefährdungshaftung (§ 7 StVG) hinzu - das Leben, den Körper, die Gesundheit, die Freiheit, das Eigentum oder ein sonstiges Recht verletzt hat, Schadenersatz zu verlangen.

Der vom Schädiger zu leistende Schadenersatz ist keine Sanktion. Das Zivilrecht kennt weder eine Abstufung der Schadenersatzpflicht nach dem Verschuldensgrad, kann also daran nicht die Schwere der Sanktion ausrichten[179]; noch dürfte eine verschuldensunabhängige Gefährdungshaftung überhaupt zu einer Sanktion berechtigen[180]. Aus ähnlichen Erwägungen gehört hierhin auch nicht der Gedanke der Prävention[181].

Allen Fällen des zivilrechtlichen Schadenersatzes ist vielmehr gemeinsam, daß der Verletzte von dem Schädiger für den ihm zugefügten Schaden nur einen Ersatz, einen Ausgleich erhalten soll. Das Prinzip der "ausgleichenden Gerechtigkeit"[182] kommt hier im Privatrecht zur Entfaltung. Der Geschädigte soll so gestellt werden - nicht besser und nicht schlechter - wie er ohne das schadenbegründende Ereignis stehen würde, § 249 S. 1 BGB. Da Schadenersatz andererseits nur nach den im Zivilrecht normierten Regeln gewährt werden kann, ist Aufgabe des Schadenersatzrechts zugleich die Versagung von Schadenersatz, wenn die Voraussetzungen nicht gegeben sein sollten[183].

Neben dieser auf die allgemeinen Bestimmungen des BGB verweisenden Rechtsfolge Schadenersatz kennt das BGB im Abschnitt der unerlaubten Handlungen (§§ 823 ff BGB) noch spezielle Schädigungen (z.B. Kreditgefährdung), Verantwortlichkeiten, insbesondere Haftungsnormen (z. B. Tierhaltung), Konkretisierungen der allgemeinen Ersatzpflicht (z.B. Schmerzensgeld) sowie Verjährungsvorschriften. Als *Rechtsfolge* kennt das Recht der unerlaubten Handlung

179 Als Ausnahme von diesem Grundsatz kann allerdings der Anspruch auf Schmerzensgeld gesehen werden, dem auch eine Genugtuungs- und Sühnefunktion - auch mitabhängig vom Verschulden des Schädigers - zugesprochen wird. Kritisch hierzu sowie zur sog. Privatstrafe überhaupt - "ein Rückschlag... unserer Rechtsentwicklung" - Hirsch, FS Engisch, S. 304 ff (327)

180 Vgl. Larenz, Schuldrecht I, S. 423; die Gefährdungshaftung, nach der ein Fahrlässigkeitsnachweis nicht erforderlich ist, war zunächst sehr umstritten und wurde als mit freiheitlichen Rechtsprinzipien unvereinbar angesehen; vgl. den kurzen Überblick zur Ent wicklung bei Kötz, Deliktsrecht, Rn 18 ff

181 Zumindest ist dieser Gedanke nicht im Zivilrecht tragend, wenn er natürlich auch als Nebeneffekt auftreten kann; vgl. Bydlinski S. 190 ff; wesentlich schärfer die präventive Funktion hervorhebend jedoch Schäfer/Ott S. 114 ff

182 Vgl. schon Aristoteles, Nikomachische Ethik V

183 Vgl. Kötz, Deliktsrecht, Rn 37

aber prinzipiell nur den Schadenersatz, ohne daß dieser durch flankierende Normen gestützt wird.

Im Schadensmoment hat der Geschädigte zwar noch das Recht der Selbsthilfe (§ 229 BGB); deren zulässige Mittel sind jedoch deutlich eingeschränkt. Die generelle Zulassung der Selbsthilfe würde zur Aufhebung aller Rechtssicherheit und damit zu einer schweren Gefährdung des Rechtsfriedens führen. Trotz der somit - nicht nur im Straßenverkehr bei der Unfallflucht - praktisch häufig zu befürchtenden Bedeutungslosigkeit dieses Rechts, kennt das BGB für eine Schadenssituation jedoch keinerlei Bleibepflichten und/oder Mitteilungspflichten. Um einer gesteigerten Schutzbedürftigkeit im Straßenverkehr gerecht zu werden, hat sich der Gesetzgeber für die genannte Erweiterung von Haftungsnormen (§ 7 StVG) entschieden, jedoch nicht für die Schaffung besonderer Pflichten, die der Durchsetzung (potentieller) Schadenersatzansprüche dienen sollen.

Dem Beweissicherungsinteresse des § 142 StGB entsprechend müßte das BGB nun Auskunfts- oder allgemein Informationspflichten kennen. Diese sind dem Zivilrecht auch nicht fremd. Im Gegenteil - sie kommen im Zivilrecht in den unterschiedlichsten Formen und mit den verschiedenartigsten Bezeichnungen vor, hauptsächlich als schuldrechtliche Nebenleistungspflichten. Auskunfts- bzw. allgemeine Informationspflichten kennt das Zivilrecht aber auch in Form von Pflichten zur Vorbereitung und Feststellung von Ansprüchen. Fraglich ist, ob diese mit dem Beweissicherungsinteresse des § 142 StGB identisch sind. Die Voraussetzungen dieser nicht-vertraglich vereinbarten und nicht speziell gesetzlich normierten[184] Informationspflichten sind für die aufgeworfene Fragestellung daher von entscheidender Bedeutung[185]. Der Blick muß folglich auf diese Voraussetzungen fokussiert werden:

Die Zivil-Rechtsprechung hat schon früh Anlaß zu einer erweiterten Zulassung von Rechenschafts- und Auskunftsrechten gesehen. Als grundlegende Urteile sind Entscheidungen des Reichsoberhandelsgerichts (ROHG) anzusehen, wonach den jeweiligen Beklagten unter analoger Anwendung der Normen zur Geschäftsführung ohne Auftrag *Rechenschaftspflichten* auferlegt wurden. Es ging hierbei um Verträge, bei denen der Kläger Vertragsverletzungen geltend machte, ihm jedoch die Durchsetzung seiner Forderungen ohne die Auskünfte des Beklagten unmöglich oder mit unverhältnismäßigen Schwierigkeiten verbunden war[186]. Das ROHG legte das Verhalten des Beklagten jeweils so aus, daß er tatsächlich ein

---

184 Wie z.B. § 666 BGB

185 Die zahlreichen weiteren Informationspflichten des Zivilrechts bleiben hier aufgrund ihrer Andersartigkeit und speziellen Voraussetzungen außer Betracht; eine eingehende Analyse der Informationspflichten im Zivilrecht findet sich bei: Winkler von Mohrenfels, Abgeleitete Informationspflichten (1986)

186 Vgl. ROHG 15, 236; 22, 338

Geschäft des Klägers geführt habe und ihm gegenüber daher rechenschaftspflichtig sei.

Das Reichsgericht hat diese Rechtsprechung unter Berufung auf diese Urteile fortgeführt und die Rechnungslegungspflicht hinsichtlich der durch einen Eingriff in ein Patentrecht erzielten Einnahmen bejaht[187]. Auch hier wurde betont, daß Ansprüche wegen des Eingriffs in fremde Rechte sonst nur schwer oder gar nicht feststellbar wären. In den weiteren Entscheidungen entwickelte sich hieraus der Grundsatz, daß rechenschaftspflichtig sei, wer fremde Angelegenheiten oder solche, die zugleich eigene und fremde seien, besorge[188].

Allgemeiner und für die heutige Rechtsprechung und zivilrechtliche Dogmatik wegweisend war eine Entscheidung des Reichsgerichts zur *Auskunftspflicht*. Das Reichsgericht hat erstmalig in einem Fall der Warenzeichenverletzung dem Kläger einen nicht mittels Analogien zu anderen Auskunftsrechten im Zivilrecht hergeleiteten Auskunftsanspruch zugebilligt. Nach dem Grundsatz von Treu und Glauben stehe dem Berechtigten ein Anspruch auf Auskunft bei Rechtsverhältnissen zu, deren Wesen es mit sich bringe, daß der Berechtigte entschuldbarerweise über Bestehen und Umfang seines Rechts im ungewissen, der Verpflichtete aber in der Lage sei, unschwer Auskunft zu erteilen[189].

Der benannte Grundsatz von "Treu und Glauben" hinsichtlich anständigen und rücksichtsvollen Verhaltens bedeutet das Gebot der billigen Rücksichtnahme auf die berechtigten Belange des anderen Teils[190]. Dieser Grundsatz gilt jedoch nicht im leeren Raum. Zu den Voraussetzungen im einzelnen gehört als wesentliches Element das Bestehen einer Rechtsbeziehung, die diesen Grundsatz überhaupt erst zur Entfaltung bringen kann, die sog. rechtliche Sonderbeziehung oder Sonderverbindung[191]. Im Rahmen von Schadenersatzfragen ist diese Rechtsbeziehung besonders problematisch, da die Frage nach dem Umfang eines Anspruchs zugleich die Frage nach seiner Entstehung und damit eben die Frage nach der Voraussetzung, also der rechtlichen Sonderverbindung mit sich zieht.

Der BGH hat sich mit dieser Problematik im Wettbewerbsrecht beschäftigt[192]. Zur inhaltlichen Bestimmung eines Schadenersatzanspruches aus §§ 1, 3 UWG wegen wettbewerbswidriger Handlungen ist es demnach erforderlich, den Umfang dieser Verletzungshandlungen festzustellen, womit zugleich die Frage nach dem Grund des Anspruchs gestellt wird. Verlangt der Verletzte bei Verletzung gewerblicher

---

187 Vgl. RGZ 46, 14
188 z.B. RGZ 110, 1, 16; 164, 348, 350; 171, 129, 136; bestätigt durch BGHZ 10, 385
189 Vgl. RGZ 108, 1, 7
190 Vgl. Jauernig, BGB Kommentar, § 242 Rn 3
191 Vgl. Winkler von Mohrenfels S. 44 ff, Palandt/Heinrichs § 260 Rn 9
192 Vgl. BGHZ 44, 372, 374 ff; BGH GRUR 1973, 375

Schutzrechte Herausgabe des Verletzergewinns, benötigt er Auskunft über jede einzelne Verkaufshandlung. Auch im Fall der sog. verbotenen Eigenmacht (§ 858 BGB) - einem Besitzer wird ohne dessen Willen der Besitz an Gegenständen entzogen - ist zur Feststellung des Rückgabeanspruchs die Auskunft über die entwendeten Gegenstände erforderlich, obwohl sie zugleich den Grund des Anspruchs betreffen.

Inwiefern bei einem solchen Zusammentreffen von Umfang und Grund eines Anspruchs differenziert werden muß, hat der BGH klargestellt: Die Pflicht zur Auskunfterteilung beziehe sich nur auf die Fälle, in denen sich einzelne Verletzungshandlungen als einheitliche Handlung darstellten. Begehre dagegen jemand Auskunft über neue, selbständige Verletzungshandlungen, könne ein Auskunftsanspruch nicht gewährt werden, da insoweit die Beweislast für die haftungsbegründenden Voraussetzungen nicht abgenommen werden dürfe[193]. In dieser Entscheidung hatte der BGH bei ehrverletzenden Entscheidungen, die in einem Buch erhoben wurden, die Informationsverpflichtung des Verletzers auf den Umfang der Verbreitung dieses Buches beschränkt; die Verpflichtung zur Auskunft darüber, bei welcher Gelegenheit und wem gegenüber der Verletzer weitere unerlaubte Handlungen gleicher Art begangen habe, jedoch verneint.

Die zivilrechtliche Sonderverbindung kann also im Einzelfall schon dann begründet sein, wenn die Vermutung von Verletzungshandlungen besteht und der Verletzte zur Anspruchsbegründung Informationen benötigt. Der so begründete Auskunftsanspruch setzt aber immer voraus, daß die vermuteten Verletzungshandlungen eine Einheit bilden mit einer *festgestellten* Verletzung. Eine nachgewiesene Verletzungshandlung muß also ausreichende Anhaltspunkte bieten, damit der Verletzer zur Auskunft über weitere Verletzungshandlungen verpflichtet werden kann. Sofern dieser Zusammenhang nicht festgestellt werden kann, darf das Auskunftsrecht nicht verwendet werden, um Verletzungshandlungen überhaupt erst einmal begründen zu können, wobei unerheblich ist, ob der Verletzte in Beweisnot ist oder nicht. "Ist das Bestehen einer materiellrechtlichen Sonderverbindung zwischen den Parteien nicht nachgewiesen, so fehlt die Quelle, aus welcher der Grundsatz von Treu und Glauben Geltungskraft beziehen und damit einen Auskunftsanspruch zur Entstehung bringen könnte"[194]. Auch nicht die noch so hohe Wahrscheinlichkeit des Bestehens einer Rechtsbeziehung vermag hieran etwas zu ändern[195]. Die Tatsache, daß jemand Informationen besitzt, die für einen anderen bedeutsam sind, begründet keine Auskunftspflicht[196]. Bei deliktischen Schadenersatzansprüchen müssen bis auf die Entstehung des Schadens alle

193 Vgl. BGH NJW 1980, S. 2801 (2807)
194 Winkler von Mohrenfels S. 48 mit weiteren Nachweisen
195 Vgl. Stürner S. 331
196 Vgl. BGH NJW 1980, S. 2463; Palandt/Heinrichs § 261 Rn 9

Anspruchsvoraussetzungen, auch das Verschulden feststehen[197]. Als zivilrechtlicher Grundsatz wird daher auch formuliert, daß dem deutschen Recht ein allgemeiner Auskunfts- oder Rechenschaftsanspruch außerhalb rechtlicher Beziehungen unbekannt sei[198].

Die weiteren Voraussetzungen eines aus Treu und Glauben hergeleiteten Auskunftsanspruchs, als da sind berechtigtes Informationsinteresse, Plausibilität des Anspruchs sowie unverschuldete eigene Unkenntnis, brauchen hier nicht weiter zu interessieren. Offensichtlich ist, daß bei einem Schaden aufgrund eines Unfalls, also eines plötzlichen Ereignisses, keine Rechte aus einer Treu und Glauben begründenden Sonderbeziehung zwischen den am Unfall Beteiligten entstanden sein können. § 142 StGB soll vielmehr gerade dazu dienen, eben diese Vorausetzungen des "Ob" einer Sonderbeziehung zwischen möglichen Beteiligten erst zu klären. Dies läuft den eben genannten zivilrechtlichen Grundsätzen klar zuwider, da ein Beteiligter unter dieser Voraussetzung zur Auskunft über die Art seiner Beteiligung verpflichtet wird, um eine Sonderbeziehung feststellen zu können.

Die Entscheidung des BGH ist die aus der Privatautonomie der Personen notwendige Konsequenz. Dieses auf der Gleichberechtigung der Personen basierende freiheitsrechtliche Prinzip verbietet es, derart in die Rechtsposition einer Person einzugreifen, sie zu einem Mittel der Beweisbeschaffung für eine andere Person herabzusetzen. Informationen, insbesondere für sich selbst nachteilige, zu geben, kann nur im konkreten Einzelfall unter Zugrundelegung einer speziellen Verbindung der betroffenen Personen zueinander begründet sein. Damit ist aber auch für den Fall eines Unfalls im Straßenverkehr klar: Einen Unfallbeteiligten auskunftspflichtig zu machen, ist dem Zivilrecht nicht nur unbekannt, es verstößt gegen das "rechtsethische Prinzip"[199] von Treu und Glauben.

Das Problem der Informationsverschaffung und Beweissicherung berührt jedoch auch noch einen anderen Rechtsbereich, der hier der Vollständigkeit halber angesprochen werden muß - das zivile Prozeßrecht. Könnte eine zivilrechtliche Prozeßpflicht sich mit dem Beweissicherungsinteresse des § 142 StGB decken?

Der BGH hat hierzu ausgeführt: "Ob eine Partei Ansprüche gegen die andere auf Erteilung von Auskünften... hat, ist eine Frage des materiellen Rechts... Eine allgemeine Auskunftspflicht kennt das materielle Recht nicht. Es ist nicht Aufgabe

---

197 Vgl. BGH NJW 1990, S. 1358

198 Vgl. BGHZ 56, 256, 261; 74, 379; MDR 1983, S. 651 f; Palandt/Heinrichs § 261 Rn 3 mit zahlreichen Nachweisen; krit. Schlosser JZ 1991, S. 599; Beispiele zu Sonderverbindungen Siebert Rn 80 ff

199 Larenz, Methodenlehre, S. 421

des Prozeßrechts, sie einzuführen"[200]. Vereinzelt wird zwar gefordert, das Prozeßrecht diesbezüglich zu öffnen[201], das geltende Prozeßrecht bietet die Möglichkeit erweiterter Beweisbeschaffung für die hier in Rede stehende Beweisnotsituation allerdings - zu Recht - nicht.

Ziel des Zivilprozesses ist die Verwirklichung des materiellen Rechts. "Der Staat leiht bei der Durchführung und Sicherung bürgerlichrechtlicher Ansprüche seinen Arm"[202] oder wie K. Engisch ähnlich bildhaft formulierte, das subjektive Privatrecht sei "ohne die vom Zivilprozeßrecht eröffnete Verfolgungs- und Vollstreckungsmöglichkeit ein Schwert ohne Scheide, ja überhaupt kein subjektives Recht"[203].

Die Aufgaben des Zivilprozesses bestehen in dem Erkenntnisverfahren mit dem Ziel eines Urteils, welches das Bestehen oder Nichtbestehen eines Anspruchs feststellt, sowie in dem Vollstreckungs- und Arrestverfahren. Als Möglichkeit der Beweissicherung im Vorfeld eines Prozesses kennt es das selbständige Beweisverfahren, §§ 485 ff ZPO. Dessen Durchführung ist im Fall eines Verkehrsunfalls jedoch denkbar ungeeignet[204].

Im Prozeß steht zwar jede Partei unter der Wahrheitspflicht, § 138 ZPO. Niemand ist aber gezwungen "seinem Gegner die Waffen in die Hand zu geben"[205]. Die Wahrheitspflicht hat nicht den Sinn, der anderen Partei eine Behauptungslast abzunehmen, vielmehr hat jede Partei die Pflicht, ihre Erklärungen über Tatsachen wahrheitsgemäß abzugeben[206]. Daher spricht man im Zivilprozeßrecht auch von der Unzulässigkeit des sog. "Ausforschungsbeweises". Soll ein Beweisantrag die Substantiierung einer Behauptung erst ermöglichen, muß das Gericht diesen Antrag abweisen[207]. Auch die "Zivilprozeßordnung kennt keine - über die anerkannten Fälle der Pflicht zum substantiierten Bestreiten hinausgehende – allgemeine Auskunftspflicht der nicht darlegungs- und beweispflichtigen Partei"[208].

---

200 BGH NJW 1989, S. 389
201 Vgl. Schlosser, JZ 1991, S. 607 f
202 Baumbach/Hartmann, ZPO, Einl III Rn 1
203 Engisch S. 34 f
204 Nach § 485 ZPO kann eine Partei außerhalb des Streitverfahrens die Einnahme des Augenscheins, die Vernehmung von Zeugen oder die Begutachtung durch Sachverständige beantragen; sinnvoll ist dieses Verfahren vor allem in Bausachen; vgl. Jauernig, Zivilprozeßrecht, § 485 Rn
205 BGHZ 93, 205
206 Vgl. BGHZ 93, 205; 62, 424; NJW 1983, S. 2879
207 Vgl. hierzu Baumbach/Hartmann, ZPO Kommentar, Einf. § 284 Rn 27 ff
208 Leitsatz der Entscheidung BGH NJW 1990, S. 3151

Dieses Prinzip des Zivilprozeßrechts ist angesichts seines Ziels - Verwirklichung des materiellen Rechts - nur konsequent. Vor den Zivilgerichten gilt die Beibringungs- oder Verhandlungsmaxime, nicht der Amtsermittlungsgrundsatz. Die Verhandlungsmaxime entspricht am besten der materiellrechtlichen Ausübungs- und Verfügungsfreiheit des Privatrechts und stellt damit ein Korrelat der Privatautonomie des materiellen Rechts dar[209]. Das zivile Prozeßrecht darf einer Partei nicht Rechte eröffnen, die im Widerspruch zum materiellen Recht stehen, über das das Zivilgericht ja gerade entscheiden soll.

Im Ergebnis ist damit festzuhalten, daß das Privatrecht Pflichten hinsichtlich eines Beweissicherungsinteresses, wie es als Rechtsgut im Sinne einer zivilrechtlichen Vorverlagerung des Schutzes eines Geschädigten in § 142 StGB normiert ist, nicht nur nicht kennt, sondern daß solche Pflichten, die erst dem "Ob" einer besonderen Beziehung zwischen Privatpersonen dienen, Prinzipien des Zivilrechts vielmehr klar widersprechen. Das Zivilprozeßrecht folgt dem materiellen Recht; hier sind entsprechend keine erweiterten Rechte oder Pflichten gegeben. Das Strafrecht ist hier somit nicht in eine zivil(prozeß)rechtliche Problematik vorverlagert worden und schützt somit nicht einen zivilrechtlichen Beweissicherungsanspruch mittels einer strafrechtlichen Norm. Das Strafrecht wird vielmehr in unzulässiger Weise "mißbraucht", ungeklärte zivilrechtliche Fälle einer Klärung zuzuführen[210].

Die Argumentation, das Beweissicherungsinteresse diene nur der Sicherung von Beweisen zum Zwecke des Durchsetzens privater Schadenersatzforderungen, die Schutzrichtung berühre also nur die privaten Interessen der Beteiligten, läuft den Prinzipien der geschützten Materie selbst zuwider. Es ist aber nicht einzusehen, inwiefern das Strafrecht mit der Behauptung, eine zivilrechtliche Problematik lösen zu wollen, gerade dessen eigene Grundsätze durchbrechen sollte dürfen. Dabei überzeugt auch nicht die These, das Strafrecht müsse eingreifen, wenn andere Regelungsmöglichkeiten versagen. Im Zivilrecht ist an dieser Stelle keine unbeabsichtigte Lücke; in Kenntnis der Problematik, daß ein Geschädigter in Beweisnot sein kann, erlauben die Prinzipien der Privatautonomie nicht, ihm Rechte zuzugestehen, die derart in die Freiheit einer anderen Personen eingreifen, ohne daß dies durch weitere Anhaltspunkte einer zwischen diesen Personen bestehenden besonderen Verbindung gerechtfertigt wäre. Ein allgemeines Beweissicherungsinteresse ist dem Zivilrecht als Schutzgut fremd.

Als sogar strafrechtliches Rechtsgut ist es ein typisches Beispiel dafür, daß das Rechtsgutdogma nur bedingt einem kritischen Hinterfragen von Normen dienen kann. Das Beweissicherungsinteresse ist ein ganz zweckorientiert formuliertes

209 Vgl. Rosenberg, ZPO, S. 425
210 Vgl. Haffke, KritV 1991, S. 166

Rechtsgut, welches lediglich "geschaffen" wurde, um dem Konflikt mit dem Selbstbegünstigungsprivileg zu entkommen. Erinnert man nun das subjektrechtliche Prinzip, insbesondere die Folgerung daraus, daß das Strafrecht keine Rechtsgüter erfinden bzw. kein Rechtsgut schaffen darf, daß nicht auch außerhalb des Strafrechts das freiheitliche Zusammenleben ausmacht, ist die Begründungsschwäche noch deutlicher[211]. Die Beweissicherung ist nicht Teil eines gegenseitigen Anerkennungsverhältnisses, nicht einmal des zivilrechtlichen, sondern dient einseitig den Interessen eines im Unfall Geschädigten. Es "dürfen drohende Beweisschwierigkeiten kein zulässiges Argument für eine Pönalisierung sein; sie haben mit der Strafwürdigkeit eines Verhaltens nicht das geringste zu tun"[212].

Ein Rechtssystem konstituiert sich jedoch durch den widerspruchsfreien Ableitungszusammenhang seiner Normen[213]. Das vielzitierte Wort K. Engischs von der "Einheit der Rechtsordnung"[214] bedarf der Hervorhebung. Nun kann man unter diesem Wort ganz unterschiedliche Fragestellungen verbinden[215]; Engisch faßte seine Fragestellungen zusammen mit "Halte aufgestellte Definitionen fest, vermeide es nach Möglichkeit, für verschiedene Sachverhalte ein und dasselbe sprachliche Zeichen einzuführen, verwickle dich nicht in Normwidersprüche, in Wertungswidersprüche, in teleologische Widersprüche, in Prinzipienwidersprüche"[216]. Ein nur "technischer Widerspruch"[217], z.B. eine unterschiedliche Definition eines Tatbestandsmerkmals, liegt hier nicht vor. Der hier angesprochene "Bruch" geht tiefer. Richtig ist dabei Engischs Feststellung, daß Rechtsinhalte und Prinzipien, die für das Privatrecht gelten, nicht unbesehen für Fragen anderer Rechtsgebiete verwertet werden dürften. Vielmehr sei von Fall zu Fall zu prüfen, ob Rechtsähnlichkeit vorliege oder nicht[218]. Behauptet der Gesetzgeber jedoch, mittels einer strafrechtlichen Norm rein zivilrechtliche Interessen schützen zu wollen, dürfen fundamentale, zivilrechtliche Prinzipien nicht einfach außer Acht gelassen bzw. konterkariert werden.

Das Strafrecht hat auch gar nicht diese unterstützende Funktion: Nimmt eine Person einer anderen eine dieser gehörende Sache weg, hat der so Geschädigte ihm gegenüber ein Herausgaberecht nach § 985 BGB. Die Strafbarkeit des Diebstahls gem. § 242 StGB fördert nun nicht etwa die Herausgabe der Sache an den

211 Vgl. Haffke, KritV 1991, S. 173: "Das Strafrecht... flankiert und sichert Regelungen ab, die andernorts initiiert und etabliert sein müssen".

212 Marx S. 66

213 Vgl. Köhler, Das angeborene Recht ist nur ein einziges, S. 61

214 Titel seiner veröffentlichten Antrittsrede: Engisch, Die Einheit der Rechtsordnung (1935)

215 Vgl. Engisch S. 1; hierzu Karsten Schmidt (Hrsg.) "Vielfalt des Rechts - Einheit der Rechtsordnung. Hamburger Ringvorlesung"

216 Engisch S. 68

217 Vgl. K. Schmidt, Einheit der Rechtsordnung, S. 12 f

218 Vgl. Engisch S. 77

Eigentümer, sondern stellt die Verletzung des Eigentums als eines fundamentalen Eingriffs in die Rechte des Betroffenen unter Strafe.

Der Normzweck, das Interesse eines Geschädigten an der Aufklärung eines zufälligen Schadensfalles zu schützen, ist weder privatrechtlich noch strafrechtlich legitimiert. Eine Verankerung dieses Schutzzwecks im Strafrecht bedeutet einen nicht hinnehmbaren Bruch der Einheit der Rechtsordnung.

Die Einbeziehung des Gesichtspunkts der Ausgestaltung der Norm als abstraktes Gefährdungsdelikt macht die Unhaltbarkeit des Schutzzwecks Beweissicherungsinteresse noch offensichtlicher. Es wurde festgestellt, daß die Begründetheit eines abstrakten Gefährdungsdelikts immer erfordert, daß der Gesetzgeber die Norm deshalb so geschaffen hat, um schwere Rechtsbeeinträchtigungen anderer zu vermeiden. Hier schützt er ein nicht begründetes Rechtsgut zusätzlich in abstrakter Weise. Das prinzipiell abzulehnende Rechtsgut des Beweissicherungsinteresses auch noch abstrakt zu schützen, ist in seiner Legitimität nicht vermittelbar.

4.2.2. Das Vermögen

Wer in dem Beweissicherungsinteresse zwar ein schützenswertes Interesse sieht, jedoch kein anerkennenswertes Rechtsgut, versucht das Rechtsgut der Unfallflucht unter dem Gesichtspunkt zu präzisieren, die Beweissicherung sei letztlich nur Mittel zum Zweck. Beweismittel würden nicht um ihrer selbst willen geschützt, sondern weil sie der Durchsetzung möglicher Forderungen dienen. Wer aber die Durchsetzung einer Forderung beeinträchtige, verletze damit letztlich das Vermögen des Geschädigten[219]. Problematisch sei im Falle der Unfallflucht die Durchsetzung einer möglichen, auf einem Personen- und/oder Sachschaden beruhenden Schadenersatzforderung. Da der Tatbestand der Norm keinen Vermögensschaden voraussetze, müsse man § 142 StGB als abstraktes Vermögensgefährdungsdelikt einordnen[220].

Genau dieser schnelle Sprung zum abstrakten Vermögensgefährdungsdelikt bedarf jedoch einer kritischen Betrachtung. Der Weg dahin muß bei einigen Grundbegriffen der Vermögensdelikte beginnen.

Unstreitig ist das Vermögen ein im allgemeinen anerkanntes Rechtsgut. Der Begriff des Vermögens ist jedoch viel zu ungenau, um sich mit dieser Bestimmung zufriedenzugeben. Ist bereits umstritten, *was* zum Vermögen gehört, sieht dies für die Problematik, wann ein Vermögens*schaden* vorliegt, ebenso aus. Besonders

---

219 Vgl. Magdowski S. 42

220 Vgl. Schönke/Schröder/Cramer/Sternberg-Lieben § 142 Rn 1; Lackner/Kühl § 142 Rn 2; LK-Geppert § 142 Rn 1, jeweils mit weiteren Nachweisen

interessant ist dann die Frage, *wie* das Vermögen geschützt werden soll und darf. Insofern ist bei der näheren Bestimmung der Schutzrichtung "Vermögen" die Untersuchung von Art und Ausmaß einer Verletzung des gegenseitigen Anerkennungsverhältnisses nach dem zuvor begründeten freiheitsrechtlichen Ansatz von besonderer Wichtigkeit.

Es bedarf zunächst einer Erinnerung an die Auseinandersetzungen um den strafrechtlichen Begriff des Vermögens und die Definitionen des Vermögensschadens:

Nach dem heute nicht mehr vertretenen juristischen Vermögensbegriff[221] war das Vermögen die Summe der von der Rechtsordnung anerkannten und mit ihr durchsetzbaren Vermögensrechte und -pflichten. Ein Vermögensschaden lag danach bei Verlust eines solchen Rechts oder Belastung mit einer derartigen Verbindlichkeit vor, ohne Rücksicht auf deren wirtschaftlichen Wert. Heute konkurriert im wesentlichen eine rein wirtschaftliche Vermögenstheorie[222] mit einer in verschiedenen Spielarten vertretenen juristisch-ökonomischen Vermittlungslehre[223]. Die wirtschaftliche Vermögenstheorie erfaßt unter Vermögen alle ökonomisch werthaften, geldwerten Güter und Positionen. Ein Schaden ist hiernach gegeben bei jeder meßbaren Beeinträchtigung des wirtschaftlichen Potentials ohne Rücksicht auf rechtliche Bestandsveränderungen. Die Vermittlungslehren definieren Vermögen als Gesamtheit aller wirtschaftlichen Güter einer Person, die ihrer rechtlich gebilligten und geschützten Verfügungsgewalt unterliegen. Diese Lehren versuchen zu vermeiden, daß ein Wirtschaftsgut auch dem zustehen könnte, dem es ohne Rücksicht auf rechtliche Zuordnungskriterien nur rein faktisch unterworfen ist[224]. Ein Schaden kann nach dieser Lehre nur dann gegeben sein, wenn das beeinträchtigte wirtschaftliche Potential auch rechtlich geschützt wird.

Eine Schadenersatzforderung, um die es im Falle der Unfallflucht geht, ist nach allen Theorien Bestandteil des Vermögens[225]. Als nächster Schritt ist jedoch zu prüfen, inwiefern bei einer Schadenersatzforderung ein Vermögensschaden eintreten kann. Fraglich ist dies bei der Tatbestandssituation des § 142 StGB. Im Hinblick auf diese ist schnell festzustellen, daß hier eine Schadenersatzforderung durch das Verhalten des Täters nicht in ihrem rechtlichen Bestand angegriffen wird. Ihr Bestehen als solches ist noch gar nicht gesichert. Es wird durch das Sich-Entfernen der Unfallbeteiligten nur die Beweislage für denjenigen, der eine

221 Befürworter dieser Theorie waren vor allem Binding und Merkel.
222 Vor allem in der Rechtsprechung herrschend, vgl. RGSt 44, 230; BGHSt 1, 262; 23, 300; genauer hierzu Hefendehl S. 50 ff
223 Grundlegend Gallas, FS Schmidt, S. 233; Lackner/Kühl § 263 Rn 33; Schönke/Schröder/Cramer § 263 Rn 82; Wessels/Hillenkamp, Strafrecht BT/2, Rn 532
224 Vgl. Schönke/Schröder/Cramer § 263 Rn 82
225 Vgl. z.B. Lackner/Kühl § 263 Rn 34

Schadenersatzforderung eventuell geltend machen wollte oder könnte, geschwächt. Daher liegt ein tatsächlicher Schaden nicht vor.

Nach h.M. stellt allerdings auch die konkrete Vermögensgefährdung einen Schaden dar[226]. Streitig ist allerdings, ab wann eine Gefährdung schon einem Schaden gleichgestellt werden kann:

Die wirtschaftliche Betrachtungsweise in der Rechtsprechung hat im Bereich der Vermögensgefährdung zu einer immer weiteren Ausdehnung des Anwendungsbereichs der Vermögensdelikte geführt[227]. Ist die Geltendmachung oder Verteidigung eines Wirtschaftswertes gefährdet, liegt darin nach dem wirtschaftlichen Vermögensbegriff unschwer gleichzeitig eine dem Schaden gleichzusetzende Vermögensgefährdung. Einschränkend wurde zwar die Erforderlichkeit einer *konkreten* Gefährdung entwickelt - nicht jede auch nur entfernte Möglichkeit eines Schadens oder der Vereitelung eines Anspruchs sollte als Gefährdung anerkannt werden -, vielmehr sollte die Gefahr schon so hinreichend konkret sein, daß sie ohne weiteres in einen Schaden umschlagen kann[228]. Mittels dieses Kriteriums stößt man allerdings wieder auf die prinzipiellen Schwierigkeiten der Feststellung einer konkreten Gefahr, auf welche bereits kurz hingewiesen wurde.

Die schadensgleiche Vermögensgefährdung ist jedoch von der Gefährdung im Sinne eines konkreten Gefährdungsdelikts zu unterscheiden. Die schädigende Vermögensgefährdung liegt gerade an der "Schnittstelle"[229] zwischen einem konkreten Gefährdungsdelikt und einem Verletzungsdelikt, bedarf aber im Hinblick auf den nulla poena sine lege-Grundsatz einer eindeutigen Zuordnung zu letzterem. Denn zwischen einer schädigenden Vermögensgefährdung und einem effektiven Vermögensschaden liegt kein qualitativer, sondern lediglich ein quantitativer Unterschied[230]. Eine dem Schaden gleichzusetzende Vermögensgefährdung setzt voraus, daß die Gefährdung einem Schaden *entspricht*, also unter dieses Merkmal subsumiert werden kann. Bei einem konkreten Gefährdungsdelikt wird gerade kein Eintritt eines Schadens gefordert, vielmehr ist Voraussetzung eines solchen Delikts, daß ein Schaden ausgeblieben ist.

Andere haben hervorgehoben, daß die unter Vermögensgefährdung diskutierten Fälle nach allgemeinen Regeln eigentlich der Versuchsstrafbarkeit zuzuordnen

226 Vgl. Riemann S. 18; Lackner/Kühl § 263 Rn 40 ff; Schönke/Schröder/Cramer § 263 Rn 143 ff; Wessels/Hillenkamp, Strafrecht BT/2, Rn 571

227 Vgl. Riemann S. 24

228 Vgl. BGHSt 3, 370, 372; 15, 83; 21, 112, 113

229 Hefendehl S. 131

230 Vgl. BGH wistra 1991, 308; Lenckner, JZ 1971, S. 321

seien[231]. Kriterium sei, ob das "Opfer" noch Einflußmöglichkeiten besitze oder dem Täter der unmittelbare Zugriff auf das Vermögen gegeben sei.

Verallgemeinernd läßt sich jedoch keine Abgrenzungsformel finden. Die Schwierigkeiten der Abgrenzung wurden bisher immer nur anhand ganz bestimmter Fallkonstellationen untersucht. Die diesbezüglichen Ergebnisse sind daher nicht generell auf die Möglichkeiten der Gefährdung des Vermögens anwendbar[232]. Eine Analyse der Rechtsprechung zur Vermögensgefährdung ergibt eine weitgehend "obersatzlose Kasuistik"[233]. Aber auch ein Blick in die Rechtslehre vermittelt die umfassende Beschäftigung mit Fallbeispielen, jedoch selten systematische Abgrenzungen oder klarere Definitionen:

Cramer kommt das Verdienst zu, erstmalig den Versuch einer Systematisierung unternommen zu haben[234]. Er geht von einem streng zivilrechtsorientierten Vermögensbegriff aus und untersucht die relevanten Fallgestaltungen dahingehend, wann sich die Gefahr für ein Vermögensgut so weit verdichtet habe, daß das Zivilrecht einen Ausgleichsanspruch vorsehe[235]. Eine Vermögensgefährdung dürfe nur dann strafrechtlich relevant werden, wenn auch die übrige Rechtsordnung an die Gefährdung rechtliche Konsequenzen in Gestalt von Schadenersatzansprüchen oder Ansprüchen auf Beseitigung der Beeinträchtigung knüpfe. Lenckner sieht die Gefahr einem Schaden gleich, wenn sich die Gefahr einer realen Einbuße von Vermögenswerten bereits so sehr verdichtet habe, daß dies nach objektivem Urteil praktisch schon endgültig abgeschrieben werden müsse. Wenn der Täter bereits eine solche Position erlangt habe, in der er den fraglichen Vermögenswert unmittelbar und ohne Schwierigkeiten realisieren und der Betroffene vernünftigerweise nicht mehr mit diesem Wert rechnen könne, dürfe ein Vermögensschaden angenommen werden[236]. Schröder macht den Eintritt einer Vermögensgefährdung davon abhängig, ob der Verlust des Vermögenswertes nur noch vom Zufall abhängt oder der Betroffene noch Einflußmöglichkeiten besitzt[237]. Nach Hefendehl liegt eine Vermögensgefährdung vor, wenn sich die Hypothese der Verfügbarkeit über einen Vermögenswert qualitativ verschlechtert hat. Eine Substanzverletzung sei - im Gegensatz zu Straftaten gegen die körperliche Integrität - nicht notwendig, so daß eine Prognose ausreichen könne[238]. Kühl

231 Vor allem Schröder, JZ 1967, S. 578
232 Vgl. Riemann S. 48
233 Hefendehl S. 56
234 Vgl. Cramer, Vermögensbegriff (1968)
235 Vgl. Cramer a.a.O. S. 131 f
236 Vgl. Lenckner, JZ 1971, S. 322
237 Vgl. Schröder, JZ 1967, S. 578
238 Vgl. Hefendehl S. 128 f

hat sich mit der Definition begnügt, der Eintritt einer endgültigen Vermögenseinbuße sei "näher gerückt"[239], streitig sei das Ausmaß.

Nicht unerwähnt bleiben sollen auch die Stimmen, die die Gleichsetzung des Vermögensschadens mit der Gefährdung als Verstoß gegen das Analogieverbot ansehen[240]. Diese Ansichten kommen jedoch teilweise gar nicht zu einem anderen Ergebnis, da diverse Konstellationen (auch) als Vermögens*schaden* angesehen werden und nur der Begriff Vermögensgefährdung vermieden wird[241].

Die Problematik Vermögensschaden - Vermögensgefährdung soll hier jedoch gar nicht weiter auf abstraktem Niveau untersucht werden. Der nicht gegenständliche Begriff des Vermögens (im Gegensatz zu Eigentum) bringt es mit sich, daß ein Schadenseintritt nicht unbedingt in einer de facto eingetretenen unwiderruflichen Einbuße bestehender Werte, einer Substanzverletzung vergleichbar gesehen werden muß bzw. kann. Andererseits wäre es zu unbestimmt, jede irgendwie geartete Gefährdung fremden Vermögens als strafbare Handlung anzusehen.

Inwieweit eine Vermögensgefährdung sich schon im strafrechtlich relevanten Bereich bewegt, soll an dieser Stelle nur mittels zweier Fallbeispiele[242] aufgezeigt werden, die zu allgemein anerkannten Konstellationen strafbegründender Vermögensgefährdung gehören, und zwar mit dem Beweismittelbetrug und Prozeßbetrug. Diese Fälle sind der Unfallflucht insofern nah, als daß hier für einen Gläubiger die Gefahr der Rechtsvereitelung heraufbeschworen wird; der Gläubiger steht vor dem Problem, eine Forderung nicht beweisen bzw. gerichtlich durchsetzen zu können. Der Grund, in dieser Lage die Vermögensgefährdung dem Vermögensschaden gleichzusetzen, wird in der durch ein erhöhtes Prozeßrisiko erschwerten Rechtsverfolgung gesehen; die Ungewißheit über den Ausgang eines (möglicherweise) zu führenden Prozesses reicht aus[243]. Diese Argumentation ist einsichtig; die Gewißheit, einen Anspruch nicht beweisen und damit im Ernstfall vor Gericht nicht durchsetzen zu können, bedeutet die tatsächliche Wertlosigkeit einer Forderung. Das "Opfer" einer Unfallflucht steht vor einem ähnlichen Problem: Es kann unter Umständen nicht substantiiert darlegen, wie es geschädigt

---

239 Lackner/Kühl § 263 Rn 40

240 So vor allem Naucke, Zur Lehre vom strafbaren Betrug, S. 182 ff; Otto, Grundkurs Strafrecht, S. 237 f; dergl. in Die Struktur des strafrechtlichen Vermögensschutzes, S. 275 f; diese Kritik wird hier jedoch nicht weiter betrachtet, da § 142 StGB das Vermögen gar nicht als Tatbestandsmerkmal enthält, insofern die Kritik hinsichtlich Analogie oder zulässige Auslegung des Tatbestandsmerkmals für diese Arbeit unerheblich ist.

241 Vgl. Riemann S. 24

242 Eine flächendeckende Übersicht findet sich bei Hefendehl S. 256 ff; vgl. auch die ausführlichen Arbeiten von Riemann und Cramer.

243 So schon seit langem die Rechtsprechung, vgl. z.B. RGSt 58, 183; BGHSt 21, 384; Lackner/Kühl § 263 Rn 42; Schönke/Schröder/Cramer § 263 Rn 69; Riemann S. 94 ff mit weiteren Nachweisen

wurde, geschweige denn von wem. Es weiß im Regelfall gar nicht, wen es verklagen könnte. Insofern kann hier von einer Gefährdung des Vermögens gesprochen werden, die bereits eine Erheblichkeitsstufe erreicht hat, unter strafrechtlichen Gesichtspunkten gewürdigt zu werden. Die Annahme einer dem Vermögensschaden gleichzustellenden Vermögensgefährdung erscheint insofern den anerkannten Fällen vergleichbar.

Nur - in den genannten Vergleichsbeispielen ist die Vermögensgefährdung immer noch konkret erforderlich, im Falle der Unfallflucht jedoch aufgrund der beschriebenen Tatbestandssituation nur abstrakt. Hinzu kommt, daß die Schutzrichtung Vermögen nur aus Sinn und Zweck des Gesetzes "herausgelesen" werden *kann*, denn in seiner gesetzesförmigen Ausgestaltung kommt es an keiner Stelle zum Ausdruck[244]. § 142 StGB "verflüchtigt"[245] sich geradezu immer weiter zu dem abstrakten Gefährdungsdelikt.

Die prinzipielle Legitimationsproblematik der abstrakten Gefährdungsdelikte ist nun bereits dargestellt worden; die Problematik ist jetzt konkret auf § 142 StGB hin als Vermögensdelikt zu untersuchen. Sofern man daran festhält, daß diese Deliktsgruppe im Strafrecht verankert sein kann, war im Ergebnis doch festzuhalten gewesen, daß ihre Schaffung durch den Gesetzgeber nur dann legitim ist, wenn ausnahmsweise ein abstrakt gefährliches Verhalten hinsichtlich Art und Maß der Verletzung des gegenseitigen Anerkennungsverhältnisses als strafbegründend intensiv angesehen werden durfte. Nicht die Geeignetheit des Verhaltens hinsichtlich eines Verletzungserfolges war allein strafbegründend, sondern notwendig im Zusammenhang zu sehen mit der durch dieses Verhalten begründeten Bedrohung. Nur so kann man §§ 316, 306 a StGB (Trunkenheit im Verkehr, schwere Brandstiftung) als strafbar begründen, da das Ausmaß der abstrakten Gefahrsetzung an sich in Richtung Leib- und Lebensgefahr aufgrund der Unbeherrschbarkeit der in Gang gesetzten Gefahrenquelle die Freiheit anderer substantiell beeinträchtigt[246].

Im Hinblick auf das Vermögen ist die substantielle Freiheitsbeeinträchtigung einer anderen Person schwer zu begründen, da die Gefährdung des Vermögens keine vergleichbar existentielle Gefahr darstellt. Typisch für die Begründung abstrakter Vermögensgefährdungsdelikte ist daher auch, daß nicht die mangelnde Beherrschbarkeit einer Gefahrenquelle und/oder deren Folgen im Mittelpunkt

---

244 Vgl. die Kritik von Duttge, JR 2001, S. 182 "Ein derartiger Verzicht des Gesetzgebers auf jedwede Anbindung des Tatbestandes an das betroffene Rechtsgut, auf ein Merkmal, daß eine Beeinträchtigung dieses Rechtsguts näher ausformuliert, wirft schon unter dem generellen Blickwinkel des Strafrechts in seiner fundamentalen Funktion - Strafrecht als "subsidiärer Rechtsgüterschutz" - gewisse Fragen auf".

245 Vgl. Arzt/Weber Rn 327; ebenso Seelmann, JuS 1991, S. 290

246 Vgl. Wolff, Die Abgrenzung, S. 220

steht, sondern die durch sie mögliche Vermeidung des oft schwierigen Nachweises der in den "klassischen" Vermögensstraftaten normierten Tatbestandsmerkmale. Dies macht ein Blick auf die Wirtschaftskriminalitätsdelikte, die als abstrakte Vermögensgefährdungsdelikte normiert wurden, besonders deutlich. Volk kommentierte deren Entstehung ironisch mit "Beweisprobleme pflegt man heutzutage durch eine Änderung des materiellen Rechts aus der Welt zu schaffen. Wenn die Bekämpfung bestimmter Machenschaften auf Schwierigkeiten stößt, untersucht man, welche Tatbestandsmerkmale es denn sind, die so besonders schwer und selten zu beweisen sind, um dann zu erklären, daß auf diese Merkmale verzichtet und ein Sondergesetz geschaffen werden müsse"[247].

Bei den auf diese Weise häufig kritisierten abstrakten Vermögensgefährdungsdelikten handelt es sich um den Subventionsbetrug (§ 264 StGB), Kreditbetrug (§ 265 b StGB) sowie Kapitalanlagenbetrug (§ 264 a StGB). Beim Subventionsbetrug werden unrichtige, unvollständige oder unterlassene Angaben über subventionserhebliche Tatsachen pönalisiert, beim Kreditbetrug unrichtige oder unvollständige Angaben über wirtschaftliche Verhältnisse, die für die Entscheidung über den Antrag erheblich sind. Der Kapitalanlagebetrug bestraft unrichtige Angaben im Zusammenhang mit dem Vertrieb von Wertpapieren in Prospekten oder in Darstellungen über den Vermögensstand.

§ 264 StGB z.B. pönalisiert allein die Täuschungshandlung; auf einen Irrtum, eine Vermögensverfügung, einen Vermögensschaden kommt es nicht an[248]. Ähnlich ist es beim Kapitalanlagebetrug, der nur das Verschweigen nachteiliger Tatsachen benennt und damit eine Pflicht zur vollständigen Mitteilung voraussetzt, ohne daß diese Pflicht irgendwo gesetzlich fixiert oder auch nur inhaltlich konkretisiert worden wäre[249].

Dieser Verzicht auf eine Vielzahl von Tatbestandsmerkmalen einfach aufgrund der Schwierigkeit ihrer Beweisbarkeit im konkreten Fall hat für erhebliche Zweifel an der Legitimation der Normen gesorgt. Es könne aus der Schwierigkeit der Anwendung einer Norm nicht notwendig darauf geschlossen werden, durch Weglassen einiger Tatbestandsmerkmale einfach weitere Straftatbestände schaffen zu müssen[250]. Viele halten die Delikte der sog. Wirtschaftskriminalität daher in den Grundentscheidungen für rechtsstaatlich zumindest bedenklich[251]. Selbst Tiede-

---

247 Volk S. 90

248 Vgl. Ranft, NJW 1986, S. 3163

249 Zur Kritik SK Samson/Günther § 264 a Rn 6

250 Vgl. Weigend, FS Trifterer, S. 706

251 Vgl. SK Samson/Günther § 264 Rn 8, 16 ff. Hinzu kommen zahlreiche Fragen zur Bestimmtheit der Tatbestandsmerkmale etc.; vgl. Detzner S. 58 ff. Die Delikte der Wirtschaftskriminalität haben in der Praxis jedoch nur eine geringe Bedeutung erlangt; vgl. Detzner S. 50 ff

mann als vehementer Befürworter der Strafbarkeit der Wirtschaftskriminalitätsdelikte räumt ein, daß eine lediglich abstrakte Gefährdung von Gläubigervermögensinteressen eine denkbar schwache, ja kaum haltbare Begründung sei[252].

Der Unfallflucht ähnlich zeichnen sich diese Delikte daher auch hinsichtlich einer Suche nach anderen, genaueren oder verallgemeinernden Rechtsgutbestimmungen aus. Der als schwach anerkannten Strafwürdigkeit im Hinblick auf den Schutz fremden Vermögens konnte allerdings auch nicht mittels Formulierung anderer Schutzrichtungen wirkungsvoll entgegengetreten werden[253]. Es wurden vielmehr "Rechtsgüter" geschaffen, "... deren Entstehungszeit und Reichweite seltsamerweise immer genau deckungsgleich mit einem bestimmten neuen Straftatbestand waren"[254]. Im einzelnen wird vertreten, der Subventionsbetrug diene der staatlichen Planungs- und Dispositionsfreiheit im Wirtschaftsbereich[255], vereinzelt wird sogar das Subventionsverfahren als solches als Rechtsgut angesehen[256], der Kreditbetrug diene der Leistungsfähigkeit der Kreditwirtschaft als solcher und damit der Volkswirtschaft insgesamt[257], der Kapitalanlagebetrug diene der Funktionsfähigkeit des Kapitalmarkts[258].

Der Gesetzgeber hat mittels dieser abstrakten Gefährdungsdelikte keine bestimmten Verhaltensweisen neu inkriminiert, sondern die Bestrafung vorsätzlicher Verletzungen durchaus "traditioneller" Rechtsgüter im Angesicht von Beweisproblemen sicherstellen wollen[259]. Die hierin liegende erhebliche Verlagerung der Strafbarkeit ins Vorfeld der Vermögensstraftaten ist zu Recht kritisiert worden[260].

---

252 Vgl. LK-Tiedemann § 265 b Rn 12

253 Vgl. v. Rintelen S. 141, 157

254 Weigend, FS Trifterer, S. 700; kritisch auch Schubarth, ZStW 92, S. 92; Lampe S. 54 ff; Kindhäuser, JR 1990, S. 522; ablehnend Wohlers S. 159 ff; Herzog, Gesellschaftliche Unsicherheit, S. 109 ff; Zaczyk, Gesellschaftsgefährlichkeit, S. 126 f

255 Amtl. Begründung BT-Drucksache 7/5291 S. 5 (das strafbarkeitsbegründende Verhalten liege in der "Durchkreuzung staatlicher Planung", a.a.O. S. 3); Heinz, GA 1977, S. 225; Lackner/Kühl § 264 Rn 1; Schönke/Schröder/Lenckner/Perron § 264 Rn 4; LK-Tiedemann § 264 Rn 11 ff

256 Vgl. Walter, GA 01, S. 140

257 Amtl. Begründung BT-Drucksache 7/5291 S. 14, 16; Lackner/Kühl § 265 b Rn 1; Schönke/Schröder/Lenckner/Perron § 265 b Rn 3; LK-Tiedemann § 265 b Rn 9 ff

258 Amtl. Begründung BT-Drucksache 10/318, S. 22; Lackner/Kühl § 264 a Rn 1; Schönke/Schröder/Cramer § 264 a Rn 1; LK-Tiedemann § 264 a Rn 13 ff

259 Die Fehlleitung von Mitteln konnte häufig nicht festgestellt werden; als besonders großes Hindernis wurde das betrugsspezifische Vorsatzerfordernis angesehen, statt dessen wurde eine höchst umstrittene Strafbarkeit bei leichtfertiger Tatbegehung aufgenommen (die Notwendigkeit befürwortend vor allem Tiedemann, ZStW 86, S. 903). Dabei gibt der Gesetzgeber offen zu, daß dem Subventionsverfahren selbst Schwächen anhaften, BT-Drucksache 7/5291 S. 4. Nachweisbar war auch, daß gewisse Täuschungshandlungen toleriert wurden oder in den Behörden schlichtweg nachlässig gearbeitet wurde, Nachweise bei Detzner S. 14 f

260 Vgl. Weigend, FS Trifterer, S. 699; Detzner S. 16

Unter dem Gesichtspunkt der Vorverlagerung der Strafbarkeit[261] in Hinblick auf ein "klassisches" Vermögensdelikt ist § 142 StGB jedoch nicht einmal zu fassen. Die Frage bleibt nämlich unbeantwortet, welches Vermögensdelikt § 142 StGB vorverlagert haben sollte. Abgesehen von ihrer Unbestimmtheit und Vorverlagerung der Strafbarkeit haben die Delikte der Wirtschaftskriminalität zumindest noch den betrügerischen Täter im Auge gehabt; aufgrund der Komplexität der Verfahren waren einige objektive und/oder subjektive Tatbestandsvoraussetzungen der "klassischen" Vermögensstraftaten jedoch Beweisproblemen ausgesetzt.

In dieser Problematik liegt neben dem abstrakten Gefährdungsdelikt also noch eine weitere Frage nach der Art und Weise des Schutzes von Vermögen und damit nach Art und Ausmaß des gegenseitigen Anerkennungsverhältnisses. Die Frage ist also auch, in welcher Weise der Täter das Vermögen eines anderen denn gefährdet. Zwecks näherer Untersuchung dieser Problematik sollen kurz die "klassischen" Vermögensstraftaten des StGB - Erpressung, Betrug sowie Untreue - zum Vergleich herangezogen werden:

Die "klassischen" Vermögensstraftaten enthalten Art und Maß der Verletzung entsprechend normierte objektive und subjektive Tatbestandsvoraussetzungen. Als verbotenes Verhalten beschreiben diese Tatbestände die Anwendung von Gewalt, die Drohung mit einem empfindlichen Übel, Täuschungshandlungen sowie den Mißbrauch einer Verfügungsbefugnis oder die Verletzung einer Vermögensbetreuungspflicht. Bei Erpressung und Betrug kommt hinzu, daß der Täter subjektiv in der Absicht gehandelt haben muß, sich oder einen Dritten zu Unrecht zu bereichern. Das Wesentliche dieser Normen liegt deutlich in der freiheitswidrigen Instrumentalisierung und Manipulation des Opfers, der massiven Einflußnahme auf seinen Willen oder seine Entscheidungsfreiheit und zwar mit der Absicht, sich auf diese Weise rechtswidrig zu bereichern. Im Falle der Untreue verletzt der Täter das Vertrauen des Opfers in fundamentaler Weise, da er gerade die speziell ihm in Hinblick auf dessen Vermögen zustehenden oder übertragenen Rechte und Pflichten mißachtet. Das Ausmaß des Schadens spielt auch, aber nicht im wesentlichen eine Rolle[262].

261 Die Begriffe Vorverlagerung, Vorfeldkriminalisierung oder auch Vorfeldverlagerung werden häufig synonym verwendet, teilweise unterschiedlich verstanden. Entscheidend ist, hinsichtlich welcher betroffener Delikte der Begriff untersucht wird; vgl. W. Beck S. 29

262 Die Modifikation in Form des Mißbrauchs von Scheck- und Kreditkarten (§ 266 b) sieht sich dagegen bereits scharfer Kritik ausgesetzt. Diese Norm ist sowohl untreue- als auch betrugsähnlich, verzichtet aber auf eine besondere Vermögensbetreuungspflicht - wie bei der Untreue - bzw. einen täuschungsbedingten Irrtum - wie beim Betrug; vgl. hierzu Nachweise bei Lackner/Kühl § 266 b Rn 1; Schönke/ Schröder/Lenckner/Perron § 266 b Rn 1; Haffke, KritV 1991, S. 167 ff

Andere Normen dienen daneben dem Schutz spezialisierter Vermögenswerte (z.B. Gebrauchsanmaßung, Pfandkehr), dem Schutz von Gläubigerrechten hinsichtlich bestehender konkretisierter Forderungen bei gleichzeitiger Verschuldung des Täters (Vollstreckunsvereitelung, Insolvenzstraftaten) sowie der Restitution verletzten Eigentums bei einer durch eine Straftat herbeigeführten rechtswidrigen Besitzlage (z.B. Hehlerei). Ihnen ist gemeinsam, daß sie zwar einerseits keinen Vermögensschaden als Tatbestandsmerkmal enthalten, insofern abstrakte Gefährdungsdelikte sind; andererseits aber spezialisierte Werte oder feststehende (verdinglichte) Rechtsbeziehungen betreffen, und damit bereits ein bestimmtes Verhältnis zwischen Täter und Opfer kennzeichnen.

Zu diesen tatbestandlich beschriebenen Handlungen oder Voraussetzungen weist § 142 StGB keinerlei Ähnlichkeit auf. Der Täter des § 142 StGB täuscht nicht, wendet weder Gewalt noch Drohungen an, Schädigungs- oder Bereicherungsabsicht ist nicht Tatbestandserfordernis. Die Beziehung zwischen "Täter" und "Opfer" ist nicht spezifiziert. Die Norm sanktioniert vielmehr bereits die Gefahr der Nichtentstehung von zivilrechtlichen Ansprüchen, nicht also ihr konkretisiertes Bestehen. Der Täter des § 142 StGB entfernt sich dabei lediglich vom Unfallort, ohne seine mögliche Unfallbeteiligung genannt zu haben. Andererseits wird durch § 142 StGB das Verhalten eines Unfallbeteiligten nicht sanktioniert, der am Unfallort bleibt, jedoch Spuren beseitigt[263].

Zusammenfassend ist zu § 142 StGB als abstraktes Vermögensgefährdungsdelikt festzuhalten: Der Schutz des Vermögens mittels eines abstrakten Gefährdungsdelikts sieht sich schweren Bedenken ausgesetzt. Das Vermögen hat grundsätzlich nicht die Qualität, mittels eines abstrakten Gefährdungsdelikts geschützt werden zu müssen. Selbst zu den anderen im StGB verankerten - und stark umstrittenen - abstrakten Vermögengsgefährdungsdelikten weist die Unfallflucht noch ein Minus auf. Der Täter einer Unfallflucht erfüllt kein einziges der für Vermögensstraftaten typischen Verhaltensmerkmale. Er hat zuvor zumeist fahrlässig das Eigentum eines anderen beschädigt, worin keine strafbare Handlung liegt. In dem schlichten Nichtbezahlen einer Schadenersatzforderung liegt ebensowenig eine strafbare Handlung. Es bleibt somit allein das Beweisproblem einer irgendwie gearteten Beteiligung. In Frage steht damit nicht, ob ein Tatbestandsmerkmal schwer oder gar nicht zu beweisen gewesen wäre, wodurch ein geschickter Täter privilegiert sein könnte. Der Täter einer Unfallflucht ist kein potentieller Straftäter in diesem Sinne. Auch die Beweisproblematik ist nicht durch ihn auf eine Weise geschaffen, die - wie im Falle des Prozeß- oder Beweismittelbetruges - in täuschendem Verhalten liegt. Die Unfallflucht hat insofern Art und Maß des verübten Unrechts als Basiskriterium der Legitimation strafbaren Verhaltens verloren.

---

263 Vgl. zu denkbaren Konstellationen Blum v. Ann S. 16

4.2.3. Die Sicherheit des Straßenverkehrs

Es bleibt die These, geschützt sei eigentlich die Sicherheit des Straßenverkehrs. Es gehe letztlich um die Begrenzung der Schadensereignisse im Risikobereich Straßenverkehr. § 142 StGB diene der Förderung des Massenphänomens Straßenverkehr. Jedem Teilnehmer werde vermittelt, daß für ihn die Risikofaktoren bei der Teilnahme am Verkehr abschätzbar und somit nur gering seien. Dies erhöhe die Bereitschaft der Teilnahme am Verkehr. Geschützt werde damit das Vertrauen in die Funktionstüchtigkeit des Straßenverkehrs[264].

Diese Schutzrichtung steht an sich im Widerspruch zur Gesetzesbegründung, die ja öffentliche Interessen, zu denen auch die Sicherheit des Verkehrs gehört, zumindest als Hauptzielrichtung ausschließen wollte. Trotzdem bedarf diese These einer näheren Betrachtung. Bei ihrer Argumentation fließen bereits mehrere verschiedene Aspekte ineinander. Zum einen die Sicherheit des Straßenverkehrs, zum anderen dessen Förderung und Funktionstüchtigkeit.

Zunächst zur Sicherheit des Straßenverkehrs: Als Rechtsgut ist es von einer unbegrenzten Weite geprägt, denn letztlich jede noch so unbedeutende Verhaltensregel kann der Sicherheit des Straßenverkehrs dienen. Erneut hilft diese Benennung einer Schutzrichtung so nicht weiter. Fraglich ist wieder Art und Ausmaß der darin enthaltenen Verletzung. Zur Beurteilung dieser Verletzung im Rahmen von § 142 StGB könnte ein Blick auf andere Normen helfen.

Ausdrückliche Erwähnung findet die Beeinträchtigung der Verkehrssicherheit im Gesetz in zwei Normen, nämlich § 315 StGB (Gefährliche Eingriffe in den Bahn-, Schiffs- und Luftverkehr) sowie § 315 b StGB (Gefährliche Eingriffe in den Straßenverkehr). Umstritten ist, ob hiermit ein eigenständiges Tatbestandsmerkmal gegeben oder ob es praktisch bedeutungslos ist, weil jeder der in den Normen genannten Eingriffe zu einer Beeinträchtigung der Verkehrssicherheit führt[265]. Einigkeit besteht insofern, daß die Erwähnung im Gesetz der einschränkenden Auslegung diene, wonach nur die tatbestandlich vorausgesetzten Gefährdungen von Leib und Leben eines anderen oder von fremden Sachen von bedeutendem Wert in Bezug auf einen Verkehrsvorgang erfaßt werden dürften[266].

In grundlegender Form betrifft diese Problematik § 315 c StGB (Gefährdung des Straßenverkehrs), der die Gefährdung des Straßenverkehrs nicht ausdrücklich im Gesetzestext sondern nur als Überschrift enthält, nämlich insofern, ob Rechtsgut

---

264 Vgl. Engelstädter S. 174, Lincke S. 111, Arzt/Weber Rn 328

265 Für Tatbestandsmerkmal: Cramer, JZ 1983, S. 814; Fabricius, GA 1994, S. 169; Nomos-Herzog § 315 Rn 1, Lackner/Kühl § 315 Rn 3; dagegen: Geppert, JURA 1996, S. 640; SK-Horn § 315 Rn 2, § 315 b Rn 3

266 Vgl. Geppert, JURA 1996, S. 640 f

dieser Normen die Sicherheit des Verkehrs sei oder ob Individualrechtsgüter durch sie geschützt würden. Teilweise wird vertreten, durch die Herbeiführung der konkreten Gefahr im Hinblick auf die im Tatbestand genannten Individualrechtsgüter zeige sich lediglich die besondere Gefährlichkeit der Tat für die Gemeinschaft. Daß diese Norm nicht Individualrechtsgütern diene, sei auch daran zu erkennen, daß der Strafrahmen bei ihr für die Gefährdungen höher sei als - teilweise - der Strafrahmen für die entsprechenden Verletzungsdelikte[267]. Überwiegend werden beide Schutzrichtungen als gegeben angesehen[268]; Horn lehnt die Sicherheit des Straßenverkehrs als Rechtsgut ausdrücklich ab[269].

Bei den eben genannten Delikten handelt es sich um konkrete Gefährdungsdelikte, d.h. Leib oder Leben eines Menschen bzw. Sachen von bedeutendem Wert müssen konkret gefährdet worden sein. Die Strafbarkeit der Gefährdung wird begrenzt durch die Nennung bestimmter Handlungsmodalitäten. Nicht jede Verursachung eines Gefährdungserfolgs soll die Strafbarkeit begründen, sondern nur ein objektiv und zum Teil auch subjektiv ("rücksichtslos") qualifiziertes Verursachen. Im einzelnen bedeutet dies, daß der Täter Anlagen zerstört, Hindernisse bereitet, falsche Signale gegeben haben muß (§§ 315, 315 b StGB), nicht in der Lage war, ein Fahrzeug sicher zu führen bzw. grob verkehrswidrig gegen elementare Verkehrsvorschriften, die im einzelnen abschließend aufgezählt sind, verstoßen hat (§ 315 c StGB). Der Gesetzgeber hat hiermit die abstrakt gefährlichsten Verhaltensweisen herausgegriffen und zusammen mit der konkreten Gefährdung anderer zu einem strafbaren Delikt erhoben.

Außerdem ist als abstraktes Gefährdungsdelikt die Trunkenheit im Verkehr (§ 316 StGB) ausgestaltet. Danach ist strafbar, wer im Zustand absoluter Fahruntüchtigkeit ein Fahrzeug führt, auch wenn es durch dieses Verhalten weder zu einer Verletzung noch einer Gefährdung eines anderen gekommen sein sollte. Aufgrund der Abstraktheit wird hier fast einhellig vom Rechtsgut der Sicherheit des Straßenverkehrs gesprochen[270].

Alle genannten Delikte zeichnen sich dadurch aus, daß der Täter eine von ihm im Straßenverkehr nicht mehr beherrschbare Gefahr gesetzt hat. Der Eintritt eines Schadens ist in allen diesen Fällen ausschließlich vom Zufall abhängig. Die Verstöße gegen die Verkehrsvorschriften sind allesamt *geeignet*, die Sicherheit anderer Verkehrsteilnehmer erheblich zu beeinträchtigen. Inwiefern dies ausreichend ist, um strafrechtlich gewürdigt zu werden, bzw. ob Individualrechtsgüter

---

267 Vgl. LK-König § 315 Rn 4 f; Lackner, Das konkrete Gefährdungsdelikt, S. 12 f

268 Vgl. Tröndle/Fischer § 315 Rn 2; Nomos-Herzog § 315 Rn 1; Lackner/Kühl § 315 Rn 1; Schönke/Schröder/Cramer/Sternberg-Lieben § 315 Rn 1

269 Vgl. SK-Horn § 315 Rn 2

270 Vgl. Lackner/Kühl § 316 Rn 1; LK-König § 316 Rn 3; Schönke/Schröder/Cramer/Sternberg-Lieben § 316 Rn 1; konsequent dagegen nur SK-Horn § 316 Rn 2

geschützt werden oder das Rechtsgut Sicherheit des Straßenverkehrs legitim sein kann, muß hier nicht diskutiert werden, denn augenfällig ist bereits an dieser Stelle, daß § 142 StGB die Voraussetzung dieser Geeignetheit überhaupt nicht erfüllen kann.

Ein Unfall im Straßenverkehr ist im Falle der Unfallflucht schon eingetreten. Eine Gefährdung anderer Menschen oder anderer Sachen ist danach nicht (mehr) gegeben. Nach einem Unfall ist die Unfallstelle abzusichern (§ 34 StVO). Ein Verstoß hiergegen kann unter Beachtung der weiteren Voraussetzungen gegebenenfalls nach § 315 c StGB strafbar sein. Inwiefern das ansonsten den Verkehrsvorschriften entsprechende Wegfahren des Fahrers die Sicherheit des Verkehrs beeinträchtigen sollte, ist nicht ersichtlich. Abwegig ist auch, darin einen Schutz vor eventuell folgenden "wilden Verfolgungsjagden" des Geschädigten zu sehen[271]. Hierfür ist die Ahndung mittels der o.g. konkreten Gefährdungsdelikte einschlägig.

§ 142 StGB ist demnach vollkommen ungeeignet, einen Beitrag zur Sicherheit im Straßenverkehr zu leisten, unabhängig von der Beurteilung der Frage, ob diese Schutzrichtung strafrechtlich als legitim angesehen werden kann. In Hinblick auf den Schutz der Individualrechtsgüter Leib, Leben oder Sachen von bedeutendem Wert gilt nichts anderes. § 142 StGB betrifft nicht den Schutz selbiger, sondern nur den Schadensausgleich *nach* ihrer Verletzung.

Etwas anders ist die Argumentation zu betrachten, die Funktionstüchtigkeit des Straßenverkehrs werde gesichert, genauer gesagt das Vertrauen der Verkehrsteilnehmer darin. Empirisch schwer nachweisbar, ist dieser Effekt zumindest vorstellbar. Aber - mit dieser Rechtsgutbestimmung hat man einen Höchstgrad an Abstraktion und Entindividualisierung erreicht. Nicht einmal mehr das bereits abstrahierte Rechtsgut der Sicherheit des Straßenverkehrs ist danach betroffen, sondern das Vertrauen darin. Die Basis der Legitimation strafbaren Unrechts geht auf diese Weise vollkommen verloren. Interpersonale Freiheitsbedingungen sind hierin nur äußerst mittelbar beeinträchtigt. Unter dem Vertrauen in die Funktionsfähigkeit des Straßenverkehrs ließen sich alle denkbaren Verhaltensweisen kriminalisieren.

Der Gedanke des Schutzes oder der Förderung der Funktionsfähigkeit soll zwar hiermit nicht gänzlich abgewiesen werden - er wird später noch einmal aufgenommen werden[272]; im Strafrecht kann er jedoch aufgrund seiner Unvermitteltheit keinesfalls der Legitimation einer Norm dienen.

---

271 Anders Lincke S. 111
272 Vgl. Kap. VIII.3.

5. Zusammenfassung

Die Bestimmung des Rechtsguts des § 142 StGB sieht sich einem Grundproblem ausgesetzt, nämlich, dem Konflikt mit dem Verbot der zwangsweisen Selbstbelastung zu entgehen. Aus diesem Grund entwickelte man das Rechtsgut des "Beweissicherungsinteresses" - einmalig und ausschließlich auf den § 142 StGB zugeschnitten. Für ein strafrechtlich schützenswertes Ziel weist dieses "Rechtsgut" jedoch nicht die erforderliche Wirkmächtigkeit auf. Vielmehr wird das Strafrecht mit einer zivilrechtlichen Problematik vermischt und zwar auf so zweckorientierte Weise, daß der durch die Strafnorm bezweckte Schutz den Prinzipien der zu schützenden Materie zuwiderläuft. Ein Rechtsgut "Beweissicherungsinteresse" ist prinzipiell unhaltbar.

Die Schaffung dieses Rechtsguts hat(te) noch einen anderen Effekt. Durch Spezialisierung des Rechtsguts umgeht man die Diskussion der weiten Vorverlagerung eines Vermögensdelikts in Form eines abstrakten Vermögensgefährdungsdelikts. Das Verhalten des Täters spielt dabei eine ganz untergeordnete, an sich überhaupt keine Rolle - er täuscht nicht, nötigt nicht, veruntreut nicht etc. Entscheidend ist allein die "Sicherstellung der Rahmenbedingungen für die Anspruchsentstehung"[273]. Potentielle, nicht konkretisierte Gläubigerinteressen nur als solche zu schützen, darf jedoch nicht Aufgabe des Strafrechts sein. Das Strafrecht schützt grundsätzlich nicht das Entstehen, sondern nur die Durchsetzbarkeit bestehender Ansprüche - und dies hinsichtlich bestimmter Verletzungsarten.

Die eine Rechtsgutbestimmung jeweils gegenüber der anderen als Konkretisierung des Schutzzwecks zu bezeichnen, erweist sich als zirkulär. Es liegt keine Spezifikation vor, sondern nur der Versuch, der jeweiligen Legitimationsschwäche der vorangestellten Bestimmung zu entgehen, wobei die Schwächen der angeblichen Spezifizierung entsprechend unausgesprochen bleiben. Beweissicherungsinteresse und Vermögen erweisen sich als konstruierte bzw. zu schwache Rechtsgüter der Unfallflucht zwecks Legitimation der Norm.

In die Rechtsgutbestimmung fließt allerdings ein ganz anderes Kriterium als wesentlich mit ein: die Rahmenbedingungen des Geschehens, nämlich der Straßenverkehr - die Situation sozusagen macht den Unfallflüchtigen zum Täter. Es ist die Situation - hierhin genau wird die Diskussion der Strafbarkeit der Unfallflucht verlagert. Die Situation ist ein Unfall im Straßenverkehr. Diesen Aspekt "rechtsgutdogmatisch" weiterzudenken und einfach die Sicherheit des Straßenverkehrs dadurch zum Rechtsgut der Norm erklären zu wollen, erwies sich zwar als ungeeignet. Die Betonung der Situation darf auch ebensowenig verwendet werden als typisches Kriterium eines abstrakten Gefährdungsdelikts. In dieser Argumen-

273 Engelstädter S. 161

tation liegt keine Rechtfertigung, sondern vielmehr bloß eine Beschreibung des abstrakten Gefährdungsdelikts. Unverkennbar liegt in den Situationsbedingungen aber die "eigentliche" Begründung der Norm.

Die gegenüber den genannten Rechtsgutdefinitionen durchaus kritische Wissenschaft bricht daher auch nicht konsequent mit dem Ergebnis ab, § 142 StGB habe somit keinen strafrechtlich legitimen Schutzzweck. Das Schwergewicht der Begründung der Norm wird vielmehr einhellig auf eben diese Situation gelenkt, allgemein auf die sog. Besonderheiten des Straßenverkehrs. Diese sollen die Strafbarkeit der Norm erfordern; unter diesen Bedingungen ist der Schutz schwacher Rechtsgüter ausnahmsweise gerechtfertigt.

Dieser Gedankengang, diese Begründung soll nun genauer aufgezeigt und - kritisch - verfolgt werden. Dabei darf aufgrund des bisher Festgestellten zu keinem Zeitpunkt in "Vergessenheit" geraten, daß die Diskussion um die sog. Besonderheiten des Straßenverkehrs nur deshalb existieren, da die Suche nach einem legitimen Rechtsgut als unbefriedigend angesehen wird und - wie gezeigt wurde - angesehen werden muß.

IV. Die Besonderheiten des Straßenverkehrs

Das vorangegangene Kapitel hat gezeigt, daß die Strafwürdigkeit der Unfallflucht nicht einfach mit der Benennung eines Rechtsguts identifiziert werden kann. Angesprochen wurde auch bereits, daß die Befürworter der Strafbarkeit der Unfallflucht deshalb - wenn auch nicht immer in dieser Offenheit - einen zügigen "Schwenk" hin zu der Hervorhebung der Situation machen, zu der Darstellung einer Situation, die das Entfernen nach einem Unfall zu einem strafbaren Verhalten erhebt und die schlagwortartig mit den sog. Besonderheiten des Straßenverkehrs erfaßt wird. Es ist nun zu prüfen, was sich hinter diesem Begriff der Besonderheiten des Straßenverkehrs eigentlich verbirgt und inwiefern die sog. Besonderheiten der Legitimation des § 142 StGB dienen können[1].

Um sich dem Begriff der Besonderheiten des Straßenverkehrs zu nähern, bietet sich zunächst die Suche nach einer Definition an. Als normativer Begriff begegnet einem insofern das Tatbestandsmerkmal "... und dabei die besonderen Verhältnisse des Straßenverkehrs ausnutzt" im Rahmen des räuberischen Angriffs auf Kraftfahrer, § 316 a StGB. Ausgelegt wird diese Tatbestandsvoraussetzung als die aus der Teilnahme am fließenden Verkehr erwachsenden und ihm eigentümlichen Gefahren, die sich vor allem für den Fahrer aus der Beanspruchung durch die Lenkung und für alle Insassen aus der Erschwerung der Flucht oder Gegenwehr, ferner auch aus der Isolierung und Unerreichbarkeit fremder Hilfe ergeben[2]. Nicht dazu gehören z.B. der Überfall auf einen Kraftfahrer in dessen Garage, nachdem er dort sein Fahrzeug abgestellt hat[3] oder das schlichte Benutzen eines Fahrzeugs als Transportmittel[4]. Der Täter muß diese besonderen Bedingungen ausgenutzt haben, d.h. er muß die genannten Aspekte in den Dienst seines Tatplans - Begehung eines Raubes - stellen[5].

Diese Auslegung bietet zwar schon Hinweise, aber keine exakte Grundlage der Besonderheiten im Zusammenhang mit der Unfallflucht. Ein Blick auf das

---

1 Die Argumentation mit Besonderheiten des Straßenverkehrs findet sich auch wieder bei der Diskussion um das Problem des Selbstbegünstigungsinteresses, dort allerdings im Rahmen einer Abwägung, inwiefern sie im Rahmen einer Verhältnismäßigkeitsprüfung den Vorrang des Feststellungsinteresses gegenüber dem Selbstbegünstigungsinteresse begründen können; vgl. Pfannmüller S. 96; Ruck S. 62 ff

2 Grundlegend BGHSt 5, 281: "Die Vorschrift dient dem Schutz des Kraftverkehrs und soll den besonderen Gefahren entgegenwirken, die sich aus seiner neuzeitlichen Entwicklung ergeben. Diese Gefahren bestehen in der Beanspruchung des Fahrers durch die Lenkung, in der Erschwerung der Flucht oder Gegenwehr, nicht zuletzt aber auch in seiner Vereinzelung und der damit verbundenen Nichterreichbarkeit fremder Hilfe"; s. weitere Nachweise bei Lackner/Kühl § 316 a Rn 3; Schönke/ Schröder/Cramer/Sternberg-Lieben § 316 a Rn 6

3 Vgl. BGH DAR/M 70, S. 114

4 Vgl. BGH VRS 77, S. 225

5 Vgl. Schönke/Schröder/Cramer/Sternberg-Lieben § 316 a Rn 6

Tatbestandsmerkmal "Unfall im Straßenverkehr" des § 142 StGB selbst führt noch weniger zu einer Klärung, da auch dieses nur insofern definiert werden kann, der Unfall müsse im Zusammenhang mit dem Straßenverkehr stehen, mit anderen Worten ein Unfall i.S.d. § 142 StGB soll dann ausgeschlossen werden, wenn der Straßenverkehr zu einem deliktischen Verhalten mißbraucht wird, z.B. wenn aus Verärgerung jemand die Scheiben eines parkenden PKW einschlägt[6].

Die Besonderheiten werden bei § 142 StGB eben nicht in dieser Qualität eines zu definierenden, subsumierbaren Tatbestandsmerkmals verwendet, sie sind Hintergrund der Norm. Die Darstellung und argumentative Verwendung der Besonderheiten des Straßenverkehrs vollzieht sich im Hinblick auf die Unfallflucht somit auf ganz andere Weise, indem sie der Legitimation dienen. Das heißt: Im Gegensatz zu anderen Schadenskonstellationen erkennt man im Straßenverkehr ganz allgemein ein gesteigertes Schutzbedürfnis, eine "gegenüber anderen Lebensbereichen exorbitant gesteigerte Gefährdungsintensität"[7]. Gefährdungsintensität und gesteigertes Schutzbedürfnis werden mit Bezug auf die zivilrechtliche Schutzrichtung der Norm als ein erhöhtes Aufklärungsrisiko sowie ein erhöhtes Aufklärungsinteresse spezifiziert[8].

1. Das erhöhte Aufklärungsrisiko

Unter dem erhöhten Aufklärungsrisiko versteht man die im Straßenverkehr verstärkte Gefahr, daß sich Unfallbeteiligte entfernen, bevor die Beweisinteressen der anderen Unfallbeteiligten und der Geschädigten befriedigt sind[9]. Auf folgende Faktoren sei es im wesentlichen zurückzuführen: die Schnelligkeit der Verkehrsabläufe, die Anonymität der Verkehrsteilnehmer, die Fluchtanreiz sowie Fluchtmöglichkeit bedinge, das Selbstbegünstigungsmotiv als verkehrstypische Risikoerhöhung sowie Vielfalt und Kompliziertheit der Unfallursachen.

Hinsichtlich der Schnelligkeit der Verkehrsabläufe wird bereits seit Schaffung des § 22 KFG behauptet, es sei ein nicht zu unterschätzender Gefährdungsfaktor[10]. Da dieses nur für motorisierte Verkehrsteilnehmer gelte, komme die Anonymität aller Verkehrsteilnehmer als weiteres Moment zum Tragen. Die meisten Verkehrsunfälle spielten sich heute zwischen einander völlig unbekannten Personen ab. Kein anderer Sozialbereich sei so stark durch die Anonymität des Beteiligten-

6 Vgl. hierzu Schönke/Schröder/Cramer/Sternberg-Lieben § 142 Rn 16 ff; hierzu gehört auch die Problematik, ob ein vorsätzlicher Unfall ein Unfall i.S.d. § 142 StGB sein kann (str., bejahend die ständige Rechtsprechung seit BGH VRS 10, S. 220).

7 Ruck S. 17

8 Vgl. Ulmer S. 30; Pfannmüller S. 115 f; Engelstädter S. 161

9 Vgl. Magdowski S. 31

10 Vgl. Pieper S. 3; Ulmer S. 27; Säzler S. 14; Magdowski S. 32

kreises gekennzeichnet[11]. Zum einen habe der Geschädigte es dadurch schwerer, des Schädigers habhaft zu werden, zum anderen werde der Täter subjektiv eher veranlaßt, sich vorzeitig zu entfernen, da er eine reelle Chance sehe, unentdeckt zu bleiben. Mangels Kontakts zu dem Opfer könnten auch gar keine Skrupel der Flucht aufkommen. Die Unfälle spielten sich zwar an sich in der Öffentlichkeit ab, jedoch sehr häufig im Dunkeln unbeobachtet von Zeugen. Radfahrer z.B. hätten keine Kennzeichnungspflicht; Autodiebe, Beifahrer usw. seien auch dann nicht zu ermitteln, wenn jemand sich das Kennzeichen eines Fahrzeugs merken könnte. Die immer wieder auftretende allgemeine Verwirrung und Bestürzung nach einem Unfall trage ihr übriges dazu bei[12].

Außerdem sei zu bedenken, daß der Unfall auch für den Beteiligten regelmäßig plötzlich komme, so daß er im Unterschied zu den meisten sonstigen Straftaten keine gründlichen Überlegungen darüber anstellen könne, wie er sein weiteres Verhalten einrichten solle. Ihm fehle die Zeit für eine ausgereifte Gewissensentscheidung, er müsse vielmehr in der aktuellen Unfallsituation entscheiden, ob er am Unfallort bleiben oder sich von diesem entfernen wolle[13].

Ein weiterer Gesichtspunkt, der für eine besondere Behandlung des privaten Feststellungsinteresses im Anschluß an einen Verkehrsunfall spreche, dürfe die Verschiedenartigkeit der Unfallursachen sein, die die Aufklärung des Unfallgeschehens erschwere[14]. Zudem könne ein zuverlässiges Bild vom Zustandekommen des Unfalls wegen der spezifischen Verhältnisse im Straßenverkehr und hier vor allem aufgrund der typischen permanenten und schnellen Änderung der Verkehrslage und somit der Beweissituation zumeist nur durch sofortige Feststellungen an der Unfallstelle gewonnen werden[15]; erforderlich sei deshalb die "Beweissicherung im ersten Zugriff"[16].

Eine verkehrstypische Risikoerhöhung liege schließlich noch darin, daß der Schädiger nach einem Verkehrsunfall mit empfindlichen Nachteilen rechnen müsse[17]. Dazu zählten zum einen der Verlust der günstigen Versicherungsprämie, zum anderen drohende Strafen oder Bußgelder wegen Verkehrsvergehen oder Verkehrsordnungswidrigkeiten, Entzug der Fahrerlaubnis oder Fahrverbot. Personen, die von Natur aus einen stark ausgeprägten Selbstbegünstigungstrieb hätten und

---

11 Vgl. Magdowski S. 32; Blum v. Ann S. 10 f; Pfannmüller S. 103 f; Thirolf S. 38; Leipold meint, diese Risikofaktoren würden zumindest "die Vermutung" nahelegen, daß ein erhöhter Fluchtanreiz bestehe, S. 40

12 Vgl. Ulmer S. 24; Pfannmüller S. 108

13 Vgl. Blum v. Ann S. 11; Leipold S. 20 ff

14 Vgl. Blum v. Ann S. 11 f; Pfannmüller S. 104 f

15 Vgl. Pfannmüller S. 105

16 Lackner, DAR 1972, S.286

17 Vgl. Magdowski S. 33

aufgrund der für sie günstigen Umstände in einen Selbstbegünstigungskonflikt geraten, würden sich kaum für Unfallfeststellungen zur Verfügung halten, sofern sie nicht durch eine entsprechende Strafdrohung gezwungen würden. Die Vermeidung von Unannehmlichkeiten reiche für diese Menschen bereits aus[18].

2. Das erhöhte Aufklärungsinteresse

Neben dem erhöhten Aufklärungsrisiko bestünde ein besonderes Aufklärungsinteresse: Im Vergleich zu anderen Sozialbereichen bestehe im Straßenverkehr ein sehr großes Unfall- und Schadensrisiko, vor dem man sich auch durch umsichtiges Verhalten nur unzureichend schützen könne. Technische Fehler und menschliches Versagen seien im modernen Massenverkehr oft Unfallursache; bereits kleinste Fehler können zu schweren Unfällen mit erheblichem Personen- und/oder Sachschaden führen. Die Beteiligten hätten daher ein erhöhtes Interesse, im Schadensfall wenigstens keine ungerechten Vermögenseinbußen zu erleiden und Möglichkeiten der Anspruchsdurchsetzung zu haben, wie sie in anderen Sozialbereichen üblich seien[19]. Müsse sich aber jedermann täglich dem im Straßenverkehr erhöhten Schadensrisiko aussetzen, so sei es ein Gebot der Vernunft, im Wege strafgesetzlicher Reglementierung anzustreben, wenigstens dafür Sorge zu tragen, daß den Opfern des Straßenverkehrs ein gerechter Schadensausgleich gewährt werde[20].

Das besondere Schutzbedürfnis eines Geschädigten lasse sich nicht mit einem Hinweis auf den Entschädigungsfonds für Schäden aus Kraftfahrzeugunfällen nach §§ 12 f PflVersG entkräften. Zwar hat der Geschädigte danach einen (subsidiären) Ersatzanspruch gegen den Fonds, wenn das unfallverursachende Fahrzeug nicht ermittelt werden kann. Jedoch werden bei diesen Unfallfluchtfällen nicht alle Schäden bzw. diese nicht in vollem Umfang gedeckt, insbesondere keine Sachschäden. Somit sei hier ein Interesse an weitergehender Schadloshaltung gegeben[21].

Zusammenfassend führt Schild[22] aus, daß diese Besonderheiten den Unfall im Straßenverkehr, der an sich im Kommunikationsnetz des Straßenverkehrs ein völlig untauglicher Anknüpfungspunkt für privat-rechtliche Regelungen sei, in rechts- und pflichtbegründender Weise herausheben müssen und würden. Es sei

---

18 Vgl. genauer Leipold S. 15 f

19 Vgl. Jäger S. 41 ff; Säzler S. 14; Magdowski S. 34; Blum v. Ann S. 12; Leipold S. 41 f; Pfannmüller S. 110 ff; Thirolf S. 39 f; nach BVerfGE 16, 194 muß der Unfallverursacher für die "Folgen seines menschlichen Versagens einstehen".

20 Vgl. Blum v. Ann S. 13

21 Vgl. Pfannmüller S. 113 f; LK-Geppert § 142 Rn 3

22 Vgl. AK-Schild § 142 Rn 41

erforderlich, aus dem Verkehrsunfall ein Schadensereignis, aus den Verkehrsteilnehmern Privatpersonen zu machen, aus der Subjekt-Objekt-Interaktion eine Subjekt-Subjekt-Interaktion werden zu lassen, kurz durch Herausnahme aus dem Verkehrszusammenhang und Absicherung gegenüber diesem Raum für Privatrecht zu schaffen. Die Dynamik müsse gebremst und gestaut, die Variabilität und Zufälligkeit, die Flüchtigkeit des Geschehens fixiert werden; was nur gelingen könne, wenn der Verkehrsfluß - der zwar durch den Unfall zunächst gestört und unterbrochen sei, aber über diesen hinweg zu fließen und ihn damit wegzuschwemmen drohe - weiterhin unterbrochen bliebe und in dieser Statik aufgenommen und so präpariert werde für mögliche Rechtsauseinandersetzungen. Die Wartepflicht sei der klarste Ausdruck dieser Intention: aus dem rollenhaften Verkehrsteilnehmer werde der Mensch, die Euphorie weiche der abkühlenden Ernüchterung und Versachlichung, die technische Kommunikation zerbreche in der gruppendynamischen Interaktion und schaffe Raum für zwischenmenschliche Beziehungen, die vom Recht geregelt werden können. Es gehe dem Recht um die Erhaltung der Möglichkeit einer Klärung der Rechtsbeziehungen, die durch den Unfall herbeigeführt worden sein können. Der Unfall solle zum Bild eines Schadensfalles werden, über den rechtlich verhandelt werden könne.

Einen etwas modifizierten Ansatz noch verfolgt Engelstädter. Sie kritisiert zunächst die Behauptung eines besonderen Aufklärungsrisikos im Straßenverkehr; Schwierigkeiten der Aufklärung von Unfällen, Risiken der Geschädigten, Ersatzansprüche nicht verwirklichen zu können, bestünden grundsätzlich[23]. Sie folgt jedoch speziell dem Ansatz, der den Grund der erhöhten Schutzbedürftigkeit in dem spezifischen hohen Schadensrisiko des Straßenverkehrs sieht. Voraussetzung müsse sein, daß sich ein besonderes Verkehrsrisiko verwirklicht habe. Vor diesem Hintergrund sieht sie einen materialen Grund für die Auferlegung einer besonderen Pflicht. Dieser Grund für die Pflicht zu warten und sich als Schädiger zur Verfügung zu halten, korrespondiere immer mit einem besonderen Vorteil. Dahinter stünde das allgemeine Prinzip, daß erhöhte Pflichten erhöhte Vorteile, Risiken, Chancen oder Rechtsstellungen ausgleichen sollen. Der besondere Nutzen des Straßenverkehrs liege in der Möglichkeit, Personen oder Güter von beliebigen Orten zu anderen beliebigen, frei wählbaren Orten zu transportieren. Entscheidende Momente dabei seien Schnelligkeit, größere Mobilität und Selbstbestimmtheit. Im Mittelpunkt stünde das Moment der Schnelligkeit; verkehrsbedingt könne der Täter als Teilnehmer am Straßenverkehr seine Fluchtmöglichkeit steigern. Aufgrund dieses durch den Straßenverkehr bedingten besonderen Nutzens sei es demnach gerechtfertigt, dem Täter als Kehrseite desselben besondere Pflichten aufzuerlegen[24].

---

23 Vgl. Engelstädter S. 285 f
24 Vgl. Engelstädter S. 286 ff

Dieser Gedanke findet sich auch ähnlich unter dem Aspekt einer "richtig verstandenen Verkehrsgemeinschaft"[25]: Er stamme zwar ursprünglich zwecks Begründung der Norm im StGB vom nationalsozialsozialistischen Gesetzgeber - danach sollte eine Verkehrsgemeinschaft bestehen, die bei einem Unfall daran interessiert sei, möglichst genaue Feststellungen durchzuführen, damit Maßnahmen getroffen werden könnten zum Schutz der Volksgemeinschaft, zur Sühne der Tat und zur Festigung des Willens zur Gemeinschaft[26]. Gehalten habe sich bzw. gerechtfertigt sei jedoch der Gedanke der gegenseitigen Rücksichtnahme im Straßenverkehr als oberster Grundsatz für einen gedeihlichen Verkehrsablauf. Der Gesetzgeber spricht in diesem Zusammenhang davon, "der Zwang zur Rücksichtnahme im Verkehr" würde ansonsten in gefährlicher Weise aufgeweicht[27]. Hiervon ausgehend würden den Verkehrsteilnehmern eine ganze Reihe einzelner Pflichten in der Straßenverkehrsordnung (StVO) und Straßenverkehrs-Zulassungs-Ordnung (StVZO) auferlegt, die weit über das hinausgingen, was sonst den Rechtsgenossen an Sorgfaltsanforderungen aufgegeben werde. Die Aufgaben jedes einzelnen Verkehrsteilnehmers würden mit zunehmender Verkehrsdichte immer mehr anwachsen. Sie seien gewissermaßen der Tribut, den derjenige zu erbringen hat, der nicht bloß mit seinen eigenen physischen Kräften, sondern mit den viel stärkeren Mitteln der Technik erhöhte Gefahren herbeiführen könne. Im heutigen Massenverkehr sei jeder weitgehend vom anderen abhängig und ständig darauf angewiesen, daß dieser mitwirke, die Vielzahl von Behinderungen und Gefahrensituationen nach Möglichkeit zu neutralisieren. Diese notwendige Gemeinschaft begründe den allgemein anerkannten Vertrauensgrundsatz im Straßenverkehr, der wiederum die besonderen Pflichten des § 142 StGB legitimiere[28].

3. Zusammenfassung

Unter Berücksichtigung aller genannten Argumente lassen sich die Besonderheiten des Straßenverkehrs genauer als die Unterteilung in Aufklärungsrisiko und -interesse in folgende Kategorien bringen:

a. Die Besonderheiten des Straßenverkehrs bestehen in *äußeren Bedingungen*, die sowohl objektiv als auch subjektiv Einfluß auf das Verhalten eines potentiell an einem Unfall Beteiligten und auf die Schutzbedürftigkeit potentiell Geschädigter haben.
   Objektiv, weil
   - im Straßenverkehr ein besonders hohes Schadensrisiko besteht,

---

25 Säzler S. 34 f
26 Vgl. Freisler, DJ 1940, S. 528
27 Vgl. BT-Drucksache 2150 (1960) S. 493
28 Vgl. Säzler S. 35 f

- die Aufklärung eines Unfalls im Straßenverkehr besonderen Aufklärungsschwierigkeiten unterliegt (selbst wenn alle Beteiligten am Unfallort blieben) und
- der Straßenverkehr besonders gute Fluchtmöglichkeiten bietet.

Subjektiv, weil
- die innere Fluchtbereitschaft der Unfallbeteiligten durch den Straßenverkehr, insbesondere dessen Schnelligkeit und Anonymität gefördert wird und
- eine erhöhte Fluchtmotivation durch die Besonderheiten des Straßenverkehrs gegeben ist.

Teilweise wird kritisch darauf aufmerksam gemacht, daß es zu vielen dieser Argumente gar keine empirischen Erkenntnisse gebe, viele seien bloße Vermutungen, welche die Berechtigung einer Strafnorm nicht herbeiführen könnten[29]. Trotzdem wird das Fazit gezogen – "insgesamt"[30] ergäben alle Argumente und Wahrscheinlichkeiten zusammen jedoch ein erhöhtes Schutzbedürfnis, was den Normzweck des § 142 StGB legitimiere[31].

Der empirische Nachweis der genannten Faktoren steht gegenüber der Häufigkeit ihrer argumentativen Verwendung in der Tat weit zurück[32]. Die wenigen Ergebnisse sollen der Anschaulichkeit halber hier kurz angerissen werden:

Auf die statistischen Erhebungen zur Folgenschwere von Unfällen im Straßenverkehr und deren Zusammenhang mit dem Begehen von Unfallflucht wurde bereits in den einführenden Abschnitten eingegangen[33]. Festgestellt wurde dazu eine häufigere Zahl des unerlaubten Entfernens an Wochenenden und in den Nachtstunden, was einerseits auf die "besseren Möglichkeiten" der Flucht (häufig verbunden mit Abwesenheit Dritter), andererseits auf den höheren Anteil von Trunkenheitsfahrten zurückgeführt wird[34]. Flucht nach Unfällen im fließenden Verkehr ist relativ selten[35].

Bei der Motivforschung lassen die durchgeführten Untersuchungen erkennen, daß die meisten Unfallflüchtigen Angst vor Entdeckung einer Trunkenheitsfahrt als

29 Vgl. Pfannmüller S. 98 f, 102; Leipold S. 41
30 Leipold S. 42
31 So auch Ruck S. 17; nach Pfannmüller reicht der Gedanke des gerechten Schadensausgleichs allein aus, S. 118
32 Zu diesem Ergebnis kommt die Untersuchung von Eisenberg/Ohder/Bruckmeier S. 25 ff; vgl. auch die Untersuchung von Laumann
33 Vgl. Kap. II.5.
34 Vgl. Eisenberg/Ohder/Bruckmeier S. 40 f; Wetzels S. 130
35 Vgl. Eisenberg/Ohder/Bruckmeier S. 57

Motiv angeben[36], des Fahrens ohne Führerschein oder des unbefugten Benutzens eines Fahrzeugs[37]. Die Flucht bezweckt nicht die Schädigung eines anderen, sondern die Angst, selbst besondere nachteilige Konsequenzen auferlegt zu bekommen. Ganz allgemein ist auch das Motiv "Vermeidung von Unannehmlichkeiten" häufig anzutreffen, viele erklärten "den Kopf verloren zu haben", eine nicht unerhebliche Anzahl behauptete, sich über die genauen Anforderungen der Norm nicht im klaren gewesen zu sein[38].

Die kurze kritische Anmerkung und Aufzählung soll so weit schon genügen; für den Fortgang dieser Arbeit ist nicht wirklich entscheidend, ob die o.g. Besonderheiten des Straßenverkehrs empirisch nachweisbar sind, sondern gefragt wird, ob selbige - unterstellt, sie existieren wie behauptet - als strafbegründende Argumente überhaupt tragfähig wären bzw. sind. Indiz begründeter Zweifel hinsichtlich ihrer Argumentationskraft ist bereits die zitierte Schlußfolgerung, sie seien (nur) "insgesamt" tragfähig - die einfache Addition vieler Aspekte, die für sich allein keine überzeugenden Kriterien darstellen, bietet kaum die Gewähr einer schlüssigen Begründung.

b. Der äußere Einfluß des Straßenverkehrs findet in der Argumentation die weitere Konsequenz, hierdurch würden dem Verkehrsteilnehmer ganz besondere *Pflichten* auferlegt. Der Unfallbeteiligte unterliege also besonderen Pflichten aufgrund
   - der genannten Besonderheiten als solcher,
   - des Unfalls im Straßenverkehr,
   - der Verkehrsgemeinschaft bzw. deren Prinzips der Rücksichtnahme und/oder
   - als Kehrseite der Vorteile, die der Straßenverkehr für jeden Verkehrsteilnehmer bringt.

Sollen diese Kategorien der Begründung der Strafbarkeit der Unfallflucht näher untersucht werden, berührt diese Untersuchung zwei prinzipielle Elemente des Strafrechts. Zum einen ist zu fragen, inwiefern die Existenz äußerer Gegebenheiten Strafbarkeit begründen kann, mit anderen Worten, ob bzw. inwiefern die äußeren Gegebenheiten einem Unfallbeteiligten so zuzurechnen sind, daß sie seine individuelle Strafbarkeit begründen. Angesprochen ist somit konkret die Vereinbarkeit der Argumentation allgemein mit dem Schuldprinzip.

---

36 "Alkohol ist ... als das maßgebliche fluchtauslösende Motiv anzusehen", so das Fazit von Pieper, S. 259

37 Vgl. Eisenberg/Ohder/Bruckmeier S. 54

38 Vgl. Eisenberg/Ohder/Bruckmeier S. 55, 113 ff; Pieper S. 131 ff; hinsichtlich der Begründung Schock/Verwirrung zweifelnd Pieper S. 260

Zum anderen ist prinzipiell zu hinterfragen, inwiefern die genannten Besonderheiten pflichtenbegründend wirken. Angesprochen ist also auch der Pflichtenbegriff im Strafrecht.

Da eine Auseinandersetzung der Besonderheiten des Straßenverkehrs mit dem Schuldprinzip nur unvollständig ohne eine Klärung des Arguments der Pflichtenbegründung erfolgen kann, wird im folgenden zunächst auf die Besonderheiten als Grund besonderer Pflichten eingegangen und die Frage der Vereinbarkeit mit dem Schuldprinzip daran anschließend geprüft.

V. Die Besonderheiten des Straßenverkehrs als Grund besonderer Pflichten

"Der Verkehrsbereich weist zwar einige Besonderheiten gegenüber anderen Lebenssituationen auf, doch reichen die Unterschiede nicht aus, um ein "Sonderstrafrecht" begründen zu können"[1]. Dieser Satz steht *nicht* im Zusammenhang mit der Unfallflucht - mit diesen kurzen knappen Worten weist die herrschende Meinung vielmehr *Begünstigungen* im Straßenverkehr ab[2]. In der Literatur finden sich nämlich vereinzelt Vorschläge, die die Entkriminalisierung fahrlässigen Verhaltens für das Gebiet des Straßenverkehrs fordern. Der Verkehrsteilnehmer sei aufgrund der Schnelligkeit und Vielseitigkeit der Verkehrsabläufe überfordert bzw. zumeist ganz normaler Bürger, der ansonsten nie in der Gefahr stünde, mit dem Strafrecht in Berührung zu kommen[3]. Besondere Rechte sollen jedoch nach herrschender Meinung im Straßenverkehr nicht zur Geltung kommen.

Ganz anders die Situation bei der Unfallflucht; wie soeben aufgezeigt, sollen dieselben Besonderheiten des Straßenverkehrs besondere Pflichten begründen, deren Verletzung eben nur im Straßenverkehr strafbar ist.

Dem Begriff "Pflicht" begegnet man in der Literatur und Rechtsprechung zum § 142 StGB überhaupt sehr häufig, obwohl das Gesetz selbst nur an einer Stelle eher unauffällig von "Verpflichtung" spricht, nämlich im Rahmen des nachträglichen Ermöglichens von Feststellungen (§ 142 Absatz 3 StGB). In Rechtsprechung und -lehre wird jedoch austauschbar von einer "Vorstellungspflicht", "passiven Feststellungspflicht", "Feststellungsduldungspflicht", "Verbleibepflicht", "Wartepflicht", "Ermöglichungspflicht", "Nachholpflicht", "Rückkehrpflicht", "Mitteilungspflicht", "Anzeigepflicht", "Bereitstellungspflicht" etc.[4] gesprochen.

Die Verwendung des Pflichtenbegriffs bedarf somit offensichtlich genauerer Klärung. Bevor nun konkret auf die Begründung von Pflichten im Zusammenhang mit den Besonderheiten des Straßenverkehrs und speziell mit § 142 StGB eingegangen werden kann, muß dieser für die weitere Arbeit elementare Begriff selbst näher ausgeführt werden. Zu "leichtfertig" wird mit dem Begriff der Pflichten umgegangen, wie in der Darstellung zu den Besonderheiten des Straßenverkehrs schon spürbar war. Die These, daß die genannten "Besonderheiten" Pflichten begründen würden, wird schlichtweg behauptet, die Pflichten des § 142 StGB in diverser Form benannt - sowohl im Sinne von Handlungsgeboten als auch im

1 Koch S. 221
2 Vgl. Nachweise bei Koch S. 220 Fn 20
3 Vgl. Böcher, NZV 1989, S. 209 ff; Göppinger S. 672
4 Vgl. Auflistung bei W. Küper, GA 1994, S. 51

Sinne der besonderen Pflichtigkeit eines bestimmten Täterkreises -, ohne die Bedeutung dieses Schritts verdeutlicht zu haben. Die dann wichtigste Frage, nämlich nach der Qualität der behaupteten Pflichten, wird unkritisch mit der höchsten, der strafrechtlichen (besonderen) Pflichtenstellung beantwortet.

Die Klärung des Begriffs der Pflicht(en) im (Straf)Recht berührt zwar in manchem die Frage strafwürdigen Unrechts als solchem, wie es einleitend vorangestellt wurde[5]. Der Pflichtbegriff hat jedoch (auch) eine eigenständige Bedeutung, wie zu zeigen sein wird. Da zum einen keine vollständige Erörterung des Begriffs erfolgen kann, zum anderen deutlich gemacht wurde, daß Ausgangspunkt dieser Arbeit der Strafrechtsbegriff im Sinne der freiheitsrechtlichen Tradition ist, soll der Pflichtenbegriff im wesentlichen lediglich aus diesem Verständnis heraus abgeleitet werden[6].

1. Der Pflichtenbegriff und seine Bedeutung

Schon vom Wortverständnis her setzt eine "Pflicht" ein Sollen voraus, ein Verlangen nach bestimmter Verhaltensweise, ein bestimmtes Verhältnis zwischen zwei Subjekten. Je nach den möglichen Bezugssubjekten, auf die menschliches Verhalten ausgerichtet ist, werden drei Pflichtenkreise unterschieden: der religiöse (das Verhältnis des Menschen zu Gott), der soziale (das Verhältnis der Menschen zueinander) und der individuelle (das Verhältnis des Menschen zu sich selbst)[7]. Weder der religiöse noch der individuelle Pflichtenkreis ist für die aufgeworfene Frage von Bedeutung, vielmehr muß der soziale Pflichtenkreis untersucht werden, also die Frage nach dem Sollen im Verhältnis der Menschen zueinander. Innerhalb dieses Pflichtenkreises legte bereits Thomasius in den "Fundamenta Juris Naturae et Gentium"[8] die weiterführende Differenzierung an. Er unterschied innerhalb des sozialen Pflichtenkreises drei Arten von Verpflichtungen, namentlich solche der Sittlichkeit (honestum), der Schicklichkeit (decorum) und des Rechts (justum)[9]. Pflichten sind dementsprechend nicht beschränkt auf den rechtlichen Bereich, sie existieren auch außerhalb desselben. Inhalt rechtlicher Regelungen dürfe jedoch nur sein, was dazu diene, den äußeren Frieden nicht zu stören oder den gestörten Frieden wiederherzustellen, anders ausgedrückt - nur dasjenige, was notwendig ist, damit das Menschengeschlecht nicht untergehe. Das Schickliche betreffe zwar auch Äußeres, aber es ziele nur auf die Erlangung des

5 Vgl. Kap. III.2.
6 Die hier ausgeklammerte Diskussion utilitaristischer oder funktionaler Theorien wird jedoch im Rahmen der Prüfung des Schuldprinzips noch aufgenommen werden; vgl. zur Diskussion im Hinblick auf den Pflichtenbegriff, Morgenstern S. 70 ff
7 Vgl. Darstellung bei Otto, Pflichtenkollision, S. 5 f
8 Thomasius, Fundamenta Juris Naturae et Gentium (1705)
9 Thomasius, a.a.O. lib I cap. IV, §§ LXXXIX ff

Wohlwollens der anderen. So allgemein diese Aussagen sind, sie verdeutlichen, wie eng Thomasius den Bereich rechtlicher Pflichten eingrenzte. Pflichten der Menschlichkeit, der Wohltätigkeit sowie solche, die die Förderung des Wohlergehens anderer bezwecken, werden von Thomasius von einer rechtlichen Regelung ausgeschlossen[10].

Nachhaltig und prägend für die freiheitsrechtliche Auffassung wurde die Unterscheidung Kants von Legalität und Moralität sowie von Rechtspflichten und Tugendpflichten. "Man nennt die bloße Übereinstimmung oder Nichtübereinstimmung einer Handlung mit dem Gesetze, ohne Rücksicht auf die Triebfeder derselben, die Legalität (Gesetzmäßigkeit); diejenige aber, in welcher die Idee der Pflicht aus dem Gesetze zugleich die Triebfeder der Handlung ist, die Moralität (Sittlichkeit) derselben"[11]. Diese Unterscheidung durchzieht die gesamte "Metaphysik der Sitten". Sie bedeutet eine erste Grenze für das Recht gegenüber der Moral: Rechtsgesetze dürfen nur legales Verhalten von ihren Adressaten verlangen, d.h. die Befolgung der Gesetze egal aus welcher Triebfeder. Die Befolgung der Rechtsgesetze aus Pflicht zu verlangen, wäre eine Anmaßung, die zu stellen der Moral vorbehalten ist[12].

Dieses Prinzip ist Konsequenz der allgemeinen Grundsätze der praktischen Philosophie Kants. Soll eine Pflicht nicht bloß äußerer Zwang sein, muß sie den Regeln der Selbstverpflichtung nach den von Kant entwickelten Gesetzen der Freiheit folgen: "Wir kennen unsere eigene Freiheit... nur durch den moralischen Imperativ, welcher ein pflichtgebietender Satz ist, aus welchem nachher das Vermögen, andere zu verpflichten, d.i. der Begriff des Rechts, entwickelt werden kann"[13].

Die vollkommene Trennung wird heute allerdings als nicht mehr konsequent haltbar angesehen - Vorsatz und Fahrlässigkeit als innere Seite einer Tat sind unbestrittene Verbrechenselemente und auch auf die Erforschung der Motive wird man nicht verzichten wollen[14]. "Gesinnungsstrafrecht" und "Gefährdungsstrafrecht" steht diese Trennung jedoch klar entgegen; Vorsatz und Fahrlässigkeit sind insofern relevant, als sie *zusätzlich* zum objektiven Unrecht der Tat hinzukommen.

---

10 Vgl. Grünewald, S. 50 f

11 Kant MdS, Einleitung in die MdS III (akad. Ausgabe Band VI, S. 219)

12 Vgl. Kühl, Die Bedeutung der Kantischen Unterscheidungen, S. 146; vgl. auch Köhler, NJW 1985, S. 2390: "Also müssen Meinungen und Gesinnungen, gleich welchen Inhalts und welcher moralischen Qualität, und ihre Äußerung als solche rechtlich freigesetzt sein, insofern dadurch nicht tätig-entschlossen die rechtlich-äußere Freiheit anderer beeinträchtigt wird", die Rechtsordnung dürfe nicht innere Moralität regulieren.

13 Kant MdS, Einleitung in die RL I (akad. Ausgabe Band VI, S. 239)

14 Vgl. Stratenwerth, Schweizerisches Strafrecht AT, S. 66

Rechtspflichten und Tugendpflichten sind die beiden Pflichtenkreise, die Kant innerhalb der moralischen Pflichten unterscheidet. Das diesbezüglich häufig verwendete Begriffspaar Recht und Moral ist insofern verwirrend, als daß Kant unter "Moral" nicht nur den Gegenbegriff zum rechtlich Positivierbaren, sondern den Oberbegriff für ein System von Pflichten überhaupt sieht, rechtliche Pflichten sind genau genommen nur Element der ethischen oder moralischen Pflichten[15].

Kants Definition des Rechts lautet: "Das Recht ist also der Inbegriff der Bedingungen, unter denen die Willkür des einen mit der Willkür des andern nach einem allgemeinen Gesetz der Freiheit zusammen vereinigt werden kann"[16]. Recht bezieht sich also auf äußere Handlungen, wohingegen innere Bedürfnisse unberücksichtigt zu bleiben haben. In der Konsequenz bedeutet dies, daß alles, was über die Gewährleistung eines gegenseitigen Willkürverhältnisses nach allgemeinen Freiheitsgesetzen hinausgeht, so insbesondere eine Begrenzung der Freiheit zur Förderung des Wohlergehens anderer[17], von einer *rechtlichen* Regelung nicht umfaßt werden darf[18]. "Willkür" bedeutet äußere Handlungsfreiheit, das Bewusstsein des Vermögens einer Handlung zur "Hervorbringung des Objekts"[19]. Rechtspflichten haben die Funktion, äußere Konflikte zu lösen, die Freiheitssphären der sich durch ihre Handlungen wechselseitig in ihrer Willkürfreiheit bedrohenden Subjekte voneinander abzugrenzen. Um diesen Zweck zu erfüllen müssen die Rechtspflichten leicht und zweifelsfrei zu erkennen sein - Kant nennt dies ein "strictes (enges) Recht"[20].

Bei Tugendpflichten besteht dagegen notwendigerweise ein Spielraum, da diese auf verschiedene Weise erfüllt werden können. Entsprechend ist weiteres Merkmal der Unterscheidung, daß Tugendpflichten mangels ihrer Bestimmbarkeit nicht durch andere erzwungen werden können. Rechtspflichten zielen eindeutig auf das Unterlassen der Verletzung fremder Freiheitssphären, Unterlassungspflichten stehen nach Kants Definition damit ganz im Vordergrund. Gehören Handlungspflichten zu dem Bereich der Tugendpflichten, sind sie rechtlich nicht erzwingbar. Streitig ist allerdings, ob Kants Ausführungen die klare These entnommen werden

---

15 Kant MdS, Einleitung in die MdS III (akad. Ausgabe Band VI, S. 219): "Die ethische Gesetzgebung dagegen macht zwar auch innere Handlungen zu Pflichten, aber nicht etwa mit Ausschließung der äußeren, sondern geht auf alles, was Pflicht ist, überhaupt."

16 Kant MdS, Einleitung in die RL § B (akad. Ausgabe Band VI, S. 230)

17 Kant MdS Einleitung in die RL § B (akad. Ausgabe Band VI, S. 230),"... nicht das Verhältnis der Willkür auf Wunsch (folglich auch auf das bloße Bedürfnis) des anderen, wie etwa in den Handlungen der Wohltätigkeit oder Hartherzigkeit, sondern lediglich auf die Willkür des anderen".

18 Vgl. Grünewald S. 54

19 Kant MdS, Einleitung in die MdS I (akad. Ausgabe Band VI, S. 213), "ist es aber damit nicht verbunden, so heißt der Actus desselben Wunsch".

20 Kant MdS, Einleitung in die RL § E (akad. Ausgabe Band VI, S. 232)

darf, das Recht kenne überhaupt keine Handlungspflichten[21]. Er selbst formuliert nämlich auch vereinzelt Handlungspflichten, nämlich bei der Erörterung des Eltern-Kind-Verhältnisses und im Rahmen von Verträgen[22].

Hegel definierte als "Rechtsgebot: sei eine Person und respektiere die anderen Personen"[23]. Im weiteren Entwicklungsgang seiner Rechtsphilosophie führt er aus: "Es gibt... nur Rechtsverbote, und die positive Form von Rechtsgeboten hat ihrem letzten Inhalte nach das Verbot zugrunde liegen"[24]. Zwar sagt er somit, es gebe nur "Rechtsverbote", jedoch begründet er dies damit, auch den Rechtsgeboten lägen diese zugrunde. Das Recht kennt somit auch Gebote, wenngleich die eben genannte Definition einen äußerst restriktiven Anwendungsbereich derselben erkennen läßt. Die Koppelung der Rechtsgebote an die Rechtsverbote, wobei die Verbotsnormen als Grundnormen angesehen werden, macht deutlich, daß letztlich auch die Gebote nur dem Verbot, andere nicht zu verletzen, dienen sollen[25]. Sie setzen Handlungen voraus, die sich dann ohne ein späteres Handeln, und damit unmittelbar durch ein Unterlassen, als Verletzung auswirken. Handlungspflichten können also grundsätzlich in dem Maß Rechtspflichten sein, wie man sich selbst rechtlich zum Handeln verpflichtet hat[26].

Aufgrund seiner Ausführungen zum Notrecht[27] wird Hegel überwiegend derart interpretiert, daß das Recht auch allgemeine Hilfs- und Leistungspflichten kenne, diese jedoch nur in Grenzfällen existienzieller Lebensgefahren strafrechtlicher Art sein können[28]. So erkennt Hegel ein Notrecht an, nach dem zumindest der im abstrakten Recht aufgestellte Grundsatz der Unverletzlichkeit des Eigentums dann eingeschränkt werden kann, wenn der einzelne seine zum Leben unverzichtbaren Bedürfnisse anders nicht bewahren oder befriedigen kann. Zugunsten des Wohls eines anderen wird also das Prinzip des unverletzlichen Eigentums relativiert[29].

"Pflichten" im Sinne von rechtlich gebotenen Handlungen sind mit dem klassischen freiheitsrechtlichen Ansatz in dieser restriktiven Auslegung somit durchaus prinzipiell vereinbar und heute auch unter Zugrundelegung dieses Ansatzes allgemein anerkannt[30]. Über die Qualität der Pflichten ist damit zwar zunächst

---

21 Vgl. hierzu Grünewald S. 55
22 Kant MdS, RL § 28 sowie Einleitung in die MdS III (akad. Ausgabe S. 280 f, 219 f)
23 Hegel, Grundlinien der Philosophie des Rechts, § 36
24 Hegel a.a.O. § 38
25 Vgl. Grünewald S. 57
26 Vgl. Hegel a.a.O. § 38
27 Hegel a.a.O. § 127
28 Str., vgl. hierzu NK-Seelmann § 13 Rn 50; Grünewald S. 64; im Ergebnis auch Pawlik S. 360 ff; a.A. Morgenstern S. 70
29 Vgl. hierzu Grünewald S. 60
30 Vgl. Wolff, Die Abgrenzung, S. 177 f; Köhler, Strafrecht AT, S. 206 ff; Grünewald S. 48 ff; Harzer S. 31 ff

noch nichts unmittelbar gesagt[31]. Dieser Ansatz verlangt jedoch für die Verwendung des Pflichtenbegriffs im *Strafrecht* zwingend eine besondere, gesteigerte Begründungsnotwendigkeit[32].

Die so zu begründenden besonderen Pflichten im Strafrecht finden sich dogmatisch vor allem in den Unterlassungsdelikten wieder, also den Delikten, bei denen das Unterlassen einer rechtlich gebotenen und tatsächlich möglichen Handlung einer Person als strafbares Unrecht vorgeworfen werden kann. Besondere Pflichten sind daneben auch im Rahmen der sog. Sonderdelikte anzusprechen, also den Delikten, die nur einem bestimmten Personenkreis besondere Pflichten auferlegen.

Die benannten Pflichten bzw. die Begründung der besonderen Pflichten des möglichen Unfallbeteiligten aufgrund der Besonderheiten des Straßenverkehrs sind nunmehr unter Zugrundelegung dieses prinzipiell restriktiven Pflichtenbegriffs im Zusammenhang mit der Dogmatik der Unterlassungsdelikte sowie der Sonderdelikte zu hinterfragen.

2. Der Pflichtenbegriff im Zusammenhang der Besonderheiten des Straßenverkehrs mit § 142 StGB

2.1. § 142 StGB als Unterlassungsdelikt

Wie im Zusammenhang mit dem allgemeinen Pflichtenbegriff bereits anklang, wird eine extreme Theorie, wonach Handlungsgebote rechtlich überhaupt nicht zu erfassen seien, nicht (mehr) vertreten. *Daß* es Straftaten gibt, die auf der Unterlassung bestimmter Handlungen beruhen, ist heute unumstrittener Konsens und soll hier daher auch gar nicht weiter ausgeführt werden. Hinsichtlich einzelner Teilprobleme zur Unterlassungsdogmatik gibt es zwar zahlreiche Diskussionen, deren Erörterung ist hier jedoch nicht möglich und für die vorliegende Problemstellung auch gar nicht notwendig[33].

---

31 Vgl. Seelmann, Solidaritätspflichten, S. 303 f

32 Vgl. auch Köhler, GA 1987, S. 154: "Rechtspflichten zum Tun freiheitssichernden und -erweiternden Verhaltens gegenüber anderen bedürfen zusätzlicher Begründung"; s. auch Köhler, Strafrecht AT, S. 206 ff; vgl. zum Ansatz Kap. II.2.

33 Beispielhaft genannt sei hier nur die schwierige Frage der Kausalität im Zusammenhang mit Unterlassen; vgl. Wolff, Kausalität von Tun und Unterlassen; hierzu auch Matt, Kausalität aus Freiheit; zu weiteren Grundfragen z.B. Freund, Erfolgsdelikt und Unterlassen; Kahlo, Die Handlungsform der Unterlassung als Kriminaldelikt; Armin Kaufmann, Die Dogmatik der Unterlassungsdelikte; Herzberg, Die Unterlassung im Strafrecht und das Garantendelikt

Von einiger Relevanz ist jedoch die Unterscheidung der Unterlassungsdelikte in sog. "echte" und "unechte" Unterlassungsdelikte. Diese Unterscheidung ist zwar terminologisch nicht besonders hilfreich[34] und im einzelnen in der Begründung zunehmend umstritten. Da die zugrundeliegenden Argumente der Unterscheidung für die Prüfung der "besonderen" Pflichten von Bedeutung sind, muß jedoch aufgezeigt werden, was sich hinter der Differenzierung verbirgt. Für die weitere Untersuchung ist allerdings zunächst zu klären, ob und inwiefern die Unfallflucht überhaupt ein Unterlassungsdelikt ist, woran sich die Frage der "echten" und "unechten" Unterlassungsdelikte anschließen wird.

Die Prüfung der Charakterisierung des § 142 StGB als Unterlassungsdelikt hat bereits eine längere Geschichte. Die komplizierte Struktur der Norm verursachte diesbezüglich bereits vor der Reform im Jahr 1975 eine streitige Auseinandersetzung; die Neuformulierung brachte insofern keine unbestrittene Klärung. Die genauere Betrachtung verlangt eine Differenzierung der Absätze 1 und 2.

2.1.1. § 142 Absatz 1 StGB

Vor dem 13. Strafrechtsänderungsgesetz 1975 wurde § 142 StGB aufgrund der Formulierung "... wer sich der Feststellungen entzieht..." noch überwiegend als Begehungsdelikt angesehen[35]. In einem vielbeachteten Aufsatz hatte jedoch Schmidhäuser bereits grundlegende Zweifel an dieser Einordnung gesät[36]. Bei wertender Betrachtung der Norm kam er zu dem Ergebnis, daß trotz des anderslautenden Gesetzestextes einzig ein Gebot dazubleiben vorliege und die Norm damit (echtes) Unterlassungsdelikt sei. Das Gebot, am Unfallort zu bleiben sei zunächst identisch mit dem Verbot, vom Unfallort wegzugehen. Bei einem Verbotsdelikt werde dem Täter jedoch nur eine von unendlich vielen möglichen Handlungen verboten. Dies sei hier nicht der Fall, da das Verbot des Sich-Entfernens vom Täter das Dableiben unter Ausschluß vieler anderer Handlungsmöglichkeiten verlange.

In der jetzigen Fassung fordert § 142 Absatz 1 StGB vom Unfallbeteiligten sowohl die Anwesenheit am Unfallort (Ziff. 2) als auch die Angabe, an dem Unfall beteiligt gewesen zu sein (Ziff. 1). Letzteres hat eindeutig Gebotscharakter, denn dem Unfallbeteiligten wird eine bestimmte Mitwirkungspflicht auferlegt. Zu warten verlangt lediglich passives Verhalten. Beides steht jedoch im Zusammen-

---

34 Die Unterscheidung geht auf Luden zurück (Abhandlungen Bd. II); dieser Sprachgebrauch hat sich trotz aller Kritik so eingebürgert, daß allgemein an ihm festgehalten wird; vgl. hierzu auch Harzer S. 83 ff

35 Vgl. Lange, JZ 1954, S. 329; Bindokat, NJW 1966, S. 1906; Geppert, GA 1970, S. 11; Ulmer S. 78

36 Vgl. Schmidhäuser, JZ 1955, S. 433; im Anschluß daran Maihofer, GA 1958, S. 297; Friemel S. 63 ff; Erdmann S. 155 f; Roxin, NJW 1969, S. 2040

hang mit dem Verbot, sich zu entfernen, bevor ihnen nachgekommen wurde. Dies deutet wiederum auf ein Begehungsdelikt hin.

Die herrschende Meinung hat sich Schmidhäusers Ergebnis auch für die heutige Fassung im Wege einer ähnlichen Gesamtbetrachtung des § 142 Absatz 1 StGB angeschlossen und ergänzt spezifisch zur Neufassung: Auch wenn ein Verbot ausgedrückt werde, sei für das Unrecht immer konstitutiv der Verstoß gegen die Mitwirkungspflichten nach Ziffer 1, denn erst so mache das Anwesenheitsgebot bzw. das Entfernungsverbot Sinn. Der Schutzgedanke der Norm könne nur durch die Angaben des Unfallbeteiligten erreicht werden; das Sich-Entfernen bleibe als Tatverhalten allein wertneutral[37].

Eine Mindermeinung beharrt auf der Auslegung der Norm als Begehungsdelikt[38]. Wesentliche Argumente sind der Wortlaut, denn diesem nach müsse die Vereitelung der Feststellungen nur und gerade durch des Verlassen des Unfallortes eintreten. In besonderen Situationen (z.B. im Falle des Entferntwerdens vom Unfallort) oder bei Fragen zum Zeitpunkt der Tatvollendung müsse die h.M. systemwidrige Konstruktionen erfinden, um die These vom (echten) Unterlassungsdelikt halten zu können[39]. Zudem habe der Gesetzgeber dadurch, daß Regulative der Unterlassungsdelikte Erforderlichkeit und Zumutbarkeit nicht in den Tatbestand aufgenommen wurden, klar die Einstufung als Begehungsdelikt zum Ausdruck gebracht[40].

W. Küper hat in einer sehr genauen Analyse[41] die Pflichten des § 142 StGB untersucht. Interessanterweise schickt er seiner Analyse ausdrücklich voraus, daß er sich dem allgemeinen Sprachgebrauch von "Pflichten" im Zusammenhang mit § 142 StGB (nur) der Einfachheit halber anschließen wolle. Durch diese Betonung nimmt er dem Begriff seine sonst übliche Selbstverständlichkeit. Er läßt am Ende seiner Analyse die Bedeutung dessen jedoch ausdrücklich offen. Im wesentlichen soll W. Küpers Analyse hier wiedergegeben werden.

Ausgehend von der Pflichten-Terminologie verlangt das Sich-Entfernen als Tathandlung eine Pflichtwidrigkeit, die sich aus Ziff. 1 und 2 ergibt. Nicht jedes Sich-Entfernen eines Unfallbeteiligten vom Unfallort ist somit allein tatbestandsmäßig, sondern nur ein in bestimmter Weise mit einer Pflichtverletzung verbundenes. Wie verhält sich dieses zu der Argumentation, die Tathandlung, das

---

37 Vgl. Bringewat, JA 1977, S. 231; ähnlich Dornseifer, JZ 1980, S. 299; Magdowski S. 55; Paeffgen S. 365; SK-Rudolphi § 142 Rn 5; Engelstädter S. 35 mit jeweils weiteren Nachweisen

38 Vgl. Maurach/Schröder/Maiwald, Strafrecht BT 1, S. 561; Mikla S. 41 ff

39 Nachweise bei Mikla S. 43 Fn 1, S. 44

40 Vgl. Mikla S. 47f

41 W. Küper, "Pflichtverletzung" und "Tathandlung" bei der Unfallflucht, GA 1994, S. 49 ff

Sich-Entfernen sei mit dem Gebot zu bleiben logisch identisch, die Tathandlung existiere als solche nicht? Die Überprüfung dieser Frage verlangt eine nochmals exaktere Betrachtung der Formulierung von Ziff. 1 und 2.

Das Gesetz formuliert in Ziff. 1 die Konstellation, daß feststellungsbereite Personen am Unfallort anwesend sind oder eintreffen, während sich der Täter dort noch aufhält. Dem Täter obliegt so die Ermöglichung der Feststellungen. In Pflichten umformuliert bedeutet dies zunächst die Pflicht zur weiteren Präsenz am Unfallort (Ermöglichung durch Anwesenheit) und die Pflicht, die Unfallbeteiligung noch am Ort des Unfalls anzugeben (Ermöglichung durch Angaben)[42], womit ebenfalls ein gewisses Verbleiben am Unfallort vorausgesetzt ist.

Dieser Pflichteninhalt kann jedoch nur im Zusammenhang mit der gesetzlich geschilderten Tathandlung bestimmt werden. Denn ohne dieses ergebe sich nur eine unspezifische Anwesenheitspflicht. Weder das genaue "wo" wäre ohne weiteres ersichtlich noch könnte festgestellt werden, ob den Täter eine derart umfassende Anwesenheitspflicht träfe, zum Unfallort zurückkehren zu müssen, solange sich feststellungsbereite Personen dort noch aufhalten und er diese zuvor - warum auch immer - verlassen hatte. Gleichsam kann die Pflicht zur Angabe der Unfallbeteiligung nur mit der Tathandlung hinsichtlich des Wo und Wann konkretisiert werden.

Zusammengefaßt bedeutet dies, daß man zwecks Präzisierung diese Verknüpfung der räumlich-zeitlichen Beziehung der Pflichten benötigt. Dies könnte dafür sprechen, daß der Tathandlung selbst insofern neben der Konkretisierung der Pflichten tatsächlich keine selbständige Bedeutung zukommt, zumal die Pflicht der Anwesenheit und Vorstellung eben durch Abwesenheit verletzt wird. Das Sich-Entfernen wäre daher die Pflichtverletzung selbst.

Etwas anderes ergibt sich jedoch bei Betrachtung der weiteren Pflicht zu Angaben der Beteiligung. Diese kann auf zweierlei Art verletzt werden. Zum einen durch sofortiges Weiterfahren, dann liegt Identität vor. Sie kann aber auch trotz Verbleibens am Unfallort gegeben sein, nämlich bei Leugnung der Beteiligung oder Verstecken. Solange der Unfallbeteiligte am Unfallort bleibt, ist der Tatbestand - egal, was er tut oder unterläßt - nicht erfüllt. Dann liegt aber in dem Sich-Entfernen ein selbständiges Moment; denn wenn ein Unfallbeteiligter am Unfallort seine Tatbeteiligung ausdrücklich leugnet und dann fortfährt, kommt dem Wegfahren eine eigene Bedeutung zu, denn die Verletzung der Angabepflicht allein reicht zur Tatbestandsmäßigkeit eben nicht aus. Die Tathandlung geht also nicht immer notwendig in der jeweiligen Pflichtverletzung auf.

---

42 Vgl. zu dieser Terminologie W. Küper, GA 1994, S. 58

Die Pflichten können, müssen aber nicht kumulativ gegeben sein. Schwierig wird die Beurteilung zum Beispiel, wenn ein Unfallbeteiligter unentdeckt am Unfallort verweilt, bis alle feststellungsbereiten Personen gegangen sind. Hier kann eine sinnvolle Lösung nur mittels der ratio legis gefunden werden[43].

Im Falle der Nichtanwesenheit feststellungsbereiter Personen nach Ziff. 2 pönalisiert der Gesetzgeber das Entfernen vom Unfallort, wenn der Täter nicht zuvor eine angemessene Zeit gewartet hat. Da das Gebot zu warten allein keinen Sinn macht, kann dies als ratio legis nur bedeuten, daß er zu warten hat, um Feststellungen zu ermöglichen.[44] Inhalt des Wartens ist nur die Pflicht der Anwesenheit während einer gewissen Zeitspanne; es wird nicht verlangt, daß Beweise zu sichern oder feststellungsbereite Personen zu suchen sind. Der Tatbestand ist andererseits auch dann erfüllt, wenn bei einer ex-post-Sicht feststeht, daß das Warten eh sinnlos gewesen wäre, da keine feststellungsbereiten Personen aufgetaucht wären.

In § 142 Absatz 1 Ziff. 2 StGB ist das Entfernen substantiell in der Verletzung der Wartepflicht enthalten, es kommt ihr hier keinesfalls eine eigene Bedeutung zu, so daß Ziff. 2 unschwer als Unterlassungsdelikt zu beurteilen ist.

2.1.2. § 142 Absatz 2 StGB

Der zweite Absatz hat im Vergleich zu Absatz 1 eine wesentlich einfachere Struktur. Der Unfallbeteiligte wird bestraft, der sich nach Ablauf der Wartefrist zwar berechtigt oder entschuldigt vom Unfallort entfernt hat, aber die Feststellungen nicht unverzüglich nachträglich ermöglicht. Hier liegt ausschließlich ein Gebot in Form der nachträglichen Ermöglichung der Feststellungen vor.

Fazit an dieser Stelle ist: § 142 StGB enthält im wesentlichen den Charakter eines Unterlassungsdelikts. Dem Normadressaten werden bestimmte Handlungsgebote bzw. Pflichten auferlegt, deren Verletzung mit Strafe bedroht ist. Die für Handlungspflichten gesteigerte Begründungsnotwendigkeit ist somit hinsichtlich der Norm gegeben.

2.2. Echtes oder unechtes Unterlassungsdelikt?

Zurück nun zu der bereits angedeuteten Frage, ob es sich bei der Unfallflucht um ein echtes oder unechtes Unterlassungsdelikt handelt und worauf diese Unterscheidung beruht:

---

43 Vgl. W. Küper, GA 1994, S. 68
44 Vgl. W. Küper, GA 1994, S. 72

Zumeist wird danach unterschieden, ob eine Strafvorschrift ein bestimmtes Handeln fordert und dessen Unterlassen den Tatbestand unmittelbar erfüllt (echtes Unterlassungsdelikt) im Gegensatz zu erfolgsbezogenen Unterlassungsdelikten (unechte Unterlassungsdelikte)[45]. Dies bedeutet genauer, daß bei einem echten Unterlassungsdelikt allein gegen ein Handlungsgebot verstoßen wird, das sich nicht auf ein Verbot zurückführen läßt. Unecht ist ein Unterlassungsdelikt dann, wenn gegen ein Gebot verstoßen wird, dessen Kehrseite und Grundform ein Verbot ist, einen bestimmten Erfolg herbeizuführen; der Täter wird zum Garanten für die Erfolgsabwendung[46].

Nach anderer Ansicht soll danach abzugrenzen sein, ob ein Unterlassen der Tatbestandsverwirklichung durch aktives Tun gleichgestellt werden könne (dann unechtes Unterlassungsdelikt)[47], wobei diese Ansicht aufgrund der Unvergleichlichkeit von Tun und Unterlassen übereinstimmend abgelehnt wird[48].

Nach einer dritten Ansicht sollen echte und unechte Unterlassungsdelikte nur durch ein äußerlich-formales Kriterium zu unterscheiden sein. Die echten Unterlassungsdelikte haben danach ihre Regelung im Gesetz gefunden, die unechten sind dagegen außerhalb des Gesetzes durch Rechtsprechung und Lehre geschaffen worden[49].

Differenziert ist festzustellen: Zunächst - positivistische Auffassungen, die sich nur nach der gesetzlichen Regelung ausrichten, können nicht überzeugen. Nicht die Strafnorm legitimiert die Pflichtenstellung, sondern die strafrechtliche Pflichtenstellung ist entsprechend ihrer Art und ihres Ausmaßes legitimiert. Erfolgsabwendungsgebote liegen des weiteren nicht nur den sog. unechten Unterlassungsdelikten zugrunde, sondern ebenso auch den sog. echten Unterlassungsdelikten[50]. Notwendig zum Beispiel für das "echte" Unterlassungsdelikt der unterlassenen Hilfeleistung (§ 323 c StGB) ist zunächst eine hinreichende objektive Gefahrerhöhung[51]. Die Eigenart der Unterschiedlichkeit von Unterlassungsdelikten kann daher nicht bzw. weniger in Blickrichtung des Erfolges als solchem, sondern vielmehr entscheidend in der Bedeutung der Verantwortlichmachung des

45 Vgl. BGHSt 14, 280, 281; speziell zu § 142 StGB so zu verstehen BayObLG in NJW 1990, S. 1861
46 Vgl. Jescheck/Weigend, Strafrecht AT, S. 605 ff
47 Vgl. Schünemann, Die Unterlassungsdelikte, S. 302 f
48 Vgl. Armin Kaufmann, Die Dogmatik der Unterlassungsdelikte, S. 273 f; Schönke/Schröder/Stree Vorbem §§ 13 ff Rn 138 f
49 Vgl. Jakobs, Strafrecht AT, S. 784 ff; Armin Kaufmann, Die Dogmatik der Unterlassungsdelikte, S. 277 ff
50 Vgl. Kahlo, Die Handlungsform der Unterlassung als Kriminaldelikt, S. 250 ff
51 Vgl. Köhler, Strafrecht AT, S. 212; Seelmann, JuS 1991, S. 291

Täters liegen[52]. Wesentliches Unterscheidungsmerkmal ist der Gewichtsunterschied in der Verantwortung, damit die Frage der Pflichtenstellung des Täters. Die Frage ist somit prinzipiell danach zu stellen, ob dem Täter in einer konkreten Situation spezielle Garantenpflichten auferlegt werden oder ob es Pflichten sind, die darin jedermann treffen können. Letztere entsprächen dann den sog. echten Unterlassungsdelikten[53].

Im Anschluß an die herrschende Meinung wird für § 142 StGB zumeist ein echtes Unterlassungsdelikt angenommen, da der Täter nicht für die Aufklärung des Unfallhergangs verantwortlich sei, sondern ihm nur eine bestimmte Mitwirkungspflicht auferlegt werde. Er mache sich auch dann nicht strafbar, wenn trotz Wartens und Angaben zur Unfallbeteiligung der Unfall letztlich nicht geklärt werden kann. Andererseits mache er sich aber wegen unerlaubten Entfernens strafbar, selbst wenn die nötige Feststellungen auch ohne sein Zutun getroffen werden können[54]. Kritiker sehen jedoch auch bzw. trotzdem Verknüpfungen zum Garantenpflichtdelikt und stellen bei § 142 StGB einen "gleitenden Übergang zwischen echter und unechter Unterlassung"[55] fest bzw. bezeichnen die Unfallflucht als "nicht-erfolgsbezogenes Garantenunterlassungsdelikt... oder besser: Beinahe-Garanten-Delikt"[56].

Für die weitere Untersuchung ist die Terminologie "echt" - "unecht" tatsächlich eher von geringer Bedeutung. Wichtig ist noch einmal festzuhalten, daß innerhalb der Unterlassungsdelikte nach Art und Ausmaß der Verantwortung, also der Pflichten unterschieden werden muß. Dazu kommt dann noch die Frage, inwiefern die besonderen Pflichten aus den sog. Sonderdelikten sich in diese Dogmatik einfügen. Hierauf wird noch gesondert einzugehen sein.

Zunächst soll § 142 StGB hinsichtlich seiner Qualität als "unechtes" Unterlassungsdelikt überprüft werden. Es wurde dazu zwar bereits festgehalten, daß es sich bei § 142 StGB nach ganz herrschender Meinung um ein "echtes" Unterlassungsdelikt handle, da dem Normadressaten keine Garantenpflichten oblägen. Die Qualität und Begründung von Garantenpflichten ist jedoch in der Diskussion um die Begründung von Pflichten von großer Bedeutung und für § 142 StGB von weiterführendem Interesse und soll daher kurz dargelegt werden, um diese These der herrschenden Meinung zu überprüfen.

---

52 Vgl. Armin Kaufmann, Die Dogmatik der Unterlassungsdelikte, S. 278 unter Bezugnahme auf Engisch

53 Vgl. Köhler, Strafrecht AT, S. 212

54 Vgl. Magdowski S. 56

55 Arzt, JA 1980, S. 556

56 Seelmann, JuS 1991, S. 291

2.3. Die Garantenstellung

2.3.1. Begründung

Gemäß § 13 StGB ist strafbar, wer rechtlich dafür einzustehen hat, daß der Erfolg eines Tatbestandes nicht eintritt. Das "rechtlich dafür Einstehenmüssen" beschreibt den Pflichteninhalt einer Garantenstellung. Kommt der Garant seiner Handlungspflicht nicht nach, ist er gleich einem Täter zu bestrafen[57]. Entsprechend dieser bedeutenden Folge der Pflichtenstellung sind an die Begründung einer Garantenstellung sehr hohe Anforderungen zu stellen. Worin diese Begründung besteht und worauf sie beruht, wird unterschiedlich diskutiert[58]; der Gesetzgeber hat seit jeher der Rechtswissenschaft die Ausfüllung dieses Begriffs überlassen.

Traditionell wird die Garantenstellung mit Hilfe der sog. Rechtsquellenlehre begründet. Diese auf Feuerbach zurückgehende Lehre führte zur Strafbarkeit des Unterlassens in "klassischer"[59] Weise aus: "Weil aber die ursprüngliche Verbindlichkeit des Bürgers nur auf Unterlassungen geht; so setzt ein Unterlassungsverbrechen immer einen besonderen Rechtsgrund (Gesetz oder Vertrag) voraus, durch welchen die Verbindlichkeit zur Begehung begründet wird. Ohne diesen wird man durch Unterlassung kein Verbrecher"[60]. Diese, die Unterlassungsstraftaten überhaupt erst mit begründende Lehre wird in dieser "Reinform" heute nicht mehr vertreten[61]. Die Rechtsprechung griff schnell auf diese Lehre zu, setzte sich aber die Garantenpflichten erweiternd ebenso schnell darüber hinweg und ergänzte die Garantenpflicht zum einen um eine solche aus vorangegangenem gefährdendem Tun, sog. Ingerenz sowie aus enger (Lebens-)Gemeinschaft[62].

Nach einem anderen weit verbreiteten Ansatz sind die Garantenpflichten nach ihrer inhaltlichen Ausrichtung zu bestimmen. Danach werden Schutz- oder Obhutspflichten, die gegenüber einem Rechtsgut bestehen, von Pflichten unterschieden, die der Überwachung bzw. Sicherung einer Gefahrenquelle dienen[63]. Schünemann schuf das Abgrenzungskriterium der "Herrschaft über den Grund des

57 § 13 Absatz 2 StGB enthält nur fakultativ die Möglichkeit der Strafmilderung.

58 Vgl. Brammsen, Die Entstehungsvoraussetzungen der Garantenpflichten; Armin Kaufmann, Dogmatik der Unterlassungsdelikte; Androulakis, Studien zur Prblematik der unechten Unterlassungsdelikte

59 In Anlehnung an Kant und Hegel

60 Feuerbach, Lehrbuch, § 24

61 Allerdings hat Seebode vor einigen Jahren den Vorschlag gemacht, sich wieder auf Feuerbach zu besinnen, da alle anderen Garantenstellungen mit dem Bestimmtheitsgebot aus Art. 103 II GG nicht vereinbar seien; in FS Spendel, S. 340 ff

62 RGSt 24, 339 f; RGSt 66, 73 f

63 Vgl. Armin Kaufmann, Die Dogmatik der Unterlassungsdelikte, S. 283

Erfolges"[64], wobei sich seine Einteilung der Pflichten im Ergebnis größtenteils mit den eben genannten Beschützer- und Überwachungspflichten deckt.

Ausgehend von dem eingangs vorgestellten engen Pflichtenbegriff soll eine Diskussion dieser und noch zahlreicher anderer Ansätze hier nicht erfolgen[65]; vielmehr sollen im Einklang mit dem genannten Begriff die Garantenpflichten bestimmt werden. Dabei ist daran zu erinnern, daß - soll es um spezielle Handlungsgebote gehen, die dazu führen, daß ein Unterlassen der Verwirklichung eines Erfolges durch ein Tun entspricht - die rechtliche Gebotsnorm an eine entsprechende Verbotsnorm anzulehnen ist, wenn sie begründet abgeleitet werden soll. Handlungspflichten fordern eine Vorhandlung, die sich später schädigend auf die rechtlich geschützte Freiheitssphäre eines anderen auswirkt[66]. Das bedeutet weiter, Handlungspflichten im Sinne von Garantenpflichten korrespondieren mit dem negativ geprägten Rechtsbegriff und stellen keine darüber hinausgehende positive Beziehung zu ihnen her; ebenso wie alle "Unterlassungspflichten streben sie nämlich nicht eine Verbesserung des bestehenden Zustands an, sondern verfolgen lediglich das Ziel, den Status quo anderer vor nachteiligen Veränderungen zu schützen"[67] oder wie E.A. Wolff es formulierte, Inhalt der Verletzung von Handlungspflichten sei, daß der Täter es dem anderen zum Schlechten wende, nicht nur versäumt habe, es ihm zum Guten zu wenden[68]. Das begründete Strafrechtsverständnis setzt weiter voraus, daß das gegenseitige Anerkennungsverhältnis hinsichtlich Art und Ausmaß in ganz besonderer Weise verletzt ist. E.A. Wolff konkretisiert dieses Verhältnis als gegenseitiges Abhängigkeitsverhältnis - die "Abhängigkeit ist derart, daß die Entscheidung des Anderen - des Garanten -, dieses Tun nicht vorzunehmen, die Verhältnisse des Abhängigen zum Schlechten wendet. Diese gegenseitige Beziehung ist ein Verhältnis besonderer Art"[69]. Alternativ nennt Wolff dieses Verhältnis auch "Vertrauensverhältnis", der einzelne baue darauf, daß die anderen ihre Verpflichtungen wirklich erfüllen, und durch dieses Vertrauen sei er von ihnen abhängig[70]. M. Köhler systematisiert dieses "Rechtsvertrauen"[71] weiter, es entfalte sich "systematisch mit den Inhalten der schützenden, austauschenden und teilenden Gerechtigkeit. Garantenpflichten können daher resultieren aus dem Verhältnis familiärer Personsorge..., vertraglichen bis verbandsförmigen Beziehungen (sog. Übernahme), worin die selbständigen gesellschaftlichen Personen auch ihre Zufallsabhängigkeit organisieren,

---

64 Schünemann, Unterlassungsdelikte, S. 237; vgl. auch seine Kritik an dem "Wildwuchs verschiedenartigster Garantenstellungn" in ZStW 96, S. 304 ff

65 Vgl. hierzu die Zusammenfassung bei Jakobs, Strafrecht AT, S. 800 ff, Grünewald S. 18 ff

66 Vgl. Grünewald S. 133; Seelmann, Privatrechtlich begründete Garantenpflichten, S. 96; Welp, Vorangegangenes Tun als Grundlage einer Handlungsäquivalenz der Unterlassung

67 Grünewald S. 133

68 Vgl. Wolff, Kausalität, S. 37

69 Wolff, Kausalität, S. 37

70 Vgl. Wolff, Kausalität, S. 40

71 Köhler, Strafrecht AT, S. 210

interpersonal-gesellschaftlichen Regeln der Gefahrenhinderung (sog. Ingerenz u.ä.), die sich auf gefahrbegründende Tätigkeiten und Organisationen... beziehen, staatlich-administrativer Gerechtigkeitsorganisation, die bestimmte Behörden für die zuverlässige Rechtsgewähr (insbesondere Gefahrenschutz) konstituiert. Der Inhalt der Garantenpflicht bestimmt und konkretisiert sich nach dem jeweiligen Rechtsverhältnis"[72].

Die Garantenstellung aus Ingerenz, also aus vorangegangenem gefährlichem Tun, bedarf noch einer ergänzenden Begründung. Zwischen dem Verpflichteten und dem Abhängigen besteht in diesem Fall kein besonderes persönliches Vertrauensverhältnis, andererseits - soll das zum Leben notwendige Rechtsvertrauen erhalten bleiben - müssen neben die Verbote, keine verletzenden Kausalverläufe in Gang zu setzen, die Gebote treten, gefährdende Kausalverläufe wieder anzuhalten. Diese Pflicht muß den Urheber der gefährdenden Kausalverläufe treffen[73]. Zwingend - im Einklang mit der herrschenden Meinung - ist erforderlich, daß es sich bei dem gefährdenden Vorverhalten um ein pflichtwidriges handelt und nicht jedes kausale Vorverhalten schlechthin eine Garantenstellung begründen kann[74].

Dem "Vertrauensverhältnis" als bestimmendem Kriterium der Garantenpflichten ist viel Kritik entgegengebracht worden[75]. Eine Auseinandersetzung mit dieser Kritik ist hier jedoch gar nicht notwendig, da die bei der Unfallflucht in Betracht kommenden Garantenpflichten von jedem Ansatz aus abzulehnen sind und abgelehnt werden:

2.3.2. Die fehlende Garantenstellung des (möglichen) Unfallbeteiligten

Daß dem möglichen Unfallbeteiligten keine Garantenpflichten obliegen, gilt es zunächst für die Garantenpflicht aus vertraglicher oder verbandsförmiger Übernahme von Sicherungspflichten zu zeigen, zu welcher nach allen Ansichten (nur unter unterschiedlichen Kategorisierungen) die sog. *Gefahrengemeinschaften* gehören. Als Gefahrengemeinschaft in diesem Zusammenhang definiert werden Gemeinschaften, die ihrem Wesen nach auf gegenseitige Hilfe angelegt sind und der jemand dauernd oder vorübergehend angehört[76]. Denkbar wäre im Fall der Unfallflucht eine Gemeinschaft aller Verkehrsteilnehmer oder aller Unfallbeteiligten.

---

72 Köhler, Strafrecht AT, S. 211

73 Vgl. Wolff, Kausalität, S. 42

74 Vgl. Köhler, Strafrecht AT, S. 219; Schönke/Schröder/Stree § 13 Rn 32 ff mit zahlreichen Nachweisen; ausführlich hierzu auch die Arbeit Pfleiderers, Die Garantenstellung aus vorangegangenem Tun; Brammsen S. 385 ff, 422 ff

75 Ausführlich hierzu Brammsen S. 84 ff mit zahlreichen Nachweisen; s. auch Seelmann, GA 1989, S. 243 ff

76 Schönke/Schröder/Stree § 13 Rn 23

Das entscheidende Entstehungsmerkmal für jede Gefahrengemeinschaft ist jedoch die reale Existenz eines gegenseitigen Erwartungsverhältnisses vor Eintritt der konkreten Gefahrensituation[77]. Zufällige Gemeinschaften oder solche, die ohne gegenseitige Beistandspflichten bestehen[78], können diese Voraussetzung nicht erfüllen. Eine Gemeinschaft aller Verkehrsteilnehmer ist erkennbar viel zu weit und offen gefaßt, um den einzelnen Mitgliedern Garantenpflichten untereinander aufzuerlegen. Eine Verkehrsgemeinschaft kann lediglich in der bloßen Tatsache gesehen werden, daß viele Menschen dasselbe tun, nämlich am Straßenverkehr teilzunehmen. Eine innere Verbundenheit liegt darin jedoch nicht; es bleibt eine zufällig zusammengesetzte Menschenmenge, die keinen gemeinschaftlichen Zweck gemeinsamen Bestehens der Gefahren des Straßenverkehrs, sondern ganz individuelle Zwecke verfolgt und sich dabei bloß der Gegebenheiten des Straßenverkehrs bedient[79]. Es gibt daher keine spezifische rechtliche Fürsorgepflicht und Vertrauensbeziehung der Verkehrsteilnehmer füreinander. Die Teilnahme am öffentlichen Straßenverkehr stellt lediglich eine faktisch erhöhte Gefahrensituation dar[80].

Gemeinschaftsbegründend auswirken kann sich auch nicht der im Straßenverkehr angenommene Vertrauensgrundsatz[81]. Dieses "Vertrauensprinzip" hat eine gänzlich andere Bedeutung als das Vertrauensverhältnis im Sinne der Bedingung einer Garantenpflicht. Dieses Prinzip ist der Straßenverkehrsordnung entnommen (insbesondere § 11 Abs. 2 StVO) und besagt, daß jeder Teilnehmer am Straßenverkehr sich grundsätzlich auf verkehrsgerechtes Verhalten der übrigen Verkehrsteilnehmer verlassen dürfe. Genau genommen liegt in diesem Grundsatz eine "Prämie für eigenes Wohlverhalten im Verkehr"[82], die dem Verkehrssünder zu versagen ist. Rechtsdogmatisch stellt die Entscheidung über die Gewährung oder Versagung des Vertrauensschutzes eine Antwort auf die Frage nach Umfang und Grenzen des im Straßenverkehr "erlaubten Risikos" dar[83], begründet jedoch keine über die allgemeine Pflicht zur Einhaltung von Straßenverkehrsregeln hinausgehende Garantenpflicht.

Es ist daher schon mißverständlich, überhaupt von einer "Verkehrsgemeinschaft" zu sprechen, eine solche "Gemeinschaft" existiert nicht[84].

---

77 So auch Brammsen S. 175

78 Wozu z.B. auch Wohngemeinschaften ohne persönliche Beziehungen der Mitglieder zählen; vgl. BGH NStZ 84, 163; Schönke/Schröder/Stree § 13 Rn 25

79 Ebenso Deichmann S. 186

80 Vgl. v. Münch S. 207

81 Ausführlich hierzu Kirschbaum, Der Vertrauensschutz im deutschen Straßenverkehrsrecht

82 Kirschbaum S. 261

83 Hierzu genauer Schürer-Mohr S. 116 f

84 Erinnert vielmehr an die nationalsozialistischen Ausführungen zur Norm, die ausdrücklich den Begriff der "Verkehrsgemeinschaft" verwenden, um ihre Bedeutung für die Festigung

Auch die (möglichen) Unfallbeteiligten zu einer Gemeinschaft dieser Art zusammenzufassen, widerstrebt schon vom Wortgebrauch her. Ihr Aufeinandertreffen ist ebenso zufällig wie ihre vorangegangene gemeinsame Teilnahme am Straßenverkehr. Das Verhältnis der einzelnen zueinander ist neutral oder hinsichtlich ihrer Interessen womöglich geradezu konträr.

Etwas weniger offensichtlich, jedoch ebenso zwingend und unumstritten ist die Beurteilung der Garantenpflicht aus *Ingerenz* im Rahmen der Unfallflucht. Zwar ist hier denkbar, daß eine Garantenstellung besteht für denjenigen, der pflichtwidrig einen Unfall herbeigeführt hat. Unhaltbar ist jedoch die Annahme einer Garantenpflicht als Bleibe- und Feststellungspflicht aus zwei Gründen:

Zum einen ist erforderlich, daß die Pflichtwidrigkeit in den Bereich einer Norm zum Schutz des in Gefahr geratenen Rechtsguts eingreift, da nur dann der notwendige Pflichtwidrigkeitszusammenhang besteht, der eine Verantwortlichkeit für das Ausbleiben schädlicher Erfolge begründen kann[85]. Das bedeutet, es muß sich um die Mißachtung einer Pflicht handeln, die gerade dem Schutz des betroffenen Rechtsguts dient. Bei der Unfallflucht müßte also das Vorverhalten die Aufklärung des Unfallhergangs bzw. genauer die Realisierung der Schadensersatzansprüche der anderen Beteiligten gefährden. "Indessen geht von einem Verhalten, das möglicherweise einen Unfall verursacht hat, für diese Ansprüche keinerlei Gefahr aus, weil sie im Augenblick dieses Handelns noch gar nicht existieren"[86]. Der Pflichtzusammenhang besteht in der vorhergehenden Pflicht, Leib, Leben und Eigentum eines anderen nicht zu gefährden oder zu verletzen und nicht in einer Verpflichtung zum Schadenersatz. Erst die Verwirklichung der Gefahr für Leib, Leben und Eigentum kann zu Schadenersatzansprüchen führen. Natürlich kann dann die *weitere* Gefahr bestehen, daß diese Schadenersatzansprüche mangels Klärung des Unfallhergangs oder Kenntnis der Unfallbeteiligten nicht durchzusetzen sind. Diese Gefahr haftet den Ersatzansprüchen jedoch als solchen an und ist ein Aliud zu der vorherigen Gefährdung eines Objekts.

Diese Beschränkung der Garantenpflicht folgt auch aus dem bereits oben Gesagten, wonach - auch bei Vorliegen einer Pflicht aus Ingerenz - die Garantenpflicht nur zur Folge haben kann, Schlimmeres zu verhindern, jedoch nicht eine Wendung zum Guten bewirken zu müssen. "Eine Verpflichtung aus vorangegangenem Tun besteht nach allgemeiner Meinung dann, wenn durch dieses Verhalten eine für eine bestimmte Rechtsverletzung adäquate Gefahr geschaffen worden ist. Dabei ist jedoch zu beachten, daß eine solche Pflicht nur dort entsteht, wo die Untätigkeit zu einer Vergrößerung der Gefahr oder des Schadens führt, wo ein

---

des Willens zur Gemeinschaft herauszustellen; vgl. Rietzsch, DJ 1940, S. 535; s. auch Freisler, DJ 1940, S. 525 ff

85 h.M. vgl. Schönke/Schröder/Stree § 13 Rn 35 a mit weiteren Nachweisen

86 Deichmann S. 180

Eingreifen des Täters bewirken würde, daß weitere Gefahren oder Schäden nicht eintreten können. Ist dagegen der vom Gesetz verpönte Erfolg bereits endgültig eingetreten, so trifft den Verursacher keine Pflicht mehr, insbesondere kann also aus den Regeln der unechten Unterlassungsdelikte niemals eine Verpflichtung zur Wiedergutmachung eines angerichteten Schadens abgeleitet werden"[87]. Nichts anderes gilt für die Vorstufe der Wiedergutmachung, also der Klärung bzw. Feststellung der Unfallbeteiligung. Das Verbleiben am Unfallort und die Angabe der möglichen eigenen Beteiligung können zweifellos nichts mehr dazu beitragen, einen Schadensverlauf zu stoppen. § 142 StGB setzt den Eintritt des Schadens als Tatbestandsmerkmal ja bereits voraus[88], dieser Vorgang ist sozusagen abgeschlossen und ein neuer Vorgang, nämlich der Schadenswiedergutmachung hat begonnen.

Selbst wenn der Unfallbeteiligte den Unfall vorsätzlich, rechtswidrig und schuldhaft herbeigeführt hat, trifft ihn also keine Pflicht aufgrund Ingerenz, an der Aufklärung des Unfallhergangs mitzuwirken, da die Aufklärung nur dazu führen kann, dem Geschädigten den Schaden*ersatz*anspruch zu ermöglichen, nicht aber eine Schadensvergrößerung zu verhindern.

Ein Vergleich mit anerkannten Aufklärungspflichten[89] als Handlungsgebote im Falle der Betrugsstrafbarkeit (§ 263 StGB) mag dies weiter verdeutlichen. Die Betrugsstrafbarkeit sanktioniert die Vermögens*schädigung*. Eine Garantenpflicht zur Aufklärung von Tatsachen soll verhindern, daß sich das Opfer selbst schädigt[90]. Aufklärungspflichten zur Klärung bzw. Wiedergutmachung *eingetretener* Schäden existieren auch hier nicht.

Der zweite wesentliche Grund für die Ablehnung einer Garantenpflicht aus Ingerenz liegt in der Unbestimmtheit des Kreises der gegebenenfalls Verpflichteten. Pflichtwidriges Vorverhalten ist nicht Tatbestandsmerkmal der Unfallflucht nach § 142 StGB, aber unbedingte Voraussetzung einer Garantenpflicht aus Ingerenz. Bekanntlich reicht ja für die Täterschaft des § 142 StGB die *mögliche* Beteiligung an dem Unfall aus. Es können jedoch niemandem Garantenpflichten auferlegt werden, bei dem aus der ex post Sicht gar keine Beteiligung festzustellen ist.

---

87 Schröder, NJW 1966, S. 1002; unstr. vgl. Schönke/Schröder/Stree § 13 Rn 42

88 Definition des Unfalls: "Ein Unfall im Straßenverkehr ist ein plötzliches Ereignis im öffentlichen Straßenverkehr auf Wegen oder Plätzen, das mit dessen Gefahren in ursächlichem Zusammenhang steht und zu einem nicht völlig belanglosen Personen- oder Sachschaden führt", Lackner/Kühl § 142 Rn 5

89 Kritisch allerdings Kamberger, die die allein für die Betrugsstrafbarkeit auf Treu und Glauben begründbaren Aufklärungspflichten für mit dem Gesetzlichkeitsprinzip und dem fragmentarischen Charakter des Strafrechts unvereinbar herausgestellt hat, in: Treu und Glauben (§ 242 BGB) als Garantenstellung im Strafrecht? (1996)

90 Vgl. Schönke/Schröder/Cramer § 263 Rn 19

Diesen potentiellen Tätern auch noch Garantenpflichten auferlegen zu wollen, würde rechtsstaatliche Prinzipien in doppelter Weise verletzen.

Die Begründung besonderer Pflichten aufgrund Besonderheiten des Straßenverkehrs oder bedingt durch das Zusammentreffen mit diesen sind mit der Begründung von Garantenpflichten also nicht vereinbar, weshalb § 142 StGB nicht zu den "unechten" Unterlassungsdelikten zählt.

Nach der beschriebenen Unterlassungsdogmatik muß nun gefragt werden, ob es sich bei der Unfallflucht um ein "echtes" Unterlassungsdelikt handelt; die Norm ist folglich auf mögliche Jedermannpflichten hin zu untersuchen. Dies erscheint insofern problematisch, da der Gesetzgeber den potentiellen Täterkreis ausdrücklich begrenzt hat - strafbar machen kann sich nur der Unfallbeteiligte, und dies ist "nur", wessen Verhalten nach den Umständen zur Verursachung des Unfalls beigetragen haben kann, § 142 Absatz 5 StGB. Dieser tatbestandsmäßigen Eingrenzung ist jedoch getrennt von den Unterlassungsdelikten im Anschluß an diese erst unter dem Abschnitt Sonderdelikte nachzugehen.

2.4. § 142 StGB als Normierung einer allgemeinen Solidarpflicht?

Erfüllt § 142 StGB nicht die Voraussetzungen eines Garantenpflichtdelikts ist denkbar, daß die Pflichten des § 142 StGB eigentlich Jedermannpflichten darstellen, der Gesetzgeber lediglich im Sinne der ultima ratio des Strafrechts nicht jedermann, der zur Aufklärung eines Unfalls und damit Sicherung der Schadenersatzansprüche Geschädigter beitragen könnte, unter Strafe stellen wollte - so z.B. auch den unbeteiligten Zeugen eines Unfalls -, sondern nur eine besondere Gruppe, der es mit der größten Wahrscheinlichkeit am leichtesten möglich ist. Liegt eine Jedermannpflicht vor, stellt sich nicht das Problem, daß auch der nur potentiell Unfallbeteiligte sich strafbar machen kann. Ob andersherum eine derartige Privilegierung der nicht mit Strafe bedrohten Personen rechtmäßig wäre, soll dahingestellt bleiben. Die Frage kann offenbleiben, da eine Jedermannpflicht der in § 142 StGB normierten Art nicht existiert:

2.4.1. Solidarpflichten im Strafrecht

Nach dem bisher Gesagten resultieren Handlungsgebote aus einem begründeten besonderen Verhältnis zwischen Subjekten. Daß es auch Pflichten gibt, die jedermann treffen können, unabhängig davon, ob eine besondere Beziehung zwischen ihm und einem anderen besteht, bedarf noch einmal einer eigenen Begründung.

Jedermannpflichten werden üblicherweise als Solidar- oder Solidaritätspflichten bezeichnet, wodurch deutlicher ihr Charakter herausgestellt wird. Der Begriff der Solidarität geht auf das römisch-rechtliche "solidus" zurück und bedeutet wechselseitige Haftung für das Ganze[91]. Unser allgemeines Wortverständnis übersetzt den Begriff mit Zusammengehörigkeit oder Zusammengehörigkeitsgefühl und vermittelt sowohl eine gewisse Vorstellung von kooperativem Verhalten innerhalb einer verantwortungsbewußten Gemeinschaft als auch einen appelativen, fordernden Charakter[92]. Als "Tugendpflichten" werden sie teilweise nur dem ethischen, nicht dem rechtlichen Bereich zugeordnet[93]. Überwiegend jedoch wird die Ansicht vertreten, daß Solidaritätspflichten in Form von Hilfspflichten auch im Strafrecht unter engen Grenzen zu verankern sind[94].

Empirisch kann zunächst festgestellt werden, daß eine allgemeine Hilfsbereitschaft unter den Menschen tatsächlich besteht, in existentieller Not als geradezu selbstverständlich angesehen wird[95]. Darin liegt jedoch noch keine Begründung einer Rechtspflicht zum Helfen. Prinzipiell könnte einer allgemeinen Hilfspflicht sogar entgegengehalten werden, daß gerade in der Not nicht zu helfen, richtig sei: "Denn zu wissen, man müsse in den entscheidenden Zeiten allein zurandekommen, erzwinge Vorsorge und bringe ungeheure Anstrengungen hervor. Das diene im Ganzen dem Leben. Also sei es nicht richtig zu helfen"[96].

Dieses Prinzip ist jedoch nicht konsequent haltbar, denn in dem Moment, in welchem jemand schuldlos in existenzielle Not gerät und sich unmöglich selbst helfen kann, versagt es. "Das Dasein selbstbewußter Vernunft stellt sich als Aufgabe heraus, die in bestimmten Bereichen besser gemeinschaftlich als allein bewältigt werden kann"[97]. Ausgehend von der Aufgabe des Rechts, personal äußere Freiheit wechselseitig allgemeingültig füreinander zu definieren, folgt jedoch auch die Maxime positiver Freiheitsgewährung und damit der Ermöglichung selbständiger Existenz. "Daraus resultiert zum einen die menschenrechtlich-ursprüngliche Besitzteilhabe an der Gegenständlichkeit der Erde ... Zum anderen geht ursprüngliche Teilhabe über in ein Recht auf Tätigkeit anderer gegen zufällige Existenznot, gleichsam ein ursprüngliches Teilhaberecht an fremder

---

91 Vgl. Metz S. 17

92 Vgl. Schulte S. 18; zur historischen und religiösen Bedeutung Morgenstern S. 53 f

93 Vgl. Seelmann, Solidaritätspflichten im Strafrecht?, S. 296 ff; Morgenstern, Unterlassene Hilfeleistung, Solidarität und Recht

94 Zu den einzelnen Begründungen vgl. Morgenstern S. 126

95 "Wer, ohne einen Finger zu rühren, mitansieht, wie ein Kind zu ertrinken oder ein Verunglückter auf der Landstraße zu verbluten droht, obwohl er ohne weiteres helfen könnte, erscheint uns nicht nur vor Gott oder seinem Gewissen, sondern auch vor dem Forum der Gemeinschaft verantwortlich. Seine Straflosigkeit würde angesichts der gewandelten Stellung des einzelnen in der Gemeinschaft als unerträglich empfunden werden"; Gallas, Beiträge, S. 261

96 Wolff, Die Abgrenzung, S. 176

97 Wolff, Die Abgrenzung, S. 177

Willkür... Die Pflicht zur Selbstaffirmation vernünftigen Daseins übersetzt sich in eine Pflicht, die äußere Zufallsausgesetztheit möglichst allgemein aufzuheben"[98].

Nicht allgemeine Wohlsorge kann und darf[99] Solidarpflicht daher sein; inhaltlich kann eine (straf-)rechtliche Solidaritätspflicht, eine allgemeine Hilfspflicht nur auf die äußere rechtliche Freiheit von zufälliger Existenznot bezogen werden. Existenznot ist dabei im Sinne von Gefahr für Leib und Leben zu verstehen. "Das intersubjektive Verhältnis bestimmt sich hier in der Gleichbedeutsamkeit der Existenz der Beteiligten"[100], ein Eigentums- oder Vermögensverhältnis erreicht diese Qualität nicht. Der einzelne wird dann strafrechtlich handlungspflichtig, wenn er die einzige Person des Rechtsverhältnisses ist, die dieses existenzielle Verhältnis aufrechterhalten kann[101]. Deshalb ist eine allgemeine Solidarpflicht dieser eng ausgelegten Art nicht ethischer Natur, sondern "Hilfe zu der Stellung, die Voraussetzung für die bürgerliche Existenz ist"[102].

Die Untersuchung solcher allgemeiner im Strafrecht konkretisierter Solidarpflichten führt unvermeidlich zu den Überlegungen zur Strafbarkeit der unterlassenen Hilfeleistung, § 323 c StGB. Nach der heute geltenden Fassung macht sich strafbar, wer bei Unglücksfällen oder gemeiner Gefahr oder Not nicht Hilfe leistet, obwohl dies erforderlich und ihm den Umständen nach zuzumuten, insbesondere ohne erhebliche eigene Gefahr und ohne Verletzung anderer wichtiger Pflichten möglich ist. Es lohnt ein Blick auf Geschichte und Diskussion des § 323 c StGB, um § 142 StGB in diesem Kontext besser einordnen zu können. Es sei daran erinnert, daß die Aufnahme der unterlassenen Hilfeleistung in das deutsche Strafrecht erst nach der Normierung der Unfallflucht erfolgte[103].

2.4.2. Die Normierung allgemeiner Hilfspflichten im Strafrecht

Ohne zu weit in der Entwicklung der Kodifikation allgemeiner Hilfeleistungspflichten ausholen zu wollen[104], soll hier nur auf die Entstehungsgeschichte des heute geltenden § 323 c StGB eingegangen werden. Im RStGB (1871) war die unterlassene Hilfeleistung noch als Übertretungstatbestand geregelt und lautete: "Mit Geldstrafe bis zu 150 Mark oder mit Haft wird bestraft:... wer bei Unglücksfällen oder gemeiner Gefahr oder Noth von der Polizeibehörde oder deren Stellvertreter zur Hilfe aufgefordert, keine Folge leistet, obgleich er der

98 Köhler, Strafrecht AT, S. 208; krit. hierzu Morgenstern S. 130 f

99 Arzt betrachtet alle in diesem Sinne sog. "echten" Unterlassungsdelikte als "suspekt... Diese Tatbestände sind anrüchig. Sie sollten verringert, nicht vermehrt werden", JA 1980, S. 556

100 Harzer S. 105

101 Vgl. Harzer S. 202

102 Wolff, Die Abgrenzung, S. 253

103 Vgl. Kap. II.1.3.

104 Vgl. hierzu ausführlich Frellesen S. 98 ff; Harzer S. 33 ff, Morgenstern S. 39 ff

Aufforderung ohne erhebliche eigene Gefahr genügen konnte"[105]. 1935 fand die unterlassene Hilfeleistung nach bereits in den Anfängen des 20. Jahrhunderts intensiv geführten Diskussionen als Strafnorm Eingang in das deutsche Strafrecht. Wie bereits erwähnt, spielte der Gedanke der Gemeinschaftsverpflichtung in der Zeit des Nationalsozialismus eine herausragende Rolle[106], was sich ausdrücklich im Gesetzestext wiederfinden läßt: "Wer bei Unglücksfällen oder gemeiner Gefahr oder Not nicht Hilfe leistet, obwohl dies nach gesundem Volksempfinden seine Pflicht ist, ... wird... bestraft".

§ 330 c StGB wurde nicht wörtlich in das Strafrecht der Bundesrepublik übernommen, sondern erhielt nach grundsätzlichen Diskussionen seiner Legitimation im Strafrecht im Jahr 1953 eine bis heute unveränderte wichtige Modifizierung und zwar "... nicht Hilfe leistet, obwohl dies erforderlich und ihm den Umständen nach zuzumuten... ist..."[107]. Obwohl diese Begriffe der Erforderlichkeit und Zumutbarkeit unbestimmt sind, können sie - positiv bewertet - ebenso bzw. gerade der restriktiven Handhabung der Norm dienen[108]. Kritiker sehen jedoch in der Unbestimmtheit überwiegend eine Gefahr und schlagen dagegen eine Konkretisierung der Begriffe, z.B. eine Formulierung mit folgender Präzision vor: "Wer als einzige anwesende Person von der Verletzung existentieller Rechte, insbesondere von der Lebensgefährdung einer anderen Person Kenntnis erlangt und dieser nicht unmittelbare Hilfe leistet oder zuständige Helfer benachrichtigt, wird... bestraft"[109].

Selbst dieser kurze Blick auf die Entstehungsgeschichte der Norm deutet auf das Ringen um eine Trennung ethischer und rechtlicher Pflichten durch Restriktion

105 § 360 RStGB; von v. Liszt als "Liebesparagraph" bezeichnet, vgl. Lehrbuch, 16. Aufl., S. 616

106 "Die Betrachtung der Entwürfe (gemeint sind Gesetzesentwürfe von 1919 und 1927, Anm. d. Verf.) daß auch diese Zeit noch maßgebend von individualistischen Einflüssen beherrscht ist. Man vermeidet ängstlich eine zu weitgehende Inpflichtnahme des einzelnen und läßt die Nothilfepflicht ohne polizeiliche Aufforderung nur da zu, wo sie unmittelbar dem höchsten individuellen Rechtsgut, das die Strafrechtsordnung schützt, zugute kommt, nämlich bei der Lebensgefährdung... Erst der nationalsozialistische Staat machte dieser engherzigen Auffassung ein Ende, indem er die umfassende Hilfspflicht des § 330 c in die Strafrechtsordnung aufnahm und so unter Ausschaltung fremder Einflüsse altes deutsches Rechtsgut zu neuem Leben erweckte.", Huschens, Die unterlassene Hilfeleistung im nationalsozialistischen Strafrecht, S. 15. Auf den politischen Mißbrauch dieses Gedankens soll hier wiederum nicht eingegangen werden.

107 Diese Formulierung geht auf Gallas zurück, vgl. Beiträge, S. 259 ff, der auch die grundsätzliche Problematik betonte, daß hiermit ein Bereich des Rechtlichen in ein Gebiet vorgeschoben worden sei, das nach liberaler Auffassung grundsätzlich der Moral vorbehalten bleiben sollte.

108 Vgl. Frellesen S. 109

109 Harzer S. 298; in dieser Richtung auch bereits der Alternativentwurf von 1966, vorgelegt von Baumann, Brauneck, Grünwald u.a.

der Anforderungen an den Normadressaten. Nur wem eine Trennung - wie in der nationalsozialistischen Gesetzgebung - unnötig erscheint, bedarf keinerlei Restriktion. Entsprechend kontrovers verlief die Diskussion um die Haltbarkeit der Norm im Strafrecht nach 1945, da viele in ihr typisch nationalsozialistisches (Un)Recht sahen[110]. Der Grundgedanke der Vorschrift ließ sich - wie bereits zu Beginn dieses Abschnitts ausgeführt - jedoch durchaus auch mit klassischem freiheitsrechtlichem Denken vereinbaren. Die Aufgabe des Gesetzgebers hat damit vielmehr darin bestanden, den neuen Geist der Solidarität mit dem überkommenen Ideal der persönlichen Freiheit zu einer höheren Einheit zu verbinden[111]. Dabei ist jedoch stets an die restriktive Auslegung der Norm zu erinnern, da die Verrechtlichung grundsätzlich sozial-ethischer Pflichten ansonsten eine ausufernde Erweiterung des Strafrechts zur Folge haben würde[112].

Interessant ist nun, wie Rechtslehre und Rechtsprechung mit der Auslegung der Norm umgehen und wie sich das "allgemeine Rechtsempfinden"[113] hinsichtlich Solidaritätspflichten darin widerspiegelt oder widerspiegeln soll. Von entscheidender Bedeutung sind dabei die Tatbestandsmerkmale des Unglücksfalles, des Hilfeleistens, der Erforderlichkeit und Zumutbarkeit:

Entgegen der begründet notwendigen restriktiven Auslegung der Norm sieht die wohl herrschende Meinung in einem Unglücksfall ein plötzlich eintretendes Ereignis, das erhebliche Gefahren für Menschen oder auch für Sachen hervorruft oder hervorzurufen droht[114]. Ein großer Teil der Rechtslehre hält dem entgegen, daß eine Sachgefahr nur ausnahmsweise dann angenommen werden dürfe, wenn damit die Voraussetzungen einer gemeinen Gefahr gegeben seien[115]. Neben den grundsätzlichen Bedenken gegenüber der weiten - und auch der engeren - Auslegung spricht für die Kritik auch die sonst durch § 323 c StGB normierte Pflicht, bei jeder vorsätzlichen Sachbeschädigung, bei einem Diebstahl o.ä. Hilfe leisten zu müssen.

---

110 Vgl. Frellesen S. 110

111 Vgl. Gallas, Beiträge, S. 259 ff, wobei er allerdings etwas unscharf den "allgemeinen Zeitgeist" zur Begründung heranzieht, S. 261

112 Dies lassen Kommentare wie die z.B. Jeschecks befürchten: "Es ist doch so, daß der § 330 c StGB eine neue Richtung in unserem Strafrecht eröffnet hat; er war eine Art Schrittmacher für die Begründung und strafrechtliche Anerkennung sozialer Pflichten ... § 330 c ist Ausdruck einer allgemeinen Wendung des Strafrechts vom bloßen Rechtsgüterschutz zur sozialethischen Pflichtbegründung", Niederschriften über die Sitzungen der Großen Strafrechtskommission 1959 , Bd. 9 BT S. 371; krit. Naucke, FS Welzel, S. 773; Seelmann, Solidaritätspflichten im Strafrecht; Morgenstern, Unterlassene Hilfeleistung

113 Der BGH sieht dies als Maßstab seines Urteilens an, vgl. BGHSt 1, 268.

114 Vgl. BGHSt 6, 147

115 Schönke/Schröder/Cramer/Sternberg-Lieben § 323 c Rn 5 mit weiteren Nachweisen

Erforderlich für das Vorliegen eines Unglücksfalles ist zudem, daß die Gefahr weiterer Schäden besteht, deren Verhinderung oder Verminderung durch Einsatz des Hilfspflichtigen jedenfalls generell möglich erscheint[116]. Daher besteht keine Hilfeleistungspflicht, wenn das Schadensereignis bereits abgeschlossen ist und weitere Schäden nicht eintreten können, so z.B. wenn ein Unfall bloßen Sachschaden zur Folge gehabt hat, der keine weitere Gefahr für Personen in sich trägt[117]. Das grundlegende Prinzip strafrechtlicher Handlungsgebote ist hierin wie bei allen Unterlassungsdelikten wiederzuerkennen - die Pflicht ist immer nur auf das Verhindern potentiell schlimmerer Folgen gerichtet. Dies wird ebenso deutlich in der Definition des Hilfeleistens - Hilfeleisten ist seiner Intention nach auf Abwehr *weiterer* Schäden gerichtet[118].

Erforderlichkeit bedeutet zum einen Möglichkeit der Schadensabwendung, aber auch Notwendigkeit insofern, daß keine anderweitige Hilfe eingreifen kann. Nicht erforderlich ist Hilfe, wenn von anderer Seite bereits Hilfe geleistet wird, diese muß jedoch ausreichend sein, d.h. kann der Täter wirksamer und rascher helfen, hat er trotz anderweitiger Hilfe einzugreifen[119]. Die Prüfung der Zumutbarkeit umfaßt sowohl die Betrachtung gegenläufiger Interessen des Normadressaten als auch des Ausmaßes eigener Gefahr im Falle des Tätigwerdens.

Ein Blick auf die Kasuistik des § 323 c StGB[120] läßt erkennen, daß die Sorge um ein Ausufern allgemeiner Solidaritätspflichten im Strafrecht begründet ist. Auf der anderen Seite muß betont werden, daß trotzdem ein wesentliches Prinzip von Handlungsgeboten - das Verhindern der *Verschlimmerung* eines Zustandes - Bestand hat.

Wichtig ist, sich nun noch einmal neben diesen Definitionen die Bedeutung der Notsituation im § 323 c StGB klar vor Augen zu führen. Die von dem Täter vorgefundene Situation steht mit ihm selbst sowie mit der Hilfspflicht in keinerlei Verbindung. Die Pflicht zum Handeln entsteht eben nicht aufgrund einer vorangegangenen Verpflichtung oder seines vorangegangenen Tuns (Ingerenz); es ist purer Zufall, daß er Zeuge eines Unglücksfalles wird. Er wird konfrontiert mit dem "Unfaßbaren, Unverhofften, Unerwarteten, Unberechenbaren"[121].

---

116 Schönke/Schröder/Cramer/Sternberg-Lieben § 323 c Rn 9

117 Vgl. BGH NJW 1954, S. 728

118 Vgl. Schönke/Schröder/Cramer/Sternberg-Lieben § 323 c StGB Rn 11; Gallas, Beiträge, S. 260

119 Vgl. BGHSt 2, 298; Schönke/Schröder/Cramer/Sternberg-Lieben § 323 c Rn 16

120 Vgl. Tröndle/Fischer § 323 c Rn 2a ff; Schönke/Schröder/Cramer/Sternberg-Lieben § 323 c Rn 5 ff; Lackner/Kühl § 323 c Rn 2 ff

121 Meder S. 15 (den "Zufall" definierend)

Dies mag als Hintergrund genügen. Hinsichtlich der Verletzung einer Solidarpflicht stellt die unterlassene Hilfeleistung sozusagen die Grundnorm dar, sie beschreibt den Situationszusammenhang "Unglücksfälle" allgemeiner als die sonstigen Unterlassungsdelikte und kann diesen daher als systematisch übergeordnet bezeichnet werden[122].

2.4.3. Solidarpflichten des § 142 StGB

Ist § 323 c StGB die Grundnorm anerkannter Hilfeleistungspflichten, ist zu klären, inwiefern § 142 StGB eine Situation beschreibt, die eine Konkretisierung eines entsprechenden "Unglücksfalles" enthält. Der Unfall im Straßenverkehr erfüllt möglicherweise die Voraussetzungen eines derartigen Unglücksfalles[123]; er ist definiert als plötzlich auftretendes, mit dem Straßenverkehr und seinen Gefahren ursächlich zusammenhängendes Ereignis[124]. Von einer *allgemeine* Hilfspflichten auslösenden Notsituation könnte insofern ausgegangen werden.

Der Definition eines Unglücks war jedoch auch die Gefahr weiterer Schäden oder Verletzungen immanent. Dies ist im Fall eines Unfalls im Straßenverkehr natürlich denkbar - es kann bei einem derartigen Unfall leicht sein, daß ohne die Hilfe anderer noch schwerere Verletzungen oder größere Schäden eintreten als jene, die unmittelbar im Moment der Unfalls gegenwärtig sind. Für diese Unglückssituation ist § 323 c StGB - wie soeben dargelegt - einschlägig, insbesondere, wenn man mit der h.M. nicht nur unmittelbar existentielle Gefahren von der Definition des Unglücks als erfaßt ansieht. Auch Garantenpflichten sind denkbar.

Diese Art Unglückssituation in Verbindung mit Hilfeleistungen, die Menschen oder auch Sachen vor schwereren Gefahren bewahren sollen, ist jedoch nicht Inhalt des § 142 StGB. Diese Norm enthält entsprechend auch überhaupt keine Pflichten dieser Art; § 142 StGB postuliert keine ausdrückliche *Hilfs*pflicht, wie sie noch in den Anfängen der Norm bestand. Ursprünglich verband man ja mit der

---

122 Vgl. Harzer S. 89

123 h.M; a.A. allerdings Harzer S. 145 f: "Der Straßenverkehrsunfall; er ist die Situation, die die staatliche Gemeinschaft selbst hervorbringt, indem sie den öffentlichen Straßenverkehr an sich zugelassen und im Rahmen ihrer technischen Entwicklung subtil erdachte Ordnungsvorschriften geschaffen hat, die die präventive Verhinderung rechtszuständlicher Unglücksfälle bezwecken. Zur Aufrechterhaltung der öffentlichen Sicherheit und Ordnung bestimmt die Rechtsgemeinschaft dabei einen bestimmten Personenkreis, z.B. Polizeikräfte..., deren Leistungen gerade diese präventive Verhinderung der Begebenheiten vermitteln. Insofern - dies ist die Folge - ist nur dieser Personenkreis aus der Sicht des rechtlichen Zustands "zuständig" für die weitere Abwicklung eines sich ereigneten Straßenverkehrsunfalles. Die Zuständigkeit der Einzelnen in der Rechtsgemeinschaft mit der Konsequenz der ausgelösten Pflicht liegt somit nicht vor".

124 Vgl. Lackner/Kühl § 142 Rn 5

Vorschrift eine Halte- *und* Hilfspflicht. Noch im Jahr 1951 begründete der BGH eine Wartepflicht mit der Ergänzung, daß der Verkehrsteilnehmer nur auf diese Weise Beistand gewähren könne[125]. Die Einführung des § 323 c StGB (bzw. schon im Jahr 1935 des § 330 c StGB) hatte eine entsprechend formulierte Hilfspflicht bei der Unfallflucht jedoch im Grunde bereits obsolet gemacht.

§ 142 StGB verpflichtet nicht zur Hilfe im unmittelbaren Sinn gegenüber einem Verletzten, zur Betätigung eines Notrufs etc., damit schwere Verletzungen abgewehrt, der Tod eines anderen verhindert oder nach der weiteren Fassung auch "nur" Schmerzen gelindert werden könnten. Nach § 142 StGB ist nicht strafbar, wer nach einem Unfall im öffentlichen Straßenverkehr neben einem Verblutenden steht und nichts tut, obwohl es ihm ein Leichtes wäre, selbst zu helfen oder geeignete Hilfe zu holen. Seine Pflichten nach § 142 StGB würde derjenige in vollem Umfang erfüllen, wenn er lediglich am Unfallort bliebe und darauf wartete, daß jemand seine Mitteilungen zur Unfallbeteiligung aufnehmen würde. Gerade die zuvor genannten elementaren, da existenzielle Not aufhaltende oder verhindernde Hilfspflichten, die die strafrechtlich legitime Solidarpflicht ausmachen können, werden von der Unfallflucht überhaupt nicht erfaßt[126]. Im allgemeinen Verständnis wird die "Unfallflucht" zwar meistens in diesem Sinne gesehen, daß nämlich Verkehrsopfer liegen gelassen werden und der Unfallverursacher sich aus Eigennutz "davonmacht" - dies ist jedoch eben nicht die Pflichtenstellung des § 142 StGB[127].

Die Unglückssituation des § 142 StGB ist eine ganz andere: Das "Unglück" i.S.v. § 142 StGB besteht in der Möglichkeit einer unklaren Beweislage; die Gefahr der Vergrößerung eines "Schadens" besteht in der möglichen weiteren Erschwerung der Klärung der Beweislage.

Eine "Hilfspflicht" im Sinne einer Solidarpflicht kann zwar auch in speziellerer Form normiert sein. Zu denken ist beispielsweise an die Anzeigepflicht bei geplanten Straftaten - von der Vorbereitung eines Angriffskrieges bis hin zur Geiselnahme und zum Raub - (§ 138 StGB)[128] oder auch an den Bereich der

---

125 Vgl. BGH VRS 4, 54

126 Dies hat auch der Gesetzgeber erkannt: "Dieser Gesichtspunkt ist aber bei systematischer Betrachtung der Tatbestände kein qualifizierendes Merkmal der Verkehrsunfallflucht, sondern ein solches der unterlassenen Hilfeleistung", BT Dr 7/2434 S. 9

127 In dieser Richtung z.B. weiter verwirrend Erdsiek, NJW 1963, S. 634: "Zu erwägen wäre..., offensichtlich reine Sachschäden... aus dem Anwendungsbereich des § 142 StGB herauszunehmen. Angesichts der erschreckenden Zahl von Verkehrstoten und Verletzten treffen diese Fälle indessen nicht den Kern der Bestimmung". Worin soll hiernach der Kern der Bestimmung liegen - in dem Vermeiden tödlicher Unfälle oder in der Normierung von Hilfspflichten gegenüber Verletzten? Gerade dies ist *nicht* Inhalt der Norm (s.o.).

128 Hierzu ausführlich Westendorf, Die Pflicht zur Verhinderung geplanter Straftaten durch Anzeige

Duldungspflichten bei der rechtmäßigen Verteidigung in Gefahrensituationen (§§ 34 StGB, 904, 228 BGB). Letztlich ist hierin auch nur eine Konkretisierung der Hilfeleistung gegenüber anderen, teilweise der Gesellschaft insgesamt i.S.v. § 323 c StGB zu sehen, insofern in den jeweiligen Normen eine bestimmte Notsituation konkretisiert wird, die mit erheblichen Gefahren verbunden ist[129]. Da es unmöglich ist, für alle denkbaren Notsituationen die erforderlichen Hilfeleistungen zu konkretisieren, bedient sich § 323 c StGB dieses allgemeinen Oberbegriffs des "Hilfeleistens" ebenso wie des Begriffs "Unglücksfall".

Die Warte- und Feststellungspflichten sind in ihrer konkreten Ausprägung mit diesen, geschweige denn mit den elementaren Hilfspflichten des § 323 c StGB nicht zu vereinbaren. Sie sollen dem/den Geschädigten bei der Geltendmachung und Durchsetzung eventueller Schadenersatzansprüche dienen. Betroffen ist von der Gefahr also das Vermögen potentieller Schadenersatzberechtigter. Der Täter des § 142 StGB soll folglich aus Solidarität mit anderen Verkehrsteilnehmern oder Unfallbeteiligten Pflichten erfüllen, die einzig auf die *Erhaltung des Vermögens* anderer gerichtet sind. Diese Pflichten sind jedoch keinesfalls mehr Inhalt einer allgemeinen Solidarpflicht.

§ 142 StGB enthält somit keine allgemeine, vom Gesetzgeber nur auf einen bestimmten Personenkreis beschränkte Solidarpflicht. Der Straßenverkehr vermag keine Pflichten dieser Art zu begründen - wer argumentiert, es handle sich um Solidarpflichten ausschließlich im Straßenverkehr, dreht sich in der Begründung im Kreis. Bei der Frage der Legitimität von Pflichten im (Straf)Recht ist ihr Inhalt ent-scheidend, nicht das Feststellen äußerer Bedingungen.

2.5. § 142 StGB als Sonderdelikt

§ 142 StGB enthält also weder eine Garantenpflicht noch eine allgemeine Solidarpflicht. Es wurde jedoch bereits herausgehoben, daß die Norm eine ausdrückliche Täterkreiseinschränkung enthält, sich also nur der gesetzlich definierte Unfallbeteiligte strafbar machen kann. Fraglich ist somit, ob dem definierten Täterkreis besondere Pflichten auferlegt werden können, wobei unerheblich ist, ob sie diese durch aktives Tun oder durch Unterlassen verletzen[130]. Diese Frage führt zu dem sog. Sonderdelikt.

Der Dogmatik der Unterlassungsdelikte wurde nur sehr wenig Aufmerksamkeit gewidmet, da diese in ihrer Legitimation als solche heute als unumstritten gelten können. Etwas anders sind insofern die Sonderdelikte zu sehen. Obwohl der Be-

129 Ob alle Situationen dem freiheitsrechtlichen Verständnis einer Notsituation entsprechen, muß hier dahingestellt bleiben.

130 Zu dem Unterschied eines Sonderdelikts zu einem "unechten" Garantendelikt s. Kap. V.2.5.2.

griff "Sonderdelikt" allgemein Eingang in den strafrechtlichen Wortschatz gefunden hat und diverse Delikte mit der Kategorisierung als "Sonderdelikt" belegt werden, unterliegt diese Kategorisierung recht unterschiedlichen Vorstellungen. Um Begriff und Bedeutung der Einordnung der Unfallflucht als Sonderdelikt zu verdeutlichen und den Zusammenhang mit den Unterlassungsdelikten zu klären, ist eine Darstellung ihrer Dogmatik daher an dieser Stelle notwendig.

2.5.1. Dogmatik des Sonderdelikts

Bei allgemeinen Delikten kann jedermann Täter sein, wie das "namenlose Wer"[131] am Anfang der meisten Strafvorschriften anzeigt. Hiervon unterschieden wird üblicherweise das sog. Sonderdelikt[132]. Das Sonderdelikt wird im StGB nicht ausdrücklich genannt, geschweige denn legal definiert. Seit seinen gemeinrechtlichen Ursprüngen ist es ein Begriff der Strafrechtswissenschaft und in seiner Begriffbestimmung (entsprechend) unterschiedlich begründet[133].

Man kann sich der Begriffsbestimmung in der Rechtslehre und Rechtsprechung auf zwei verschiedenen Wegen nähern, nämlich im Wege der mittelbaren sowie der unmittelbaren bzw. selbständigen Begriffsbestimmung. Wesentlicher Anknüpfungspunkt der mittelbaren Bestimmung des Sonderdelikts ist § 28 Absatz I StGB, darin es heißt "Fehlen besondere persönliche Merkmale (§14 Abs. 1), welche die Strafbarkeit des Täters begründen, beim Teilnehmer (Anstifter oder Gehilfe), so ist dessen Strafe nach § 49 Abs. 1 zu mildern". Grundgedanke des § 28 StGB ist es, personale Unrechtselemente, die mehr die Person des Täters als die Rechtsgutverletzung charakterisieren, nur der Person zuzuschreiben, die sie "hatte"[134]. Persönliche Merkmale werden dann allgemein definiert als Merkmale, die einen Bezug zur Person des Täters haben; darunter sollen alle Merkmale fallen, die persönliche Eigenschaften, Verhältnisse oder Umstände des Beteiligten betreffen, unabhängig davon, ob sie als objektive oder subjektive Merkmale dem Unrecht, der Schuld oder gar nur der Strafzumessung oder Strafausschließung zuzurechnen sind[135]. Im Rahmen von Problemen von Täterschaft und Teilnahme wird der Begriff des Sonderdelikts über § 28 Absatz 1 StGB eingeführt.

Weiteres Beispiel für eine mittelbare Begriffsbestimmung ist die Problematik der Strafbarkeit des Versuchs eines untauglichen Subjekts, also die Frage, ob ein Subjekt, das als potentieller Täter gar nicht in Betracht kommt, sich trotzdem wegen

131 Jescheck/Weigend, Strafrecht AT, S. 266

132 Auch als delictum proprium, Sonderverbrechen oder Sonderstraftat bezeichnet.

133 Vgl. Langer S. 23

134 Schönke/Schröder/Cramer/Heine § 28 Rn 1

135 Schönke/Schröder/Cramer/Heine § 28 Rn 11

Versuchs schuldig machen kann oder ob nur ein strafloses Wahndelikt gegeben ist, wenn der Täter sich irrig für den Normadressaten hält[136].

Hinsichtlich der mittelbaren Begriffsbestimmung ist - das läßt sich schon an den zwei beispielhaft genannten Wegen erkennen - problematisch, daß die Erklärungsversuche sehr stark mit anderen dogmatischen Bereichen verwoben sind, also z.B. Teilnahme- oder Versuchsprobleme. Eine diesbezügliche Darstellung droht sehr umfangreich bis hin zu unübersichtlich zu werden. Der Begriff des Sonderdelikts ist bei der mittelbaren Bestimmung häufig schon unerklärt vorausgesetzt oder in seinen Besonderheiten unerkannt. Langer hat sich in seiner gründlichen Analyse zum Sonderdelikt der Mühe der Darstellung der mittelbaren Begriffsbestimmung ausgiebig unterzogen und kommt zu dem Ergebnis, daß auf diese Weise kein klares Bild zum Begriff des Sonderdelikts herzustellen sei[137]. Effektiver ist daher, sich von vornherein jenen Erörterungen zuzuwenden, die versuchen, den Begriff selbständig zu definieren. Erkennbar ist hierbei, daß der Sonderdeliktsbegriff seit jeher zumeist ausgehend von den sog. Amstdelikten entwickelt wurde. Es wird in der folgenden Darstellung versucht, die Bezüge zu den Amtsdelikten soweit möglich wegzulassen, da dieser Arbeit kein solches zugrundeliegt.

Die selbständigen Begriffsbestimmungen nun lassen sich nach dem jeweils verwendeten Abgrenzungskriterium in drei Gruppen einteilen: der Sondertatbestand, das Sonderrechtsgut sowie die Sondernorm bzw. -pflicht[138]. Nach der ersten Auffassung ist die gesetzliche Beschränkung im Tatbestand entscheidend: "Sonderdelikte sind allein solche Delikte, deren Tatbestand nur von bestimmten Personen verwirklicht werden kann"[139]. Für den Begriff des Sonderdelikts komme es allein darauf an, daß der Tatbestand die Zugehörigkeit zu einem bestimmten Personenkreis voraussetze[140]. Auch der nicht im Gesetz genannte Normadressat kann das Angriffsobjekt verletzen, nur wird die Verletzung durch ihn nicht bestraft, da der Gesetzgeber ausdrücklich nur einen bestimmten Täter bestrafen will.

Unter Hervorhebung der Aufgabe des Strafrechts als Rechtsgüterschutz differenzieren andere nach allgemeinem und besonderem Rechtsgut. Der Gesetzgeber habe einer beschränkten Personengruppe Rechtsgüter überantwortet, "welche nur diese Personen infolge ihrer besonderen Beziehung treffen können. Ihre Strafbarkeit gründet sich darauf, daß sie zur Wahrung des speziellen, in ihre Hände gelegten Rechtsgutes verbunden sind"[141]. Man müsse also besondere Rechtsgüter

136 Vgl. Bruns, Der untaugliche Täter; Stratenwerth, Der Versuch des untauglichen Subjekts S. 63 ff; Zaczyk, Das Unrecht der versuchten Tat, S. 268 ff
137 Vgl. Langer S. 384; zur mittelbaren Begriffsbestimmung ausführlich S. 111 ff
138 Vgl. Langer S. 49
139 Roeder, ZStW 69, S. 244
140 Vgl. Langer S. 58
141 Bernhardt S. 44

in Berücksichtigung ziehen, die nur durch ganz bestimmte Personen verletzt werden können[142]. Diese Rechtsgütertheorie wiederum wird in zwei verschiedenen Ausprägungen vertreten. Nach einer Auffassung ist das Sonderdelikt durch ein beschränkt verletzbares Rechtsgut gekennzeichnet, die Rechtsgüter können danach ihrer Natur nach nicht von allen Rechtsunterworfenen verletzt werden[143]. Nach anderer Auffassung ist das Sonderdelikt durch ein sog. Doppelrechtsgut gekennzeichnet, d.h. neben einem gruppentypischen Sonderrechtsgut schütze die Norm ein von jedermann angreifbares Gemeinrechtsgut. Für das Beispiel der Amtsdelikte bedeute dies, ein Angriff bestehe sowohl in der Verletzung des Rechtsguts der Gesetzmäßigkeit der Staatsverwaltung und gleichzeitig in der Verletzung eines von Fall zu Fall variablen Rechtsgutes, das den einzelnen Delikten ihre individuelle Note verleihe[144].

Der wohl größte Teil der Rechtslehre betrachtet die Sondernorm als entscheidendes Merkmal der Unterscheidung. Auch hier bestehen jedoch in den einzelnen Begründungen Abweichungen. Ursprünglich als reines Standesdelikt definiert[145], wurde die Sondernorm später erweitert und abstrakt für bestimmte Personenkreise definiert - diese Norm richte sich von vornherein nur an bestimmte Personen[146]. Etlichen Autoren war diese Bestimmung zu abstrakt; sie konkretisierten die Sondernorm mittels der Sonderpflicht. In den Sonderpflichten seien zusätzliche Pflichten zu sehen, die nur für die Normadressaten bestehen. Die Sonderpflicht sei Verletzungsobjekt; der Unterschied bestehe nicht in dem additiven Moment einer gesteigerten Pflichtigkeit, sondern in dem qualitativen einer personal beschränkten, nicht alle Rechtsunterworfenen treffenden Pflicht[147]. Auch der Bundesgerichtshof sieht das Wesen des Sonderdelikts in der "Zugehörigkeit des Täters zu einem besonderen Pflichtenkreis"[148].

Hinsichtlich der Art dieser Sonderpflicht müssen zwei weitere Lehrmeinungen unterschieden werden. Die einen sehen die Nichterfüllung einer außerstrafrechtlichen Pflicht für den Sonderdeliktsbegriff als entscheidend an, die anderen charakterisieren das Sonderdelikt als Verletzung einer strafrechtlichen Sonderpflicht[149].

142 Vgl. Baumann/Weber/Mitsch, Strafrecht AT, § 8 Rn 31; Nachweise zum älteren Schrifttum Langer S. 52
143 Vgl. Langer S. 190 f
144 Vgl. Munzinger S. 16
145 Vgl. Feuerbach, Lehrbuch, § 25 "Täter der Übertretung einer Sondernorm kann nur der Angehörige des Standes sein, dem die Norm gilt. Insofern ist diese Übertretung Sonderdelikt, delictum proprium dieses Standes"
146 Vgl. Kohlrausch, Strafgesetzbuch, Vorbem. 5 vor § 43
147 Vgl. Langer S. 55
148 BGHSt 1, 141
149 Vgl. Langer S. 194 ff

Für die erste Auffassung besonders nachhaltig wirkten sich die Ausführungen Roxins aus, der den Terminus "Pflichtdelikte" einführte und prägte. "... Vielmehr handelt es sich... um die Verletzung einer außerstrafrechtlichen Pflicht, die sich nicht notwendig auf jeden Deliktsbeteiligten erstreckt, die aber für die Tatbestandserfüllung erforderlich ist. Dabei geht es allemal um Pflichten, die der Strafrechtsnorm logisch vorgelagert sind und die im allgemeinen anderen Rechtsgebieten entspringen. Die erwähnten öffentlich-rechtlichen Beamtenpflichten, die standesrechtlichen Schweigegebote und die zivilrechtlichen Unterhalts- oder Treueverpflichtungen sind nur Beispiele dieser Art. Für sie alle ist charakteristisch, daß die Träger dieser Pflichten sich unter den sonstigen Mitwirkenden durch eine besondere Beziehung zum Unrechtsgehalt der Tat auszeichnen und daß der Gesetzgeber sie deshalb allein um dieser Verpflichtung willen als... Täter ansieht"[150].

Die Lehre von der strafrechtlichen Sonderpflicht gilt dagegen übereinstimmend als überholt. Sie war anhand der speziellen Pflichten in den sog. besonderen Gewaltverhältnissen entwickelt worden und vermischte Disziplinar- und Strafrecht in unzulässiger Weise[151].

In der wohl bisher gründlichsten Aufarbeitung der Dogmatik des Sonderdelikts kommt Langer zu dem Ergebnis, daß keiner der genannten Ansätze den Begriff des Sonderdelikts korrekt erfasse[152]. Er verwendet jedoch Erklärungsansätze und kombiniert diese zu folgender Definition: "Zusammengefaßt kann das Sonderunrecht somit definiert werden als das wegen seines besonderen tatbestandlichen Unrechts nur von bestimmten Personen begehbare, spezifisch geahndete Delikt. Hierbei ist unter dem Sonderunrecht die Verletzung eines unter relativer Abwandlung der Normdringlichkeit überantworteten Wertobjektes durch den Intraneus zu verstehen. Die tatbestandliche Besonderheit liegt im Erfordernis eines besonderen persönlichen, d.h. zur Individualisierung eines Sonderunrechts abstrakt geeigneten subjektiven Merkmals. Die begriffsnotwendige spezifische Strafbarkeit ist dann gegeben, wenn der Intraneus in wenigstens einer Erscheinungsformkombination der betreffenden Verbrechensart mit anderer Strafe bedroht ist als der Extraneus"[153]. Langer geht also auch davon aus, daß den Sonderdelikten ein arteigenes Unrecht zuzuordnen sei, das sich in prinzipieller Weise

---

150 Roxin, Täterschaft und Tatherrschaft S. 354

151 Vgl. Langer S. 196 ff; Zudem verstrickte sie sich in den Widerspruch, einesteils die Beschränkung des Adressatenkreises aus dem Gesichtspunkt des Rechtsgüterschutzes als zweckmäßig auszugeben, anderenteils den außenstehenden Beteiligten gleichwohl als Teilnehmer akzessorisch haften zu lassen, mithin die Strafdrohung ihm gegenüber ebenfalls für erforderlich zu halten. vgl. Klesczewski S. 98

152 Langer, Das Sonderverbrechen; ausdrücklich sich ihm anschließend Deichmann

153 Langer S. 456

vom Gemeinunrecht unterscheide[154]. Weitergehend ist seine Konkretisierung des materiellen Unrechts durch Forderung einer bestimmten Beziehung des Deliktssubjekts zum Rechtsgut, welches ganz deutlich in dem Merkmal der Überantwortung liegt[155]. Dieses Merkmal bezeichnet die entscheidende zu den Voraussetzungen des Sonderunrechts hinzutretende Tatsache, daß die Rechtsgemeinschaft einem bestimmten Subjekt hinsichtlich der seinem Einflußbereich zugeordneten Rechtsgutsobjekte eine spezifische Schutzaufgabe übertragen oder ihm eine spezifische Verfügungsbefugnis zugewiesen habe. Der Grund für eine solche Überantwortung liege in Wertanschauungen der Rechtsgemeinschaft, die nicht auf einen allgemeinen Nenner zu bringen, sondern naturgemäß wandelbar seien[156].

Ähnlich klingt diese Konkretisierung bereits bei Kaufmann an. "Es handelt sich bei den besonderen Normen also nicht um eine Einschränkung des Normsubjektes, sondern um eine nähere Bestimmung des Normsubjektes"[157]. Auch die Sonderdelikte richten sich zunächst an alle; ihr materieller Unrechtsgehalt muß mit Blick auf das Normsubjekt und die Tatsituation jedoch näher konkretisiert werden.

Kritisch ist zusammenzufassen: Offensichtlich und nach dem dieser Arbeit zugrundeliegenden Strafrechtsbegriff zwingend abzulehnen ist die Theorie vom Sonderdelikt als Sondertatbestand. Ein besonderer Tatbestand kann nur gerechtfertigt sein, wenn ihm ein besonderer materieller Unrechtsgehalt entspricht. Ohne diesen Bezug ist die positivistische Definition willkürlich[158].

Auch die bereits in der Kritik zur Rechtsguttheorie genannte Problematik der schwer zu begrenzenden Weite des Begriffs kommt hinsichtlich der Sonderrechtsguttheorie wieder zum Tragen[159]. Sucht man in dem Sonderdelikt ein besonderes Rechtsgut, so ist die Schaffung immer weiterer und abstrakterer Rechtsgüter vorprogrammiert - so geschehen z.B. bei § 343 StGB, der Aussageerpressung. Strafbar ist, wenn ein Amtsträger, der zur Mitwirkung an einem Strafverfahren berufen ist, einen anderen körperlich mißhandelt, um ihn zu nötigen, in dem Verfahren etwas Bestimmtes auszusagen. Welches Rechtsgut bleibt, wenn die körperliche Integrität und auch die Rechtspflege als allgemein verletzbare Rechtsgüter nicht das Sonderrechtsgut darstellen können? "Ein

154 Vgl. seine These von den verschiedenen "Erscheinungsformen des Verbrechens" S. 363 ff; auf diese kann hier allerdings nicht weiter eingegangen werden.
155 Vgl. Langer S. 407 ff
156 Vgl. Langer S. 407 f
157 Armin Kaufmann, Normentheorie, S. 133
158 Im Ergebnis ebenso Langer S. 262 ff
159 s. Kap III.1.

Rechtsgut der Reinheit der Amtsführung gibt es in der Tat nicht, derart fiktive Konstruktionen kommen wirklich über ein Spiel mit Worten nicht hinaus"[160].

Demgegenüber entfaltet die Auffassung, die das Sonderdelikt durch die Verletzung einer vorstrafrechtlich begründeten Sonderpflicht bestimmt, große Überzeugungskraft[161]. Die einzelnen Begründungen dieser Theorie sind jedoch berechtigter Kritik ausgesetzt. Zum einen kann strafbares Unrecht nicht in einer Pflichtverletzung allein gesehen werden. Zwar rückt diese Theorie vom Rechtsgutdogma ab, aber sie birgt die Gefahr in sich, dem Täter Pflichtverstöße zum Vorwurf zu machen, ohne daß diese in seiner *Tat* zum Ausdruck gekommen sein müssen[162]. Dies würde zu einem Gesinnungssstrafrecht führen, das den Tatbezug auflöst. Weiterführend ist der Ansatz Langers, den Pflichteninhalt - er selbst verwendet allerdings nicht den Pflichtenbegriff in seiner Definition, lehnt die sog. Sonderpflicht sogar ab - in der Überantwortung eines fremden Rechtsgutes zur besonderen Sorge zu sehen. Zwar geht Langer hier wiederum von einem Bezug zwischen Pflichtenträger ("Sondersubjekt" nach Langer) und *Rechtsgut* aus. Zudem ist seine Begründung der Überantwortung aufgrund Rechtsanschauungen der Gemeinschaft sehr unbestimmt. Wichtig ist jedoch vor allem, daß er die Betonung auf den Bezug, die "Beziehung" zwischen Subjekt und Rechtsgut legt und damit rein täterschaftliche Merkmale vermeidet sowie mit dem Anvertrautsein eine materielle Unrechtsbestimmung findet, die über die vorherigen Lösungswege hinausführt.

Nach dem dieser Arbeit zugrundeliegenden Strafrechtsbegriff wird eine Beziehung des Täters nicht zum Rechtsgut, sondern - um der Einfachheit halber die Terminologie nicht zu sehr zu verändern - in der Beziehung zum *Träger* des Rechtsguts gesehen, dies wurde auch bereits im Rahmen der Begründung der Garantenpflichten deutlich. Damit ist zu fragen, wodurch sich diese Beziehung in besonderer Weise pflichtenbegründend *konkretisiert* hat und worauf eine Überantwortung dieser besonderen Pflichten beruht mit der Folge, daß eine Verletzung dieser Pflichten nur für dieses Deliktssubjekt strafbar ist bzw. bei Verletzung nur durch dieses Deliktssubjekt ein besonderes Unrecht entsteht[163].

---

160 Mayer DStR 1938 S. 96

161 Ähnlich, wenngleich kritisch Klesczewski, ARSP Beiheft 66 (97) S. 99, der in allen Lösungskonzepten die Übernahme täter- oder gesinnungsstrafrechtlicher Züge sieht und kritisiert, damit das rechtsstaatliche Strafrecht zu verlassen. Er entwickelt demgegenüber eine Erfassung der Sonderdelikte als besondere Tatgestalt aus dem Blickwinkel schützender Gerechtigkeit unter Zugrundelegung von Kants Ausdifferenzierung des Gerechtigkeitsbegriffs.

162 Vgl. Gallas, Beiträge, S. 158 f; Klesczewski, ARSP Beiheft 66 (97) S. 100; s. allerdings Günther, Von der Rechts- zur Pflichtverletzung

163 Nicht zu verwechseln ist daher die Terminologie von der Pflichtverletzung mit der allgemeinen Definition des Verbrechens als Pflichtverletzung als Gegensatz zur Rechtsgutsverletzung; vgl. hierzu Günther, Von der Rechts- zur Pflichtverletzung

2.5.2. Unterlassungsdelikt und Sonderdelikt

Nach dem bisher zum Unterlassungsdelikt, zur Unterteilung in echte und unechte Unterlassungsdelikte sowie zum Sonderdelikt Gesagten, könnte man zu der These gelangen, ein Sonderdelikt in Kombination mit einem Unterlassungsdelikt sei aufgrund der besonderen Pflichten immer auch ein sog. "unechtes" Unterlassungsdelikt. Daran ist richtig, daß ein unechtes Unterlassungsdelikt, also Garantenpflichtdelikt, immer auch ein Sonderdelikt darstellt[164]. Der Sonderdeliktscharakter als solcher gestattet jedoch umgekehrt nicht den Schluß, daß es sich um eine Garantengebotsverletzung handelt; "niemand wird bereit sein, alle diese Delikte dem Bereich der Garantengebotsverletzungen zuzurechnen, und das mit Recht"[165]. Die Annahme einer Garantenpflichtstellung erfordert über den Sonderdeliktscharakter hinaus eine ganz besonders enge Beziehung des speziellen Gebotssubjektes zum garantierten Objekt, eine Position eben, die die Gleichstellung des Unterlassens der Erfolgsabwendung mit dem Herbeiführen des Erfolges nach dem Unrechtsgehalt und nach der Strafwürdigkeit rechtfertigen kann. Die Garantenpflicht ist daher gegenüber der Sonderdeliktsverpflichtung gesteigert.

Zu prüfen ist nun, inwiefern sich diese Steigerung bzw. Reduzierung der Pflichtenstellung bei der Unfallflucht qualitativ und/oder quantitativ auswirkt.

2.5.3. Ist § 142 StGB ein Sonderdelikt?

Noch einmal - das Gesetz grenzt den potentiellen Täterkreis ausdrücklich ein: Gemäß § 142 Absatz 5 StGB kann Täter nur sein, wessen Verhalten nach den Umständen zur Verursachung des Unfalls beigetragen haben kann. Die Rechtslehre zieht hieraus überwiegend die Konsequenz, es handle sich bei der Unfallflucht um ein Sonderdelikt[166], wobei jedoch teilweise gleichzeitig - für § 142 StGB immer wieder typische - Einschränkungen angedeutet werden: Es handle sich genau genommen um ein "relatives Sonderdelikt"[167] bzw. § 142 StGB betreffe "eine Straftat mit beschränktem Täterkreis, ein Sonderdelikt, wenn auch kein solches mit ausgesprochen personalem Unrechtsgehalt"[168].

---

164 Vgl. Langer S. 506

165 Armin Kaufmann, Die Dogmatik der Unterlassungsdelikte, S. 276

166 Vgl. Lackner/Kühl § 142 Rn 139; Schönke/Schröder/Cramer/Sternberg-Lieben § 142 Rn 20; AK-Schild § 142 Rn 85; LK-Geppert § 142 Rn 35,Tröndle/Fischer § 142 Rn 13; Arloth, GA 1985, S. 503, Dütz S. 15 mit weiteren Nachweisen

167 Lange, JZ 1959, S. 562

168 Dahm, MDR 1959, S. 509

Der Standpunkt der Rechtsprechung zum Sonderdeliktscharakter der Unfallflucht erscheint unbestimmt[169]. Konkret hat sich kein Gericht zu dieser Kategorisierung geäußert. Man kann versuchen, Rückschlüsse aus Urteilen zu ziehen, die sich mit der Teilnahmestrafbarkeit bei § 142 StGB beschäftigen[170]. Für ein Sonderdelikt scheint es zu sprechen, wenn der BGH (Mit)Täterschaft nur bei selbst am Unfall beteiligten Personen annehmen will[171]. Die Frage der Mittäterschaft hing jedoch im konkreten Fall nicht (nur) von der Beurteilung der Norm als Sonderstraftat ab, sondern von überwiegend anderen Unterscheidungskriterien hinsichtlich Täterschaft und Teilnahme. § 28 Absatz 1 StGB, wonach besondere persönliche Merkmale die Strafbarkeit des Täters begründen, wurde im Zusammenhang mit § 142 StGB von den Gerichten in keinem Fall erwähnt.

2.5.3.1. Die Unfallbeteiligung

Das Gesetz knüpft nun ausdrücklich an die Unfallbeteiligung an, also an die Tatsache eines Unfalls und der damit verbundenen potentiellen eigenen Beteiligung mehrerer Personen. Hierin liegt nichts anderes als die Inpflichtnahme aus Ingerenz, also das Anknüpfen an ein Vorverhalten, das zu einem Schaden geführt hat. Wie schon aufgezeigt, ist dieses Anknüpfen zwecks Pflichtenbegründung unter bestimmten Voraussetzungen prinzipiell begründet. Im Gegensatz zu den entwickelten Grundsätzen einer Garantenpflichtstellung aus Ingerenz wird hier die Pflichtenstellung jedoch ausdrücklich erweitert, da der Gesetzgeber bewußt offen gelassen hat, in welcher Weise und ob überhaupt eine wirkliche Beteiligung gegeben ist. Die Sondersubjektstellung des § 142 StGB ist somit gegenüber einer Garantenstellung erweitert. Es bleibt jedoch vollkommen unklar, wovon diese erweiterte Pflichtenstellung dann noch abgeleitet wird. Man sucht vergeblich nach einer besonderen Beziehung innerhalb eines Personenkreises, wenn unter ihnen Personen vertreten sein können, die entweder schuldlos oder womöglich überhaupt nicht an dem jeweiligen Unfall beteiligt waren[172].

Diese geradezu "in der Luft hängende" Täterkreisbeschreibung wird nun mit Hilfe eines Scheinarguments mittelbar legitimiert. Dieses Argument findet sich kaum in dieser Klarheit, läßt sich aber den Begründungen der Pflichtenstellung und den Ausführungen zu der These, es handle sich um ein echtes Unterlassungsdelikt, zwischen den Zeilen entnehmen: Da diesem Täterkreis gar keine Garantenpflichten auferlegt würden - schließlich ist niemand Garant dafür, daß der Unfall und die einzelne Beteiligung daran aufgeklärt werde -, sei eine Erweiterung der

---

169 Vgl. das Fazit von Deichmann S. 154

170 Vgl. Seelmann, JuS 1991, S. 290 ff

171 Vgl. BGHSt 15, 1, 4

172 Arzt spricht hier von einem "abgeschwächten Ingerenzprinzip", das ohne Anknüpfung an irgendein kausales Vorverhalten unhaltbar sei; Arzt/Weber Rn 335

Sondersubjektstellung problemlos möglich, zumal sie erforderlich sei, um eine möglichst umfassende Klärung herbeizuführen.

Irreführend ist dieses in der Argumentation mitschwingende "nur" - die Beteiligten seien ja "nur" verpflichtet, am Unfallort zu bleiben und die Feststellungen zu ihrer Person etc. zu ermöglichen, Garantenpflichten zur Erfolgsabwendung seien diese Pflichten gerade nicht, sondern ein Minus dazu. Dabei wird verdrängt, daß diese "Nur"-Pflicht einem Garanten gar nicht auferlegt wird. Nicht einmal ein Garant kann zu dieser (angeblichen) Pflicht herangezogen werden[173]. Bei dieser "Nur"-Pflicht handelt es sich somit mitnichten um eine geringere Pflicht, es handelt sich vielmehr um eine *zusätzliche* Pflicht - eine zusätzliche Pflicht, die einem Täterkreis auferlegt wird, bei welchem die Qualität des Vorverhaltens überhaupt keine Rolle spielt. Eine besondere Pflichtenstellung kann auf diese Weise keinesfalls legitimiert werden.

Eine (mögliche) Beteiligung an einem Verkehrsunfall bleibt demnach als bloße Beschreibung einer tatsächlichen Voraussetzung für das unerlaubte Entfernen stehen. In diesem schlichten Ereignis einen *zusätzlichen* Entstehungsgrund für strafrechtliche Sonderpflichten zu sehen[174], kann nicht überzeugen.

2.5.3.2. Die Verkehrsgemeinschaft und das Gebot der Rücksichtnahme

Der Sonderpflichtcharakter könnte sich jedoch vielleicht ergeben, wenn man nicht an das individuelle Vorverhalten der (möglichen) Beteiligung anknüpft, sondern an die Situation, also den Unfall im Straßenverkehr. Wenn auch eine Verkehrsgemeinschaft im Sinne einer Garantenpflichten begründenden Gefahrengemeinschaft abgelehnt werden müsse, sei doch deutlich, daß im Bereich des Straßenverkehrs Anforderungen in bezug auf anständiges Verhalten und rücksichtsvolles Zusammenwirken gestellt und rechtlich berücksichtigt würden, wie dies in keinem anderen Lebensbereich der Fall sei. Der Straßenverkehr mache nicht nur hinsichtlich der Sorgfaltsanforderungen eigene Maßstäbe erforderlich, er gebiete auch sonst Einschränkungen im freizügigen Verhalten[175]. Schlagwortartig erfaßt werden diese Besonderheiten in dem Gebot der allgemeinen Rücksichtnahme im Straßenverkehr. Die Konkretisierung der Sonderpflicht liege als in der zur Rücksichtnahme besonders verpflichteten Stellung des Teilnehmers am Straßenverkehr.

Das Gebot der Rücksichtnahme ist seit 1970 verankert in § 1 Straßenverkehrsordnung (StVO): Die Teilnahme am Straßenverkehr erfordert ständige Vorsicht

---

173 Vgl. Kap. V.2.3.2.

174 So Stratenwerth, FS Bruns, S. 66 ff

175 Vgl. Säzler S. 37, der allerdings hiermit wieder versucht, hieraus eine Verkehrs*gemeinschaft* zu konstruieren, vgl. bereits Kap. V.2.3.2.

und gegenseitige Rücksicht (Abs. 1). Jeder Verkehrsteilnehmer hat sich so zu verhalten, daß kein Anderer geschädigt, gefährdet oder mehr, als nach den Umständen unvermeidbar, behindert oder belästigt wird (Abs. 2). Hiervon ausgehend werden jedem einzelnen Verkehrsteilnehmer in einer Vielzahl von Bestimmungen einzelne Pflichten auferlegt, die in vielen Bereichen über das hinausgehen, was allgemein an Sorgfaltsanforderungen aufgegeben wird.

Welchen Stellenwert, welche Bedeutung hat dieses Gebot der Rücksichtnahme im Straßenverkehr? Interessant ist, daß der Gesetzgeber nach 1945 zwar auch von dem im Jahr 1934 in der StVO gesetzlich verankerten Begriff der "echten Gemeinschaft aller Verkehrsteilnehmer" ausdrücklich abrücken wollte. Er führt dann jedoch einfach aus: "Was man unter "echter Gemeinschaft aller Verkehrsteilnehmer" zu verstehen hat, ist ja nichts anderes als die Pflicht zu gegenseitiger Rücksicht"[176]. Weitere Ausführungen zu dieser Gleichstellung wurden nicht für nötig befunden. Nach dem oben Gesagten kann eine *besondere* Pflichten begründende Gemeinschaft in dem zufälligen Aufeinandertreffen einer Vielzahl von Menschen im Straßenverkehr jedoch nicht gesehen werden. Worin liegt dann der Sinn der Aufnahme der "Pflicht", des Gebots der Rücksichtnahme in der StVO? Ist hier eine Selbstverständlichkeit allgemeinen Umgangs miteinander normiert? Hierzu weiter der Gesetzgeber: "Der Gesetzgeber hat sich auf die Regelung des Verhaltens bei typischen Verkehrsvorgängen zu beschränken; denn der Verkehr verträgt eine allzu große Reglementierung nicht. Die dadurch entstehende Lücke muß durch eine Grundregel geschlossen werden, die alles fehlsame Verhalten jedenfalls dann verbietet und ahnbar macht, wenn es zu einer Gefährdung oder Behinderung führt. Dieses seiner Hauptfunktion wegen ist der bisherige § 1 unentbehrlich... Der im Entwurf der bisherigen Grundregel vorangestellte erste Satz enthält... eine Übersetzung dieser Grundregel in die Umgangssprache. In ihrer Eindringlichkeit kann die Mahnung sehr wohl dazu beitragen, egozentrischen Verkehrsteilnehmern das Verfehlte ihrer Einstellung vor Augen zu führen und sie zu höflichem Verhalten zu veranlassen. Daß der neue Satz keine die Strafvorschrift des § 21 StVG ausfüllende Blankettvorschrift darstellt, ist klar. Bedeutung mag und soll er erlangen für die Auslegung anderer Vorschriften. Denn er enthält... das oberste Gebot für alles Verkehrsverhalten."[177]

Die Veranlassung zu höflichem Verhalten ist kaum ein pflichtenbegründendes Moment; ergänzend sei noch erwähnt, daß zuvor ausgeführt worden war, es erscheine nur als wünschenswert, daß jeder sich auch an anderen Orten entsprechend verhalte, in diesem Falle sei der Gesetzgeber ja aber nur konkret ermächtigt gewesen, Regelungen für den Straßenverkehr zu treffen[178]. Hierin

---

176 Begründung zum Entwurf einer Straßenverkehrsordnung, DAR 1963, S. 45 ff (56)
177 DAR 1963, S. 56
178 Begründung zum Entwurf einer Straßenverkehrsordnung, DAR 1963, S. 45 ff

mehr als einen allgemeinen Wunsch an die allgemeine "Verkehrsmoral" der Menschen zu sehen, ist nicht begründbar.

Daneben ist als entscheidende Bedeutung jedoch festgehalten, die Grundregel solle der Auslegung anderer Vorschriften der StVO dienen. Es ist nachvollziehbar, daß eine vollkommene Normierung denkbarer regelungsbedürftiger Situationen im Straßenverkehr nicht möglich ist; häufige, typische Situationen und Verhaltensweisen können weitestgehend abstrahiert aufgenommen werden, aber unmöglich in ihrer vollen Komplexität. Die Berücksichtigung dieses Rücksichtnahmegebots führt zum Beispiel daher auch dazu, daß straßenrechtliche Befugnisse nicht erzwungen werden dürfen. So hat z.B. auch der Vorfahrtsberechtigte zu warten, wenn ein anderer Verkehrsteilnehmer sich verkehrswidrig verhält und das Erzwingen der Vorfahrt unvermeidlich zu einer Gefährdung oder gar einem Unfall führen würde. Rechthaberei und belehrendes Verhalten widersprechen der Pflicht zur Rücksichtnahme[179]; in diesen Fällen kann die Anwendung des § 1 StVO fallangemessen zu Sachverhaltsbeurteilungen kommen, um rechtsmißbräuchliche Verhaltensweisen zu unterbinden.

Der StVO in ihrer Allgemeinheit vorangestellt, ist die Regelung insofern nur eine Mahnung an die Vernunft aller Verkehrsteilnehmer. Eine Gemeinschaft schafft sie nicht und - und das ist hier das weiter Entscheidende - sie schafft keine Pflichten eigener Art. § 1 StVO hat weder den Sinn noch die Kraft, abstrakt normativ pflichtenbegründend zu wirken. Im konkreten Einzelfall dient diese Norm der Beurteilung des Verhaltens von Verkehrsteilnehmern. Interessant ist, daß der Gesetzgeber dieser so gesehen eher schwächeren Wirkung und Bedeutung der Rücksichtnahme im Zusammenhang mit der Unfallflucht offensichtlich mehr Gewicht zukommen lassen wollte, so daß er bei der Gesetzesbegründung immer von einem "Zwang zur Rücksichtnahme"[180] sprach. Hierin liegt jedoch nur ein Spiel mit Worten, keine darüber hinausgehende Bedeutung der allgemeinen Rücksichtnahme im Straßenverkehr.

Dem Gebot der Rücksichtnahme selbst kann daher keinesfalls die Pflicht entnommen werden, nach einem Unfall im Straßenverkehr zu warten und Angaben zur Beteiligung an dem Unfall zu machen. Positivistisch betrachtet kann sie der Beurteilung des Verhaltens nach einem Unfall im Sinne von § 142 StGB bzw. § 34 StVO[181] dienen; es ist jedoch zirkulär, das allgemeine Gebot der Rücksichtnahme gleichzeitig zur Legitimation derselben Normen anzuführen. Dieses Gebot formuliert somit nur eine ganz allgemeine Pflicht hinsichtlich des gegenseitigen Anerkennungsverhältnisses unter Subjekten. Es besagt in seiner Unbestimmtheit

179 Vgl. Jagusch/Hentschel § 1 StVO Rn 5

180 BT Dr 7/2434 S. 6; vgl. auch schon den Entwurf von 1960 BT Dr 3/2150 S. 493

181 § 34 StVO (Unfall), s. dazu Kap. VIII.1.

überhaupt nichts zu Art und Ausmaß einer Verletzung und kann daher keinesfalls Grundlage einer strafrechtlichen Pflicht sein oder werden.

Der Begriff der Rücksicht findet sich daneben auch in § 315 c StGB: "Wer im Straßenverkehr... grob verkehrswidrig und rücksichtslos die Vorfahrt nicht beachtet... und dadurch Leib oder Leben eines anderen Menschen... gefährdet...". Der BGH hat das Merkmal rücksichtslos wie folgt ausgelegt: "Rücksichtslos handelt demnach ein Fahrer, der sich im gegebenen Fall seiner Pflicht bewußt ist, aber aus eigensüchtigen Gründen, etwa seines ungehinderten Vorwärtskommens wegen, sich über sie hinwegsetzt, mag er auch darauf vertraut haben, daß es zu einer Beeinträchtigung anderer Verkehrsteilnehmer nicht kommen werde... Rücksichtslos handelt ferner, wer sich aus Gleichgültigkeit auf seine Pflichten als Fahrer nicht besinnt, Hemmungen gegen seine Fahrweise in sich gar nicht aufkommen läßt und unbekümmert um die Folgen seines Verhaltens drauflosfährt"[182]. Das Merkmal der Rücksichtslosigkeit bezeichnet also eine gesteigerte Vorwerfbarkeit. Es soll die Erhebung eines grundsätzlich als Ordnungswidrigkeit angesehenen Fehlverhaltens im Straßenverkehr als *Straf*tat legitimieren[183].

Damit ist auch hier deutlich: Normierte Pflichten sind bereits Voraussetzung; die Rücksichtslosigkeit beurteilt sich nach Art und Ausmaß eines normierten Regelverstoßes und stellt keinerlei selbständigen Pflichteninhalt dar. Ein Sonderdelikt kann somit auch nicht begründet werden.

2.4.3.3. Besondere Vorteile - besondere Pflichten

Bleibt zuletzt die These, hinter der besonderen Warte- und Feststellungspflicht nach Unfällen im Straßenverkehr stehe "das allgemeine Prinzip, daß erhöhte Pflichten erhöhte Vorteile, Risiken, Chancen oder Rechtsstellungen ausgleichen sollen"[184]. Die Möglichkeit, Personen oder Güter von beliebigen Orten zu anderen frei wählbaren Orten zu transportieren unter Ausnutzung der Elemente des Straßenverkehrs Schnelligkeit, größere Mobilität sowie Selbstbestimmtheit, solle durch besondere Pflichten ausgeglichen werden dürfen.

Diese These steht nicht nur dem entwickelten Pflichtenbegriff entgegen, sie bleibt als bloße Behauptung ohne jegliche Ableitung. Ein solches "allgemeines Prinzip" gibt es nicht; wie soll eine Pflicht entstehen, wenn Basis lediglich die Existenz äußerer Bedingungen und Gegebenheiten ist, die jeder sich zunutze machen kann, darf und soll? Wie sind "Vorteile, Chancen, Rechtsstellungen" definiert[185]? *Wer*

---

182 BGHSt 5, 392, 395

183 Vgl. Schönke/Schröder/Cramer/Sternberg-Lieben § 315 c Rn 30

184 Engelstädter S. 289

185 "Man denke nur an den Widerspruch zwischen der Konstruktion schneller Autos und schneller Straßen und der Forderung langsam zu fahren, zwischen reißerischer Werbung und

definiert den Vorteil und für wen ist etwas vorteilhaft? Ist gemeint der Vorteil einer individuellen Person oder Vorteile der Gesellschaft als ganzes? Unfallbeteiligter kann auch sein, wer als "überzeugter" Fußgänger, jeglichen Automobilverkehr ablehnend, bei "rot" über die Ampel gelaufen ist, ein Autofahrer deshalb abrupt abbremsen muß und so weitere Auffahrunfälle provoziert werden. Oder ist auch er Nutznießer der Vorteile des Straßenverkehrs, da er Produkte kaufen kann, die mittels LKW-Verkehrs in das entsprechende Geschäft geliefert wurden? Es ist offensichtlich - mit dieser Begründung könnte eine Vielzahl "besonderer Pflichten" geschaffen werden, da praktisch überall und für jeden Vorteile definiert werden könnten und diesem Vorteil irgendeine Pflicht gegenübergestellt werden dürfte.

Fazit: Die Suche nach begründeten *besonderen* Pflichten eines Unfallbeteiligten im Straßenverkehr ist damit erfolglos geblieben. Eine besondere Pflichtenstellung, die strafrechtliche Sonderpflichten legitimiert, besteht nicht. Der Gesetzgeber hat im Falle der Unfallflucht nicht Personen mit besonderen Pflichten herausgestellt. Er hat vielmehr durch § 142 Absatz 5 StGB erst angebliche besondere Pflichten positivistisch geschaffen. Eine legitime Begründung eines derartigen Sonderdelikts fehlt.

2.6. "Du sollst, denn du kannst"

2.6.1. Die unterschiedlichen Ausprägungen im § 142 StGB

Es folgt an dieser Stelle keine philosophische Auseinandersetzung um das "Sollen" und "Können"[186] - vielmehr ist diese prägnante Formulierung die einfache Zuspitzung dessen, was von der Begründung einer angeblichen Sonderstellung und damit verbundenen Pflichten von Unfallbeteiligten aufgrund der angeblichen Besonderheiten des Straßenverkehrs "übrig" bleibt. Genau genommen sollen mit dem "Du sollst, denn du kannst" noch zwei verschiedene Argumentationen aufgegriffen werden, in denen sowohl Elemente des Sonderdelikts als auch des Jedermanndelikts wiederzufinden sind. Aufgrund dieser Überschneidungen erfolgte die Darstellung auch nicht auseinanderdividiert in den beiden vorangegangenen Kapiteln, sondern gemeinsam, sozusagen als Abrundung des Abschnitts der Überlegungen zu den (besonderen) Pflichten.

Die verschiedenen Ausprägungen des "Du sollst, denn du kannst" zeigen sich in der unterschiedlichen Betonung der Aussage:

---

sozialer Ermunterung zum Alkoholgenuß einerseits und der Ächtung des Alkoholismus und dem Verbot von Trunkenheit am Steuer andererseits", Böcher, NZV 1989, S. 210 - was vorteilhaft ist oder nicht, ist hier z.B. völlig situations- und perspektivenbezogen.

186 Insbesondere auch keine Auseinandersetzung mit der "Ethik" Spinozas, die beispielsweise auf diese Formel gebracht wird, vgl. Androulakis S. 121

"Du sollst, denn *du* kannst" im Sinne von: Dem Täter ist es am besten möglich.
"Du sollst, denn du *kannst*" im Sinne von: Es ist so leicht möglich, so einfach und so geringe Mühe, dem darf man sich nicht entziehen.

Die Ausprägungen sind nicht klar voneinander zu trennen; dennoch soll im folgenden der Versuch einer etwas differenzierteren Betrachtung gemacht werden. Zunächst zu der erstgenannten Betonung: "Die Festlegung des Täterkreises auf die am Unfall Beteiligten erfolgt also aus rein praktischen Gründen"[187]. Dies ist zunächst einsehbar - der Unfallbeteiligte ist am Unfallgeschehen am nächsten dran und im Hinblick auf spätere Schadenersatzforderungen besonders wichtig. Hierin liegt jedoch keine Antwort auf die Frage, warum eine strafrechtlich relevante Pflicht entstanden sein soll. Stratenwerths ausführlichere Ausführungen in dieser Richtung führen nicht weiter: "Der Unterschied zwischen am Unfall beteiligten und nicht beteiligten Personen läßt sich zunächst unter dem Gesichtspunkt der Verantwortlichkeit formulieren: Es ist offenbar in erster Linie Sache der Unfallbeteiligten selbst, für Klarheit zu sorgen. Diese gesteigerte Verantwortlichkeit folgt nicht nur aus ihrer möglichen Haftpflicht, sondern auch und vor allem daraus, daß die Wahrung des geschützten Interesses in besonderem Maße gerade von ihnen abhängt. Unfallbeteiligte können die einzigen Zeugen sein, und ihre Wahrnehmungen sind besonders wichtig. Auch verfügen sie in der Regel allein über die Informationen zu ihrer Person, deren es bedarf. Das heißt: Das durch § 142 StGB geschützte Interesse an Aufklärung und Beweissicherung ist *besonders* gefährdet, wenn die Unfallbeteiligten selbst sich darüber hinwegsetzen. Deshalb sind ihnen (und nur ihnen) die besonderen Pflichten auferlegt"[188].

Stratenwerth setzt hier Können zunächst mit gesteigerter Verantwortlichkeit gleich, sodann mit besonderen Pflichten. Unklar bleibt, warum er sogleich von einer "gesteigerten" Verantwortlichkeit spricht, denn gegenüber welcher und wessen strafrechtlicher Grundverantwortung ist diese Verantwortung als gesteigert anzusehen? Die Grundverantwortung könnte hier nur bedeuten, daß die Pflicht zur Klärung eines Unfallgeschehens doch allen Personen auferlegt wäre, den Unfallbeteiligten dann aufgrund ihrer Nähe zum Geschehen jedoch in besonderer "gesteigerter" Weise.

Die objektiv vorhandene größere Nähe, das bessere Können stellt jedoch keine pflichtenbegründende Beziehung her; die Beziehung besteht nicht intersubjektiv, sondern nur zum tatsächlichen Geschehen[189]. Es ist vielmehr nur eine Konkretisierung des jedem Unterlassungsdelikt notwendigen Kriteriums der "Mög-

187 Heidland S. 91
188 Stratenwerth, FS Bruns, S. 67
189 Vgl. auch Seelmann, GA 1989, S. 246

lichkeit" zu handeln und zu helfen. Derjenige ist zum Handeln aufgefordert, der helfen kann und insbesondere - sofern andere auch helfen könnten - besser und effektiver helfen kann[190]. Läge hierin eine gesteigerte Verantwortung und die Begründung besonderer Pflichten, wäre jedes Jedermanndelikt ein Sonderdelikt, denn immer den Anwesenden, ggf. den Beteiligten ist es aufgrund ihrer Nähe zum Geschehen am ehesten möglich zu handeln[191]. Eine eigenständige Begründung ihrer (angeblichen) Pflichten liegt hierin nicht - "Bestimmt im Sinne der Bestimmungsformel kann das Sollen vom Können nicht werden. Anders gesagt, kann das Können auf keiner Weise als Grund des Sollens fungieren"[192].

Diese Konsequenz hat auch Stratenwerth erkannt, der sie dann allerdings damit ablehnt, der Gesetzgeber habe durch das Tatbestandsmerkmal des Unfalls im Straßenverkehr ein konkretes Ereignis normiert, damit einen "zusätzlichen Entstehungsgrund für die straf-rechtliche Pflicht" geschaffen, der das Delikt zu einem Sonderdelikt mache[193]. In dem Unfall im Straßenverkehr liegt jedoch lediglich eine Konkretisierung eines Unglücksfalles im Sinne des Jedermanndelikts der unterlassenen Hilfeleistung und damit kein *besonderes* Ereignis derart, eine andere Beurteilung der Pflichtenbeurteilung vorzunehmen. Stratenwerths Begründung stellt sich insofern als bloß positivistisch und nicht weiter begründet heraus. Die Herausstellung der Unfallbeteiligten in § 142 Abs. 5 StGB ist nicht mehr als eine Legaldefinition der besten möglichen Helfer in einem Unfall im Straßenverkehr.

Ähnlich verhält es sich mit der Betonung, des "du kannst" im Sinne von - es ist so einfach, so leicht möglich zu helfen. Der Gesetzgeber spricht von einer "Minimalpflicht"[194] der Mitwirkung an der Aufklärung des Unfallgeschehens, das Bundesverfassungsgericht meint, der Täter dürfe "wenigstens"[195] nicht die Aufklärung durch sein Entfernen erschweren. Die Pflichten werden des weiteren als "äußerst geringfügig"[196] oder "rudimentär"[197] bezeichnet; es sei doch "wohl das Mindeste, was von einem anständig und billig denkenden Verkehrsteilnehmer erwartet werden muß"[198]. Im Rahmen der Untersuchungen der Unfallflucht auf ihre Verfassungsmäßigkeit - im Hinblick auf den Verhältnismäßigkeitsgrundsatz und die

---

190 Vgl. Def. der Erforderlichkeit/des Möglichen in Kap V.2.4.2.

191 Vgl. Klesczewski, ARSP Beiheft 66 (97) S. 97 ff in seiner Kritik an der Kategorisierung der Sonderdelikte

192 Androulakis S. 122 f unter Beifügung folgenden Beispiels "Daraus, daß der Nachbar Y, oder "man" als Nachbar, oder "ein anderer Nachbar" vor dem Hause von X streuen kann bzw. könnte, folgt keineswegs, daß der Y auch rechtlich streuen *soll*".

193 Stratenwerth, FS Bruns, S. 67 f

194 BT Dr 7/2434 S. 7

195 BVerfGE 16, 194

196 Janiszewski, DAR 1975, S. 173

197 Weigend, NZV 1990, S. 79; vgl. hierzu auch die Darstellung bei Dietrich S. 123

198 Erdsiek, NJW 1963, S. 634

Abwägung widerstreitender Interessen - werden diese Umschreibungen als "Verharmlosung"[199] der Pflichten des § 142 StGB gesehen; die Prüfung widerstreitender Interessen würden hierdurch leichter zugunsten der Warte- und Bleibepflichten ausfallen. Im vorliegenden Zusammenhang ist jedoch vor allem darauf hinzuweisen, daß wiederum nichts anderes beschrieben wird als die Möglichkeit des Handelns.

Die Tatsache, daß gerade der Unfallbeteiligte "helfen" sowohl kann als auch ihm dies noch einfach zu realisieren sein sollte, erfüllt lediglich Kriterien des Erfordernisses der *Möglichkeit*, eine Pflicht zu erfüllen. Beides kann die *Entstehung* dieser Pflicht jedoch keinesfalls begründen.

Das eigentliche Argument sowohl des "*du* kannst" als auch des "du *kannst*" bei der Unfallflucht ist damit allerdings noch nicht richtig erfaßt. Es ist der immer wieder in diesen Begründungszusammenhängen verwendete Begriff der "Verantwortung" - auch bei dem Zitat von Stratenwerth tauchte dieser Begriff gerade auf. Die Verantwortung ist dabei jedoch nicht in dem Sinne - der Täter ist für sein Handeln verantwortlich, das Tun ist ihm zuzurechnen[200] -, auch meist nicht als Synonym für strafrechtliche Pflichten zu verstehen[201]. Es ist ein allgemeineres, höheres Verständnis von Verantwortung. Die Begründung gleitet insofern bei der Unfallflucht ab in rein moralische, ethische Erwägungen. Inwiefern sich dieser ethische Begriff der Verantwortung von den zuvor genannten unterscheidet, muß kurz dargestellt werden, bevor konkret auf die Verwendung im Rahmen der Unfallflucht eingegangen werden kann.

2.6.2. Verantwortung

Mit dem Begriff der Verantwortung ist zunächst ein theologisches Verständnis verbunden, die Frage nach dem Ursprung und dem Ziel des Menschen sowie nach dem Gelingen seiner welthaften Existenz im Verhältnis zu Gott[202]. Philosophisch entwickelt hat sich der Begriff zunehmend zu der Frage, inwiefern der Mensch Verantwortung gegenüber der Natur und der Geschichte trägt[203]. Verantwortung wird heute insofern universal gesehen und nicht (mehr) individuell. Der Mensch trage Verantwortung für die Erhaltung der Menschheit und zwar in immer zunehmendem Maße angesichts der Entwicklung technischer Möglichkeiten und

199 Dietrich S. 123

200 Vgl. Larenz, Hegels Zurechnungslehre, S. 89 ff; Maurach, Schuld und Verantwortung

201 Wobei diese Gleichsetzungen im einzelnen umstritten sind, was hier jedoch nicht weiter untersucht werden muß.

202 Vgl. Koschut S. 13

203 Vgl. z.B. Picht, Wahrheit, Vernunft, Verantwortung, S. 325 ff

Entdeckungen in den Naturwissenschaften[204]. Hans Jonas sah vor diesem Hintergrund in dem "Prinzip Verantwortung"[205] die Zukunft der heutigen technologischen Zivilisation. Die modernen Ansätze eines Verantwortungsbegriffs, der sich gegenüber der gesamten Menschheit entfaltet, erschließen sich demnach als "eine Kategorie, in der es um den Schutz und die Kontinuierung des Menschseins des Menschen geht"[206].

Verantwortung erscheint als ein wichtiger Terminus, sowohl in praktischer als auch in theoretischer Hinsicht, Interdependenzen und Bedingtheiten der menschlichen Existenz aufzuzeigen[207]. Diese Ansätze sowie insbesondere der von Jonas geprägte Begriff des "Prinzips" sind für rechtliche Problemstellungen jedoch nicht konkret weiterführend[208]. Er vermittelt keine rechtlichen Prinzipien, kein Handlungsmodell, sondern bleibt viel zu allumfassend und komplex. In seiner Universalität ist dieser Verantwortungsbegriff nicht in der Lage, auf prinzipielle Rechtsfragen Antworten zu geben.

Sofern der Verantwortungsbegriff nicht im Sinne von Zurechenbarkeit oder konkreter Verpflichtung gemeint ist, bleibt er also sehr vage ein Begriff jegliches menschliches Verhalten umfassend. Die Verwendung im Strafrecht birgt sofort die Gefahr unvermittelter Legitimation: "Bei "Verantwortung" scheint es sich also um einen Begriff zu handeln, mit dem rein verbal äußerst gerne operiert wird, der aber bei näherer Betrachtung und konkretem Zugriff eine überraschende Leere der Vorstellungswelt offenbart"[209]. Noch "gefährlicher" ist die Verknüpfung und Vermischung der verschiedenen Ansätze, wie es gerade im Bereich der Solidarpflichten[210] leicht denkbar ist, wenn moralischer Anspruch und rechtliche Pflichtenbegründung aufeinandertreffen. Dahinter steckt oftmals ein ziemlich diffuser Appell an die "Gemeinschaftsgebundenheit" der Person, der diese moralisch unter Druck setzt bzw. setzen soll[211].

Speziell im Verkehrsstrafrecht scheint der Begriff der Verantwortung eine besondere Bedeutung erlangt zu haben, die genau auf die eben genannte Ver-

---

204 Zu der Bedeutung dieses Verständnisses hin zur Theorie von der sog. "Risikogesellschaft" vgl. Kap. VI.1.2.

205 Hans Jonas, Das Prinzip Verantwortung (1979); Schubert folgerte daraus das "Staatsprinzip Verantwortung", S. 19

206 Koschut S. 397

207 Vgl. die Zusammenstellung von rechtstheoretischen und rechtsphilosophischen Argumentationen in Baumgartner/Eser, Schuld und Verantwortung

208 Zur Kritik an Jonas' Begründung insgesamt, vgl. die Zusammenfassung bei Schubert S. 126 ff; Koschut S. 383 ff; auch Vossenkuhl, in: Schuld und Verantwortung, S. 113

209 Böcher S. 212

210 Erinnert sei ausdrücklich an dieser Stelle daher noch einmal an Kants Merkmal der Unbestimmtheit bei Tugendpflichten.

211 Vgl. Köhler, Rechtsphilosophische Grundsätze, S. 81 ff

mischung zurückzuführen ist. Dem Teilnehmer am Straßenverkehr wird ein moralischer Anspruch vorgehalten, der mit Rechtsprinzipien nicht immer vereinbar ist. Zwar wird schon seit langem daran gezweifelt, speziell den Führer eines Kraftfahrzeuges für einen moralisch prinzipiell stärker verpflichteten Menschen zu halten - "In dem Augenblick, da einer den Führersitz besteigt, wird nach der Rechtsprechung aus einem gewöhnlichen Menschen ein gottähnliches Wesen, das alles weiß, alles sieht und alles kann"[212] -, im Rahmen der Unfallflucht werden diese moralischen Anforderungen an den möglichen Beteiligten eines Unfalls jedoch geradezu für "selbstverständlich" gehalten - so der Bundestag in seiner Gesetzesbegründung[213]. Das Bundesverfassungsgericht erklärte entsprechend, bei einem Unfall im Straßenverkehr dürfe verlangt werden, daß der Staatsbürger "für die Folgen seines menschlichen Versagens einsteht"[214]. Bemerkenswert ist, daß das Bundesverfassungsgericht sich hier mit der Formulierung des "für etwas einstehen" eines Ausdrucks bedient, den es an anderer Stelle als hinreichende verfassungsgemäße Eingrenzung der *Garanten*merkmale ansieht[215]. Für etwas haften und gleichzeitig Haftungsvoraussetzungen klären zu können, bedeute im Straßenverkehr eine gesteigerte Verantwortlichkeit[216]; offen wird davon gesprochen, daß eine "allgemein anerkannte Anstandspflicht zu einer Strafnorm erhoben worden ist"[217]. Der Täter handle hier schließlich aus purer Selbstsucht[218], sein Handeln sei sozialethisch besonders verwerflich[219], gemein und ehrlos[220]. Die Unfallflucht sei ein Zeichen rücksichtsloser, schäbiger und egoistischer Gesinnung[221] und Feigheit[222]. Der zu besonderer Verantwortung verpflichtete Verkehrsteilnehmer müsse folglich strafrechtlich diszipliniert, zur Haftung "erzogen"[223] werden.

Diese emotionale Sprache legitimiert die Strafbarkeit der Unfallflucht jedoch nicht; sie erscheint vielmehr als lautstarkes Verdrängen aller Begründungsschwierigkeiten der Norm. Der Vorwurf wird vermittelt über den Begriff der Verantwortlichkeit von der Schädigung, die ja eben keine (mehr) ist, da nur noch der Schadenersatz von Relevanz ist, gelenkt auf eine "minderwertige charak-

---

212 So bereits 1928 Dr. Isaac (Mitschöpfer des Deutschen Kraftfahrzeuggesetzes) auf dem Deutschen Juristentag, zitiert von Müller-Limmroth, DAR 1968, S. 293

213 BT Dr 7/2434 S. 6

214 BVerfGE 16, 194

215 Vgl. § 13 Abs. 1 StGB "... wenn er rechtlich dafür einzustehen hat"; vgl. BVerfGE 96, 97

216 Vgl. Stratenwerth, FS Bruns, S. 67

217 Bär/Hauser IX 1 b; ebenso Erdsiek, NJW 1963, S. 634

218 BT 3/2150 S. 491

219 BT Dr 7/3503 S. 4

220 Leipold S. 7

221 Vgl. Nachweise bei Pfannmüller S. 17

222 Erdsiek, NJW 1963, S. 634

223 Vgl. Böcher "... so wäre eine "Erziehung zur Haftung" in sich ein Unding", NZV 1989, S. 212

terliche Struktur"[224] des Täters - du, dem es möglich ist, und dies auch noch so einfach, zur Klärung beizutragen, fährst aus bloßem Eigennutz davon.

Dieser Vorwurf widerspricht jedoch dem tatsächlichen Geschehen auf der Straße. Zunächst verkennt dieses Urteil die überaus große Bandbreite möglicher Fluchtfälle und Verschiedenartigkeit der Sachverhalte. Es berücksichtigt vor allem nicht die ganz unterschiedlichen Motivationslagen, die zur Flucht führen. In den seltensten Fällen steht der Wille des Täters dahinter, einem Geschädigten noch weiter zu schaden. "Die Flucht war schon immer der verführerische Ausweg der bedrängten Kreatur"[225]. Um die "moralische Widerstandskraft" kann es da "schnell geschehen sein"[226]. Die angebliche "Selbstverständlichkeit" der in § 142 StGB normierten Pflichten indiziert, daß der Täter sich nur aus krimineller Intention heraus für die Flucht entscheidet. Die Unfallflucht muß jedoch vielmehr als typisches menschliches Versagen angesehen werden, das eigentliche kriminelle Charakteristika nicht aufweist[227].

Dieses "Pathos-behaftete"[228] Verständnis der Verantwortung vermag die genannte Kritik an der Begründung einer Sonderstellung eines Unfallbeteiligten im Straßenverkehr nicht zu entkräften. Dieser Verantwortungsbegriff kann nicht an strafrechtlichen Prinzipien festgemacht werden. Er ist vielmehr so vage, daß er sogar gegenteilig verwendet werden könnte - so z.B. wenn ein Geschäftsinhaber bei einem Unfallschaden von ca. 100,-- Euro weiterfährt, um einen wichtigen Termin für sein Unternehmen wahrzunehmen, von dessen Ausgang mehrere seiner Angestellten (beruflich) existentiell betroffen sein könnten. Welche "Verantwortung" gegenüber wem hat er wahrzunehmen? Die Antwort des Strafrechts ist eindeutig, nach § 142 StGB hat dieser Geschäftsmann am Unfallort zu warten. Bei der Einstufung als sozialethisch verwerfliches Verhalten wird man allerdings zu zweifeln haben, denn gegenüber seinen Angestellten und seinem Unternehmen hat er Verantwortung wahrnehmen wollen.

Die Ausrichtung der Strafbarkeit der Unfallflucht orientiert sich letztlich einseitig an den Interessen der "Opfer". Diese Ausrichtung ist jedoch zum einen sowohl

---

224 Pfannmüller S. 20

225 Lackner, DAR 1972, S. 286

226 Lackner, DAR 1972, S. 286, den selbst "Mißbehagen" befällt angesichts der von ihm noch im Jahr 1962 dargelegten angeblichen sozial-ethisch verwerflichen Gesinnung des Täters einer Unfallflucht; vgl. auch zur Charakterisierung der Unfallflucht als "asthenische Affektdelikt", Duttge, JR 2001, S. 182 ff

227 Vgl. auch Kaiser, S. 15, der die Frage stellt, ob sich angesichts der Unfallflucht als Massendelikt bisher strafrechtlich unauffälliger Menschen der Gesetzgeber über das traditionelle Ausnahme-Regel-Verhältnis der straffälligen Population einfach umkehren dürfe.

228 Böcher, NZV 1989, S. 216

prinzipiell angreifbar[229] - dahinter lassen sich rein utilitaristische Motive erkennen, die den Nutzen für mehrere oder die Allgemeinheit als höherwertig gegenüber der Wahrung der Freiheitsrechte einzelner erachten[230] - als auch in diesem speziellen Fall angesichts des vielseitig interpretierbaren Verantwortungsbegriffs nicht einmal mittels seiner haltbar[231].

2.6.3. Das allgemeine Rechtsempfinden

Abschließend noch ein Wort zu der vom Gesetzgeber und in der Lehre genannten "Selbstverständlichkeit" der Pflichten des § 142 StGB. Der Gesetzgeber argumentierte in diesem Zusammenhang weiter mit dem "allgemeinen Rechtsempfinden, das die Entfernung nach Unfällen als kriminelles Unrecht ansieht"[232], die Norm sei somit allgemein gesellschaftlich voll akzeptiert. Zwar ist allgemeine Akzeptanz kein prinzipielles Kriterium der Schaffung bzw. Wahrung von Rechtsnormen[233], als völlig irrelevant kann es jedoch auch nicht von der Hand gewiesen werden.

Bei näherer Betrachtung wäre hier jedoch zunächst zu fragen, was konkret allgemein akzeptiert ist. Empirische Erkenntnisse liegen hierzu nicht vor. Diese hätten sich mit der Frage beschäftigen müssen, was die Allgemeinheit unter Unfallflucht überhaupt versteht, worauf diese angebliche Akzeptanz eigentlich beruht. Problematisch wäre in diesem Zusammenhang sicherlich, daß gemeinhin von Unfallflucht gesprochen wird, selbst wenn der Täter sein Opfer vorsätzlich angefahren hat und darauf das verletzte Opfer hilflos sich selbst überläßt. Die

---

229 Sie weicht die Prinzipien der Schuld und der individuellen Zurechnung auf, vgl. hierzu die Ausführungen zum Kapitel Schuld; ebenso Seelmann, GA 1989, S. 242; Morgenstern S. 125

230 "Mehrheit allein führt nicht zu gerechten Entscheidungen; sie gibt höchstens die Macht, auch unrichtige Entscheidungen gegen die Minderheit durchzusetzen", Schürer-Mohr S. 53; so seit Kant: "Der Nutzen vieler gibt ihnen kein Recht gegen einen", Reflexion zur Moralphilosophie Nr. 6586 (akad. Ausgabe Band XIX, S. 97).

231 Dabei soll hier nicht einmal auf die Frage eingegangen werden, inwiefern der Täter auch Verantwortung gegenüber sich selbst trägt, Pflichten gegen sich selbst zu wahren hat: "Anerkennt Ihr Pflichten des Menschen gegen sich, ebenso Pflichten gegen die Nebenmenschen, und zwar mit Recht, denn im Vergleich gegen andere und im Gegensatz zu den unverschämten Forderungen, die sie an mich stellen können, gibt es wirklich solche, und ist folglich dieser Ausdruck ein berechtigter und richtiger - nun, so anerkennt auch offen und ehrlich den Egoismus, erhebt ihn unumwunden und feierlich in den Adelsstand der Moral als ein notwendiges Element, als einen Grundtatbestandteil derselben", Ludwig Feuerbach, in: Gesammelte Werke, Bd. 16, zur Moralphilosophie; vgl. zur Berücksichtigung typischer Egoismen im Strafrecht Beisheim, Eigennutz als Deliktsmerkmal im Strafrecht

232 BT Dr 7 / 2434 S. 6

233 Vgl. Wolff, Die Abgrenzung, S. 161 FN 58 (S. 160 f) "Natürlich wird man in einer grundsätzlich freiheitlich organisierten Gesellschaft bei einem Konsens in der Regel auch von dessen Berechtigung ausgehen können. Aber die Annahme eines faktischen Konsens zu Lasten Einzelner, die selbst nicht gefragt werden, legitimiert keine Bestimmung. Es geht eben nur um ein Faktum".

Statistik würde einen derartigen Fall gar nicht unter unerlaubtem Entfernen vom Unfallort erfassen, da ganz andere Kapitalverbrechen einschlägig sind und zur Unfallflucht keine eigene Statistik geführt wird[234]. Prägnant umgangssprachlich erfassen kann man dies Geschehen jedoch mit "der Täter hat Unfallflucht begangen".

Interessant ist auch, wie unterschiedlich die Wahrnehmung allgemeinen Rechtsempfindens in der Bevölkerung sein kann. Eine Untersuchung[235] zur Entkriminalisierung fahrlässig begangener Straftaten führte zum Beispiel zu gänzlich widersprüchlichen Ergebnissen. So führten die einen an, die Straflosigkeit fahrlässiger Tötung werde von der Bevölkerung nicht verstanden, die Bestrafung sei unbedingt erforderlich zur Wiederherstellung des Rechtsfriedens. Andere meinten festgestellt zu haben, die Mehrheit der Bevölkerung empfinde die Bestrafung der leichten unbewußten Fahrlässigkeit auch bei sehr schweren Erfolgen als längst nicht mehr gerecht an. Nach dem natürlichen Bewußtsein werde höchstens die Strafbarkeit der grob fahrlässigen Handlung als gerecht akzeptiert. Dann wieder hält das Volk einen fahrlässig herbeigeführten Erfolg angeblich für ein Unglück und verlange vielmehr die Ausweitung abstrakter Gefährdungsdelikte. Ganz im Gegenteil hierzu meint man, die Bevölkerung beurteile eine Tat vor allem nach dem Erfolg; hierauf müsse das Strafrecht Rücksicht nehmen, auch wenn diese Wertung als irrational kritisiert werden dürfe.

Man kann also offensichtlich jedes Ziel mit dem Rechtsempfinden der Bevölkerung begründen. Wer eine These mit dem allgemeinen Rechtsempfinden begründet, muß sich eher fragen lassen, ob unter dem Vorwand empirischer Erkenntnisse nicht nur die eigene persönliche kriminalpolitische Auffassung steht und unterstützt werden soll[236].

3. Zusammenfassung

Der These, die Besonderheiten des Straßenverkehrs würden besondere Pflichten begründen, ist von verschiedenen Blickrichtungen nachzugehen gewesen:

Zunächst war zu fragen, wodurch überhaupt besondere Pflichten im Strafrecht begründet werden können, wobei der restriktive freiheitsrechtliche Pflichtenbegriff zugrunde gelegt wurde. Als weitestgehende Pflichtenstellung erwies sich die des Garanten im sog. unechten Unterlassungsdelikt. Positivistisch wird die Garantenstellung des möglichen Unfallbeteiligten abgelehnt, da er für keinerlei tat-

234 Vgl. Kap. II.5.
235 Vgl. Darstellung bei Koch S. 196
236 Sehr kritisch hierzu auch Hassemer, Strafrechtsdogmatik, der von "Heuchelei" spricht, S. 94

bestandsmäßigen Erfolg einzustehen habe. Entscheidend ist jedoch, daß Garantenpflichten auf keinerlei Weise begründet abgeleitet werden konnten.

Ähnlich verhielt es sich mit der Einordnung der Unfallflucht als Sonderdelikt. Auch das Sonderdelikt verlangt nach einer Konkretisierung eines Rechtsverhältnisses, damit einer Person gegenüber einer anderen überhaupt eine besondere Pflicht überantwortet werden kann. Die dargestellten Anhaltspunkte einer Konkretisierung erwiesen sich jedoch allesamt als ungenügend, eine entsprechende Sonderpflicht zu legitimieren. Sie *beschreiben* lediglich Phänomene und Gegebenheiten des Straßenverkehrs, ohne dadurch besondere Pflichten begründen zu können. Auch wenn es sich um rechtlich relevante Aspekte, z.B. das Gebot der Rücksichtnahme im Straßenverkehr, handelt, können diese aufgrund ihrer Unbestimmtheit und Allgemeinheit keine Grundlage besonderer strafrechtlicher Pflichten sein.

Besondere Pflichten, die zwingend zur Voraussetzung haben, daß der entsprechend Pflichtige ihnen nicht nur rein zufällig unterliegt, sind somit im Falle der Unfallflucht nicht gegeben. Vielmehr können besondere Pflichten nur der Norm als solcher entnommen werden, d.h. sie existieren nur, weil sie per Gesetz geschaffen wurden.

Es war deshalb auch zu untersuchen, ob es sich nur scheinbar um besondere Pflichten handelt; denkbar war, daß der Gesetzgeber eine allgemeine Solidarpflicht nur einem abgrenzbaren Personenkreis auferlegte. Diese These erwies sich jedoch schnell als unhaltbar. Die in § 142 StGB normierten Pflichten erfüllen weder ihrem Inhalt noch ihrer Zielrichtung nach die Voraussetzungen, die an die Legitimation allgemeiner Solidarpflichten zu stellen sind.

Die den besonderen Pflichten eines möglichen Unfallbeteiligten zugrunde liegenden Argumente offenbarten sich letztlich als lediglich praktisch und nur den Interessen anderer dienend, vor allem als rein moralische Erwägungen. Letztere wurden pauschal und ohne begründete Basis sehr hoch angesiedelt. Die in den Erwägungen vermengten Vorstellungen von einem gemeinen, selbstsüchtigen, egozentrischen Täter und der Selbstverständlichkeit des geforderten Tuns sind zudem in sich nicht stimmig. Was trotz Kollision mit nicht unerheblichen Eigeninteressen zu einer selbstverständlichen, der Rede kaum wert seienden Handlung im Straßenverkehr degradiert wird, erwächst bei der Unterlassung zu einer gravierenden Verletzung der Interessen anderen, der mit Mitteln des Strafrechts zu begegnen ist.

Die These, Besonderheiten des Straßenverkehrs könnten Pflichten begründen, die in anderen Situationen nicht bestehen, ist zwar anschaulich, jedoch oberflächlich und prinzipiell nicht tragfähig.

VI. Die "Besonderheiten des Straßenverkehrs" im Hinblick auf das Schuldprinzip und den Zweck des Strafens

Die in § 142 StGB enthaltenen Pflichten konnten nicht mittels der Besonderheiten des Straßenverkehrs als besondere Pflichten begründet werden. Es ließ sich vielmehr herausarbeiten, daß letztlich nur aufgrund der Existenz der äußeren Bedingungen im Straßenverkehr, welche objektiv und subjektiv ein Entfernen nach einem Unfall im Straßenverkehr beeinflussen, die Strafbarkeit der Unfallflucht als legitim angesehen wird. Bei der Darstellung der Besonderheiten des Straßenverkehrs (Kapitel IV.) war entsprechend schon zu erkennen gewesen, daß ohnehin zumeist nur Gegebenheiten des Straßenverkehrs speziell im Zusammenhang mit einem Unfall *beschrieben* werden.

Nimmt man einmal als Faktum hin, daß der Täter tatsächlich diese Besonderheiten des Straßenverkehrs bei der Flucht genutzt oder daß selbige ihn zu einer Flucht gerade animiert haben könnten, fragt sich jedoch, welche Bedeutung diesem Umstand eigentlich beigemessen werden kann und darf. So plausibel die Argumentation hinsichtlich der Schutzbedürftigkeit der Interessen eines geschädigten Unfallbeteiligten dann auch klingen mag - ist ein Betrug z.B. deshalb strafbar, *weil* das Opfer so leicht zu täuschen war? Oder der Diebstahl einer leicht zugänglichen Sache, *weil* der Gewahrsam so leicht zu brechen war?

Die Antwort muß lauten: Der Betrüger oder Dieb ist strafbar, weil er in fundamentaler Weise Freiheitsrechte einer anderen Person verletzt hat. Die "Leichtigkeit des Tuns" ist dann üblicherweise und richtigerweise ein Argument, welches bei der Beurteilung von Straftaten, insbesondere im Rahmen der Strafzumessung, zugunsten eines Täters ins Feld geführt wird, bei Beurteilung der Einstellungsmöglichkeiten nach §§ 153, 153 a StPO - Einstellung wegen geringer Schuld - oder generell in Diskussionen zur Entkriminalisierung des Strafrechts. Nur beispielhaft seien hier die Straftaten des Ladendiebstahls und des Schwarzfahrens genannt. Bei beiden handelt es sich um Massenphänomene; die Schäden für die Unternehmen sowie die gesamte Volkswirtschaft sind erheblich. Da jedoch gleichzeitig erkannt wird, daß diese Delikte nicht nur wegen der geringen Schadenshöhe im Einzelfall, also wegen ihres Bagatellcharakters, sondern insbesondere auch aufgrund der Leichtigkeit ihrer Vollendung ein geringwertigeres Unrecht darstellen, gibt es Überlegungen, sie aus dem Strafrecht zu verbannen. Dabei werden z.B. sowohl die Herabstufung zu einer Ordnungswidrigkeit als auch rein zivilrechtliche Maßnahmen diskutiert[1].

---

1 Interessant im vorliegenden Zusammenhang Hauf zum § 265 a StGB: Es "fragt sich, inwieweit rein zivilrechtlicher Vertragsbruch der strafrechtlichen Verfolgung unterliegen soll", DRiZ 1995, S. 15. Zur Reformdiskussion vgl. beispielsweise Ostendorf, ZRP 1995, S. 21 ff;

Umgekehrt argumentiert man also bei der Unfallflucht: Ein an sich nicht als strafbar angesehenes Verhalten wird unter Strafe gestellt, weil es im Straßenverkehr so einfach zu realisieren ist.

Die Berücksichtigung äußerer Bedingungen - insbesondere derer des Straßenverkehrs - ist zwar natürlich nichts Undenkbares: § 316 StGB (Trunkenheit im Verkehr) zum Beispiel stellt auf das Führen eines Fahrzeugs im Verkehr ab, § 316 a StGB (Räuberischer Angriff auf Kraftfahrer) belegt speziell diesen Raub mit einer sehr viel höheren Strafe als den "normalen" Raub gemäß § 249 StGB, sofern der Täter die besonderen Verhältnisse des Straßenverkehrs bei der Tatausführung ausnutzt. Ungeachtet der Kritik an den beispielhaft genannten Normen[2], hat die Berücksichtigung der äußeren Bedingungen hier jedoch einen erkennbar anderen Sinn als bei der Unfallflucht. Nicht weil es den Straßenverkehr mit seinen Besonderheiten gibt, wird das Fahren unter Alkohol unter Strafe gestellt, sondern weil der Täter Gefahren für Leib und Leben anderer durch dieses Verhalten im Straßenverkehr unzumutbar steigert. Deutlicher noch der Unterschied zu § 316 a StGB; hier nutzt der Täter gerade die Bedingungen planvoll aus, um ein Delikt begehen zu können.

Im Rahmen der Unfallflucht soll die Leichtigkeit der Ausführung der mißbilligten Handlung dagegen nun erst dazu führen, daß dieses zu bestrafen ist. Dies bedeutet, daß die Besonderheiten des Straßenverkehrs Strafrecht *begründen* können müßten. Die Frage, inwiefern diese Begründung mit dem Schuldprinzip und dem Sinn des Strafens vereinbar ist, blieb bislang unbeantwortet. Diesen Fragen soll daher im folgenden nachgegangen werden.

1. Grundzüge des Schuldprinzips

Daß Strafe Schuld voraussetzt, ist einer der ganz wenigen unbestrittenen Grundsätze des Strafrechts. Der Schuldbegriff wird auch als der "schlechterdings wichtigste Begriff des Strafrechts"[3] bezeichnet. Welcher Zusammenhang zwischen Schuld und Strafe jedoch besteht bzw. was Schuld eigentlich ist, stellt dagegen eine seit langem vieldiskutierte Problematik dar, die sich zudem in einem ständigen Fluß befindet. Die Idee der Schuld steht dabei nicht nur in Wechselbeziehung mit bestimmten historischen, theologischen, philosophischen und wirtschaftlichen Vorverständnissen, sondern ihre Klärung erfordert darüber hinaus eine Orientierung an Debatten, z.B. zu dem Verhältnis zwischen Recht und Moral

---

Gesetzesinitiativen der Länder BR-Drucks. 676/92; Meurer, Die Bekämpfung des Ladendiebstahls

2 Vgl. Nachweise bei Schönke/Schröder/Cramer/Sternberg-Lieben §§ 316, 316 a

3 Koriath S. 538 im Anschluß an Stratenwerth

oder Willensfreiheit versus Determinismus[4]. Scheint Schuld insofern ein kaum konkret zu definierendes Prinzip zu sein, soll an die einleitenden Worte Arthur Kaufmanns zu seiner bekannten strafrechtlich-rechtsphilosophischen Untersuchung zum Schuldprinzip erinnert werden: "Es liegt in der Natur solcher elementarer Rechtsprinzipien, daß sie sehr allgemein und abstrakt sind. Das bedeutet aber nicht, daß sie völlig unbestimmt und abstrakt seien, wie immer wieder behauptet wird"[5].

1.1. Die traditionelle Auffassung

Die nähere Betrachtung des Schuldprinzips[6] führt zunächst zurück zu dem einflußreich von Pufendorf Mitte des 18. Jahrhunderts für die Rechtswissenschaft ausgearbeiteten Begriff der „imputatio"[7]. Pufendorfs Konzeption der Zurechnung knüpfte an die von Aristoteles in der Ethik entworfene Verantwortungslehre an, in welcher bereits jener Verdienst oder Schuld nur dann annimmt, wenn der Ursprung der Handlung im Menschen selbst und nicht außerhalb seiner liege[8]. Pufendorfs Zurechnungslehre beruhte auf einer strikten Trennung zwischen der physischen Seite der freien Handlung und ihren moralischen Beschaffenheiten. Innerhalb der physischen Welt unterschied er zwischen Ereignissen, die vom Menschen in Gang gebracht worden sind und außermenschlichem Geschehen. Letzteres erfolge nach einem gleichmäßigen unabänderlichen Modus der Ursache-Folge-Verknüpfung; die menschliche Handlung sei dagegen (zumindest auch) gekennzeichnet durch den Typ der Determination durch Freiheit, d.h. eine konkrete Handlung hänge vom Willen des Menschen so ab, daß sie ohne dessen freie, nach vorgängiger Erkenntnis erfolgende Determination nicht geschehen wäre.

Ist diese Zurechenbarkeit noch völlig wertindifferent, wird sie dadurch erweitert, daß Pufendorf Freiheit durch die Notwendigkeit der Pflichterfüllung inhaltlich konkretisiert. Freiheit sei stets auf ein Gesetz bezogen; dieses könne den Willen zwar nicht zu einer Handlung zwingen, es könne an ihn aber als eine Forderung herantreten, seine freie Entscheidung ihm gemäß zu treffen.

Trotz der Freiwilligkeit als Handlungsvoraussetzung schloß Pufendorf die Zurechnung bei Unkenntnis von Geboten und Verboten jedoch nicht aus. Seine Zurechnungstheorie offenbarte Unstimmigkeiten bei dem Versuch einer dogma-

---

4 Vgl. Meder S. 1; diese nur schlagwortartig benannten Diskussionen können hier nicht geführt werden, Elemente daraus werden in die folgenden Ausführungen einfließen. Zur Geschichtlichkeit des Begriffsverständnisses Arthur Kaufmann, Das Schuldprinzip, S. 217 ff

5 Arthur Kaufmann, Das Schuldprinzip, S. 15

6 Ausführlich zur Entwicklung Achenbach, Historische und dogmatische Grundlagen der strafrechtssystematischen Schuldlehre

7 Pufendorf, De iure naturae et gentium, Buch I, 5. Kapitel § 3; vgl. hierzu Meder S. 122 ff

8 Vgl. Aristoteles, Nikomachische Ethik, 3. Buch, 1. Kap.

tischen Einordnung des fahrlässigen Delikts. Es gelang nicht, diese "Schuldform" mit dem zuvor begründeten Erfordernis in Einklang zu bringen, daß jedes Verbrechen eine "actio voluntaria" sein müsse.

Feuerbachs strafrechtliche Schuldtheorie dagegen - unter Einfluß der von Kant erarbeiteten Prinzipien[9] - verfolgte konsequent den Gedanken, daß nur die willentlich-bewußte Rechtsverletzung strafbar sein könne. Feuerbach folgt Kants Unterscheidung von dolus (heteronomer äußerer Bereich) und culpa (autonomer innerer Bereich). Das Gesetzwidrige der Willensbestimmung liege "in der Verletzung der Verbindlichkeit zum gehörigen Fleiße"[10], also die selbstwidersprüchliche, d.h. der Vernunft entgegenstehende Handlung ist Ausdruck der dem Täter vorwerfbaren Tat.

In der Strafrechtswissenschaft des 19. Jahrhunderts ging dieser Ansatz jedoch unter; der Einfluß des Positivismus führte zu dem sog. psychologischen Schuldbegriff. Dieser vor allem mit v. Liszt[11] verbundene Begriff sieht die Schuld in der psychischen Beziehung des Täters zur Tat in ihrer objektiven Bedeutung. Schuld war gewissermaßen das seelische Spiegelbild der objektiven Handlung[12], Arten der Schuld waren Vorsatz und Fahrlässigkeit. Vorsatz war nach v. Liszt dann gegeben, wenn ein Wille als Ursache einer Handlung die Vorstellung einschloß, daß die Handlung für einen rechtswidrigen Erfolg kausal werden würde; Fahrlässigkeit beruhte nicht auf dem Willen als Ursache einer Handlung, sondern auf der Vorhersehbarkeit der Kausalität, auf dem Außerachtlassen der erforderlichen Sorgfalt[13].

Das Fehlen einer Erklärung, welche psychischen Beziehungen warum Schuld begründen, führte Anfang des 20. Jahrhunderts jedoch wieder zu einer Rückbesinnung auf Kant. Es entwickelte sich eine Schuldtheorie, die den Gehalt der Schuld in einer wertwidrigen bzw. pflichtwidrigen Willensbetätigung erkannte, die sog. normative oder wertende Schuldtheorie[14]. Hiervon ausgehend werden heute die Schuldtheorien klar abgelehnt, die einen Schuldvorwurf damit begründen, der Täter habe in der konkreten Situation auch anders *handeln können*, denn hierdurch kann nicht die Frage beantwortet werden, was eigentlich andere berech-

---

9 Kant MdS, Einl. IV; vgl. auch Kap. III.1. zur Bedeutung Feuerbachs hinsichtlich der Entwicklung des Begriffs des subjektiven Rechts

10 Zitiert nach Nass, Wandlungen des Schuldbegriffs, S. 82

11 Vgl. v. Liszt, Lehrbuch, 2. Aufl., § 38, 147

12 Vgl. Sproß S. 336

13 Vgl. v. Liszt, Lehrbuch, 2. Aufl., § 39, § 41

14 Grundlegend die Arbeit von Frank, Über den Aufbau des Schuldbegriffs, aus dem Jahr 1907; Frank ging konkret von der Beobachtung aus, daß der damals Anerkennung findende entschuldigende Notstand durch den psychologischen Schuldbegriff nicht erklärbar war. Wenn der Schuldbegriff nur Vorsatz und Fahrlässigkeit umfasse, wäre entschuldigender Notstand ausgeschlossen; vgl. hierzu Jakobs, Strafrecht AT, S. 471 ff.

tigt, einen Menschen dafür verantwortlich zu machen und zu bestrafen, daß andere in seiner Lage anders bzw. "richtig" gehandelt hätten[15].

Das "Anderswollenkönnen" als Basis der normativen Schuldtheorie hat der BGH aufbauend auf dem Prinzip der Autonomie des einzelnen in seiner vielzitierten Leitentscheidung als entscheidende erweiternde Komponente herausgestellt: "Strafe setzt Schuld voraus. Schuld ist Vorwerfbarkeit. Mit dem Unwerturteil der Schuld wird dem Täter vorgeworfen, daß er sich nicht rechtmäßig verhalten, daß er sich für das Unrecht entschieden hat, obwohl er sich rechtmäßig, sich für das Recht hätte entscheiden können. Der innere Grund des Schuldvorwurfs liegt darin, daß der Mensch auf freie, verantwortliche Selbstbestimmung angelegt und deshalb befähigt ist, sich für das Recht und gegen das Unrecht zu entscheiden... Voraussetzung dafür, daß der Mensch sich in freier, verantwortlicher, sittlicher Selbstbestimmung für das Recht und gegen das Unrecht entscheidet, ist die Kenntnis von Recht und Unrecht. Wer weiß, daß das, wozu er sich in Freiheit entschließt, Unrecht ist, handelt schuldhaft, wenn er es gleichwohl tut"[16].

Ungenau ist jedoch hier die Definition der Schuld *als* Vorwerfbarkeit, denn diese setzt Schuld der Vorwerfbarkeit gleich. Vorwerfbarkeit kann jedoch nur Folge von Schuld sein, nicht aber diese selbst[17]. Erkennbar setzt der BGH auch hier bei der Entscheidung wiederum an einer Art "Durchschnittsfähigkeit" an ("... daß er sich... für das Recht hätte entscheiden können..."). Kommt es jedoch nur auf die Möglichkeit, nicht Wirklichkeit freier Selbstbestimmung zum Unrecht an, so sind die Möglichkeitsmomente, die man in die Schuldbestimmung einbringt, gleichgültig. Der Schuldbegriff verliert so an Möglichkeiten seiner Begrenzung; der Maßstab der Verfehlung bleibt eine fremde Wertung[18]. Autonomie bedeutet jedoch eben nicht Freiheit im Sinne von "so-oder-auch-anders-handeln-können", sondern Selbstbindung an das Gesetz der Vernunft[19].

---

15 Vgl. Schönke/Schröder/Lenckner Vorbem. §§ 13 ff Rn 109a mit zahlreichen Nachweisen zum Theorienstreit

16 BGHSt 2, 194, 200 f; so auch die h.M., vgl. Schönke/Schröder/Lenckner Vorbem. §§ 13 ff Rn 110

17 Vgl. Arthur Kaufmann, Das Schuldprinzip, S. 179

18 Vgl. Köhler, Die bewußte Fahrlässigkeit, S. 377 f sowie S. 384 f: "Dieser Begründungszusammenhang in einem eigentlichen Verschuldungsprozeß liegt zwar unausdrücklich in der Vorstellung vom „anders-handeln-Können" beschlossen. Die Freiheitsvoraussetzung in bezug auf die Verfehlung wird aber nicht in ihrer Aktualität entfaltet, sie erscheint vielmehr in entscheidender Weise verkürzt, zum einen in einem der Praxiswissensstruktur entbehrenden Begriff von Gegenstandswissen (resp. des Unrechtsbewußtseins), zum anderen im Auslassen jenes Verschuldungsprozesses selbst"; hierzu auch Arthur Kaufmann, Das Schuldprinzip, S. 187 ff

19 Vgl. Eb. Schmidt S. 229

Nach einer von Gallas begründeten Lehre ist Schuld "Vorwerfbarkeit der Tat mit Rücksicht auf die darin betätigte rechtlich mißbilligte Gesinnung"[20]. Im Bereich der Schuld müsse ein Unwerturteil über die in der konkreten Tat aktualisierte Gesamteinstellung des Täters zu den Anforderungen des Rechts gefällt werden. Kritisiert wird, daß Gallas so die Frage nicht beantworte, warum die Gesinnung eines Täters rechtlich mißbilligenswert sei, wolle man nicht (nur) darauf zurückgreifen, daß der Gesetzgeber diesbezüglich einen Vorwurf erhoben habe[21].

Schmidhäuser versuchte, diese Problematik zu lösen, indem er strafrechtliche Schuld als rechtsgutverletzendes Verhalten definierte, womit gemeint sei, „daß der Täter das durch sein Willensverhalten verletzte Rechtsgut auch im geistigen Verhalten verletzt, d.h. nicht ernstgenommen hat"[22]. Er kommt zu dem Ergebnis, daß, wenn das Unrecht eine Wertverfehlung im Sinne der Rechtsgutsverletzung im Willensverhalten nach außen sei, die Schuld diese Wertverfehlung in anderer Weise vorweggenommen haben müßte. Diese unrechtliche Gesinnung bedeute, daß sich der Täter vor seinem eigenen Gewissen gegen die Grundanforderungen der Rechtsordnung in verfehlter Weise verhalten habe[23]. „Gesinnung" ist bei Schmidhäuser kein seelisches, sondern ein geistiges Phänomen, „eine auf die Verwirklichung sittlicher Ideale gerichtete geistige Werthaltung von gewisser Dauer"[24].

Arthur Kaufmann definierte die Schuld als sog. Willensschuld. Er stellt seinen Überlegungen zunächst die „Unausweichlichkeit der Metaphysik"[25] voran mit der Folge, daß auch alle normativen Theorien eine überpositivistische erste Norm benötigten und die Erkenntnissätze aus den Sollenssätzen herleiten müßten[26]. Es sei ein typisch positivistischer Zirkelschluß, die Geltung von Grundprinzipien des Rechts aus dem positiven Recht selbst nachzuweisen zu versuchen[27]. Willensschuld bedeute, daß einzig das freigewollte Unrechttun Schuld sei. Schuld ist die „bewußte Willensentscheidung gegen das Veto, das sich in der Vorstellung von der sicheren oder möglichen Herbeiführung eines unerlaubten Erfolges... ankündigt"[28] bzw. "Schuld ist der Inbegriff der Voraussetzungen, die aus der Straftat einen persönlichen Vorwurf gegen den Täter begründen: ... das Vorzuwerfende ist die Schuld, nicht der Vorwurf oder die Vorwerfbarkeit"[29].

---

20 Gallas, ZStW 67, S. 45; vgl. auch Jescheck/Weigend, Strafrecht AT, S. 421 f
21 Vgl. Roxin, Grundlagen, S. 734; auch Lackner/Kühl Vor § 13 Rn 23
22 Schmidhäuser, Strafrecht AT, S. 369
23 Schmidhäuser, Gesinnungsmerkmale im Strafrecht, S. 173 ff
24 Schmidhäuser, Gesinnungsmerkmale im Strafrecht, S. 69
25 Arthur Kaufmann, Das Schuldprinzip, S. 49
26 Vgl. Arthur Kaufmann, Das Schuldprinzip, S. 49 ff
27 Vgl. Arthur Kaufmann, Rechtsphilosophie im Wandel, S. 184
28 Arthur Kaufmann, Das Schuldprinzip, S. 153; prinzipiell zustimmend, diese Auslegung jedoch als "zu eng" ablehnend Schönke/Schröder/Lenckner Vorbem §§ 13 ff Rn 118
29 Arthur Kaufmann (unter Einbeziehung eines Zitats von Mezger), Das Schuldprinzip, S. 179

Köhler verfolgt[30] und präzisiert den Ansatz der Willensschuld als selbstbestimmter Entscheidung zum Unrecht. Das freiheitsrechtliche Verständnis der Selbstbestimmung und Willensfreiheit des Einzelnen ermögliche sowohl Vernunftfaktizität als auch bewußt-willentliche Regelnegation[31]. "Das strafrechtliche Schuldprinzip resultiert entsprechend aus der autonom-moralischen Letztbegründetheit von Recht und Unrecht", der (strafrechtliche) Schuldbegriff bestimme sich als einer "vom richtigen Rechtswissen ausgehenden, sich selbst negierenden unrechtlichen Maximenbildung, der tätersubjektiven Negation des Rechts "als Recht"..."[32]. Schuld besteht insofern in dem Prozeß eines sich selbst zum Unrecht bestimmenden Subjekts. Auf diesen Prozeß müssen sich die Voraussetzungen der Schuld (Schuldfähigkeit, Unrechtseinsicht) beziehen[33].

Aus diesem Verständnis heraus ist strafrechtliche Schuld des Menschen begründbar bzw. begründet. Der Täter erhält hierdurch erst auch die Chance, sich verantworten zu dürfen, denn *er* ist der Grund des Geschehens, nicht äußere Zusammenhänge[34]. Hieraus folgt weiter - soll ein Geschehen, Erfolg bzw. die Verletzung des gegenseitigen Anerkennungsverhältnisses als ein strafbares Unrecht bewertet werden, verlangt das Schuldprinzip die Zurechnung der Verletzung, den Begründungszusammenhang von Subjekt, Handlung und Erfolg. Soll nur schuldhaftes Handeln Strafe begründen, muß das Subjekt in bestimmter und differenzierter Weise für ein objektives Geschehen verantwortlich gemacht werden können. Die allein äußerlich wahrnehmbare Verletzung eines Rechts muß zusammen mit der Urheberschaft der Verletzung betrachtet werden. Das Unrecht muß sich mit anderen Worten als eines des zwecksetzenden Subjekts darstellen[35].

Steht nun die These im Raum, äußere Bedingungen als solche könnten die Strafbarkeit eines Verhaltens begründen, ist fraglich, wie insofern der erforderliche Begründungszusammenhang soll geschaffen werden können. Nicht nur nach der zuletzt vorgenommen Präzisierung, sondern prinzipiell nach den vorherrschenden Lehren zur Schuldidee ist ein Begründungszusammenhang offensichtlich nicht möglich; die äußeren Bedingungen des Straßenverkehrs stehen *als solche* in keinerlei Zusammenhang mit dem einzelnen und seiner individuellen

30 Zumindest begrifflich, da in deutlicher Abkehr zu einer Identifikation der Willensschuld mit von Arthur Kaufmann verstandener "sittlicher Schuld", Köhler, Strafrecht AT, S. 372; Die bewußte Fahrlässigkeit, S. 373 ff

31 Vgl. Köhler, Strafrecht AT, S. 351

32 Köhler, Der Begriff der Strafe, S. 63

33 Vgl. Köhler, Die bewußte Fahrlässigkeit, S. 374; Strafrecht AT, S. 362

34 Dem Einwand, ein solches Schuldstrafrecht bringe eine unerträgliche Moralisierung mit sich, da man darauf aufbauend den Täter mit einem sittlichen Tadel, einer Stigmatisierung belege (vgl. Hassemer, Schuld und Verantwortung, S. 89 ff) kann nicht gefolgt werden. Sanktionen bringen immer einen Tadel zum Ausdruck; ohne das Schuldprinzip fehlt die Legitimation; vgl. Arthur Kaufmann, JURA 1986, S. 230

35 Vgl. Köhler, Feuerbachs Zurechnungslehre, ARSP-Beiheft 87 (2003), S. 67 ff

Schuld. Der Täter einer Unfallflucht hat sie weder geschaffen noch nutzt er sie planvoll aus. *Weil* der Straßenverkehr so "gute" Fluchtbedingungen bietet, *weil* die Beweissituation häufig problematisch sein kann, *weil* die Rahmenbedingungen, z.B. das Versicherungs-Rabattsystem, besondere Anreize zur Flucht schaffen, soll ein an sich neutrales Verhalten - Entfernen und Unterlassung von Angaben zu einer möglichen Unfallbeteiligung - strafbar sein. Der Täter kommt in dieser Begründung gar nicht vor, er ist diesen Bedingungen ausgesetzt wie jeder andere auch. Die bloße Existenz der Bedingungen kann - solange sie so unvermittelt dem Täter gegenüberstehen, er sich gewissermaßen nur im Straßenverkehr "bewegt" - keine Schuld und damit keinen strafrechtlich haltbaren Vorwurf begründen.

1.2. Die funktionale Auffassung

Nach einer neueren funktionalen Auffassung des Strafrechts wird Schuld jedoch nicht derart vorpositiv definiert, sondern von einem gesellschaftlichen Systeminteresse an generalpräventiver Normstabilisierung abgeleitet. Schuld sei von den Präventionszwecken der Strafe her zu bestimmen oder durch solche zu ergänzen[36]. Der Schuldbegriff verliert auf diese Weise seine eigenständige Bedeutung[37] und wird ganz offen als "Derivat"[38] der Generalprävention bezeichnet.

Die funktionalistische Strafrechtstheorie vermischt in ihrer Argumentation Fragen der Schuld, der Zurechnung und vor allem ihrem Anliegen entsprechend des Zwecks des Strafrechts bzw. des Strafens miteinander. Ihre Darstellung muß daher den Begriff der Generalprävention an dieser Stelle schon mit aufnehmen, eine eingehendere Betrachtung des Zwecks der Strafe und insofern auch der Theorie der Generalprävention erfolgt darauf.

Hintergrund der funktionalen Auffassung ist die Ansicht, daß in Anbetracht der im Laufe des 20. Jahrhunderts weitgehenden Technisierung und Industrialisierung der Lebensverhältnisse die idealistischen Prinzipien der Willensschuld anachronistisch und damit überholt bzw. unanwendbar geworden seien. "Die neue Koppelung von Technik und Sicherheitsgefühl erschütterte das individuelle Prinzip gerade in den Bereichen, in denen das Recht die im Zusammenhang mit technischem Verkehr und industrieller Produktion auftretenden Zurechnungsprobleme zu bewältigen hatte"[39].

---

36 Vgl. vor allem Jakobs, Schuld und Prävention, S. 31 f

37 Vgl. Schönke/Schröder/Lenckner Vorbem §§ 13 ff Rn 117 f mit zahlreichen Nachweisen

38 Jakobs, Schuld und Prävention, S. 32

39 Meder S. 147

1.2.1. Soziologischer Hintergrund

Die Arbeiten zweier Soziologen sind mit der Theorie des funktionalen Strafrechts so eng verbunden, daß sie zu deren Verständnis vorweg dargestellt werden sollen. Es handelt sich um die Systemtheorie von Niklas Luhmann und die These von der Risikogesellschaft Ulrich Becks.

Für Luhmann[40] stellt sich die moderne Gesellschaft als funktional differenziertes System dar, welches nach Subsystemen, wie z.B. Wirtschaft, Politik oder Recht gegliedert ist. Funktionale Differenzierung heißt danach, daß die Gesellschaft durch eine Vielzahl von Subsystemen gekennzeichnet ist, die jeweils unterschiedliche Funktionen erfüllen. Die verschiedenen Teilsysteme bleiben jedoch in einem funktionalen, d.h. wechselseitig aufeinander ausgerichteten Zusammenhang[41]. Luhmann kommt es dabei nicht darauf an, welche Struktur ein System hat und welche Leistungen für den Erhalt des Systems erforderlich sind, sondern er analysiert die einzelnen Funktionen der unterschiedlichen Systeme sowie ihr Verhältnis zueinander.

Risiken bezeichnet Luhmann heute als ein universelles Problem; die Menschen seien heute fasziniert von der Möglichkeit extrem unwahrscheinlicher, dann aber katastrophaler Ereignisse. Aufgrund von Kollektiventscheidungen könnten Risiken als Kalkulationsgrößen eingegangen werden, die sich für das Individuum als unentrinnbare Gefahren darstellen würden[42]. Das politische System sei nicht in der Lage, diese aufgedrängte Risikolast zu tragen; vielmehr werde diese in den meisten Fällen an das Rechtssystem abgegeben und wiederum sehr oft durch das Rechtssystem an das Wirtschaftssystem weitergereicht[43]. Weil Risikolagen nicht genuin normative Problemlagen seien, könne auf spezifisch juristische Entscheidungsschwierigkeiten keine Rücksicht genommen werden, als da sind Probleme der Kausalität, des Verschuldens und der Beweislast[44].

Nach Luhmann liegt die Funktion von Normen nicht in der Verhinderung von sozial als unerwünscht definierten Handlungen, sondern vielmehr in der Stabilisierung von vorgefaßten Verhaltenserwartungen als notwendigen Orientierungsmustern des einzelnen in der Gesellschaft; das Recht habe die Funktion, „wissen zu können, mit welchen Erwartungen man sozialen Rückhalt findet, und mit welchen nicht"[45]. Ausgangspunkt für das Erwartungskonzept sind die Grund-

40 Vgl. Luhmann, Rechtssoziologie (1987), Soziologie des Risikos (1991), Ausdifferenzierung des Rechts (1997)
41 Vgl. Hauschild S. 56
42 Vgl. Luhmann, Soziologie des Risikos, S. 2 ff
43 Vgl. Luhmann, Soziologie des Risikos, S. 176 f
44 Vgl. Prittwitz, Strafrecht und Risiko, S. 125
45 Vgl. Luhmann, Das Recht der Gesellschaft, S. 131 f

bedingungen menschlichen Daseins in der Welt. Darin stelle sich ein Grundproblem der Komplexität; Zahl, Verschiedenheit und Interdependenz möglicher Handlungen seien kaum zu überschauen[46]. Wegen der Überfülle der Möglichkeiten sei der Mensch auf Orientierungshilfen angewiesen. Das Recht sei eine Struktur eines sozialen Systems, welches auf kongruenter Generalisierung normativer Verhaltenserwartungen beruhe[47]. Daraus folgt - die "Norm verspricht nicht ein normgemäßes Verhalten, sie schützt aber den, der dies erwartet"[48]. Die Norm reguliert also nicht das Verhalten, sondern rückt die Steuerung von Erwartungen in den Vordergrund[49].

Ulrich Beck prägte den Begriff der "Risikogesellschaft"[50]; dieser Begriff umschreibe eine gesellschaftliche Haltung, "in der die Schattenseiten des Fortschritts mehr und mehr die gesellschaftlichen Auseinandersetzungen bestimmen"[51]. Die Gesellschaft werde immer offensichtlicher mit selbstgeschaffenen Selbstvernichtungsmöglichkeiten konfrontiert[52], wodurch die Probleme und Konflikte, die aus der Produktion, Definition und Verteilung dieser produzierter Risiken zunehmend die zuvor prägende Problematik der "Reichtumsverteilung"[53] überlagerten. Die Veränderung der gesellschaftlichen Wertung zukünftiger Entwicklungen beruhe auf der Erkenntnis, daß die Entwicklungen insgesamt in nicht kalkulierbaren Gefahren mündeten[54]. Es gehe heute nicht mehr nur um Abwehr neuartiger Risiken, sondern um eine „Reorganisation von Macht und Zuständigkeit"[55].

Sah U. Beck im Jahr 1986 noch in der Justiz die Möglichkeit der Eröffnung von Entscheidungsspielräumen, der Pluralisierung und Politisierung der Urteilsfindung[56], steht das Recht einige Jahre später bei ihm im Zentrum der Kritik und wird zum Mitorganisator der organisierten Unverantwortlichkeit[57]. Insbesondere die personale Zurechnungslehre, das Schuldprinzip und die Beweislastregeln werden als der Risikogesellschaft nicht angemessen gerügt. Das individuelle

---

46 Vgl. Luhmann, Ausdifferenzierung des Rechts, S. 80
47 Vgl. Luhmann, Rechtssoziologie, S. 105
48 Luhmann, Das Recht der Gesellschaft, S. 135
49 Vgl. Hauschild S. 91
50 U. Beck, Risikogesellschaft - Auf dem Weg in eine andere Moderne (1986)
51 U. Beck, Politik, S. 10
52 Vgl. U. Beck, Gegengifte, S. 109
53 U. Beck, Risikogesellschaft, S. 17
54 Vgl. U. Beck, Politik, S. 10
55 U. Beck, Risikogesellschaft, S. 31
56 Vgl. U. Beck, Risikogesellschaft, S. 319
57 Vgl. sein vollständiger Titel "Gegengifte - Die organisierte Unverantwortlichkeit"

Verursacherprinzip beruhe auf dem Selbstverständnis einer anderen Epoche[58]. Individualstrafrecht widerspreche der Kollektivgefährdung[59] und schütze daher als Rechtsgrundlage der Gefahrenabwehr die Verursacher, die es zur Verantwortung ziehen soll[60]. Durch diese Prinzipien verwandle die Justiz heute nahezu perfekt Alltäterschaft in Freispruch. Eine Lösung könne nur in einer Absage an die genannten Prinzipien liegen[61].

1.2.2. Aufnahme der soziologischen Theorien in die Strafrechtswissenschaft

Amelung beendet seine Untersuchung über den "Rechtsgüterschutz und Schutz der Gesellschaft" im Jahr 1972 mit der Konzeption einer funktionalistischen Strafrechtstheorie. Seine Theorie von der Sozialschädlichkeit, wonach die Funktion des Strafrechts sei, der Infragestellung von Normen als ein Mechanismus der sozialen Kontrolle entgegenzuwirken[62], beruht insbesondere auf den Lehren Luhmanns.

Ausdrücklich auf Luhmann beruft sich Jakobs bei der Entwicklung seiner Lehre vom strafrechtlichen Funktionalismus[63]. Strafrechtliche Normen seien von der Funktion des Gesellschaftssystems abzuleiten. Inhaltlich müsse das Strafrecht sich ausschließlich am Zweck einer möglichst wirkungsvollen Abwehr von Risiken orientieren, ausgerichtet auf die Garantie der Identität der Gesellschaft – "Das Strafrecht bestätigt also gesellschaftliche Identität"[64]. Inhaltlich erfolgt nur insofern eine Begrenzung, daß nur solche Normen garantiert würden, auf deren generelle Beachtung zur Erhaltung der wesentlichen gesellschaftlichen Gestalt nicht verzichtet werden könne. Das Strafrecht garantiere insofern keine Gütersicherheit o.ä., sondern Normgeltung an sich. Nur auf diese "Selbsterhaltungskraft"[65] komme es der funktionalen Sicht an. Sicherheit sei ein "Recht, dessen Sicherung vom Staat gefordert werden kann"[66].

---

58 Vgl. U. Beck, Gegengifte, S. 10, 218; vgl. auch Stratenwerth "In der Gewißheit, daß wir die Probleme an der Schwelle zum 21. Jahrhundert nicht mit dem geistigen Rüstzeug des 18. Jahrhunderts bewältigen können...", ZStW 105, S. 689

59 Vgl. U. Beck, Gegengifte, S. 214

60 Vgl. U. Beck, Gegengifte, S. 11

61 Vgl. U. Beck, Politik, S. 15 ff

62 Vgl. Amelung, Rechtsgüterschutz, S. 361

63 Wobei er ausdrücklich darauf hinweist, er folge Luhmanns Systemtheorie dabei nicht konsequent, ZStW 107, S. 843

64 Jakobs, ZStW 107, S. 844

65 Jakobs, ZStW 107, S.853

66 Jakobs, ZStW 107, S. 857

Insbesondere den Gedanken Luhmanns der Erwartungsenttäuschung versucht Jakobs für das Strafrecht fruchtbar zu machen[67]: Entsprechend geht Jakobs davon aus, daß das Verhältnis des einzelnen Menschen zu anderen Mitgliedern der Gesellschaft so unbestimmt sei, daß ihm die Orientierung am Verhalten anderer oder an natürlichen Vorgängen in seiner Umwelt nicht ohne weiteres gelingen könne. Die Formen, in denen sich der Mensch mit seinem Umfeld auseinandersetze, seien Erwartungen. Werde eine Erwartung enttäuscht, so entstehe ein Konflikt, auf den reagiert werden müsse. Erwartungen, die im Konfliktfall aufgegeben werden, seien kognitiver Art, d.h. der Enttäuschte beharrt bei seiner Erwartung und lebt im Widerspruch zu seiner Erfahrung. Eine Norm entscheide demnach darüber, wer lernen muß und wer nicht. Deshalb seien Normen kontrafaktisch stabilisierende Verhaltenserwartungen; durch sie werde die Gesellschaft konstituiert. Um in einer hochkomplexen Welt, die nahezu unendlich viele und vor allen Dingen wesentlich mehr Erlebnis- und Handlungsmöglichkeiten aufweise als vom einzelnen Individuum jeweils realisiert, verarbeitet und eingeplant werden könnten, nicht jede Begegnung zwischen den Menschen zu einem unkalkulierbaren Risiko werden zu lassen, müsse eine gegenseitige Beschränkung der ansonsten unüberschaubaren sozialen Handlungsmöglichkeiten erfolgen. Für alle Gesellschaftsmitglieder müsse eine zuverlässige Orientierungsmöglichkeit zur Ausrichtung des eigenen Verhaltens geschaffen werden. So entsteht Erwartung und gleichzeitig das Wissen um Erwartungshaltungen. Die Enttäuschung von Erwartungen, die über die Individualsphäre des Enttäuschten hinausgehen und für das Zusammenleben in der Gemeinschaft absolut notwendig erscheinen, gewinne strafrechtliche Bedeutung.

Zweck des Strafrechts sei ausschließlich Einübung in Normvertrauen, in Rechtstreue, in Normanerkennung[68]. Von diesem Strafzweck her ist Schuld begründet. "Nur der Zweck gibt dem Strafrecht Inhalt"[69]. Der Schuldbegriff ist also funktional definiert als "Begriff, der eine Regelungsleistung nach einer bestimmten Regelungsmaxime (nach den Erfordernissen des Strafzwecks) für eine Gesellschaft bestimmter Verfassung erbringt"[70], daher der bereits oben zitierte Begriff der Schuld als "Derivat".

Noch weitergehend definierte Kratzsch die Aufgabe des Strafrechts als "Verhaltenssteuerung und Organisation"[71]. Fundamentalprinzipien des Strafrechts müßten optimale Normverwirklichung und Zufallsbeherrschung sein[72].

---

67 Vgl. Jakobs, ZStW 107, S. 843 ff; dabei vermeidet er eine Definition dessen, was unter System bzw. Gesellschaftssystem eigentlich zu verstehen ist, vgl. Hauschild S. 48

68 Jakobs, Strafrecht AT, S. 13 f

69 Jakobs, Schuld und Prävention, S. 14

70 Jakobs, Strafrecht AT, S. 484

71 So der Titel seiner Habilitationsschrift.

72 Vgl. Kratzsch, Verhaltenssteuerung und Organisation, S. 31

Für die hier zu untersuchende Bedeutung der Besonderheiten des Straßenverkehrs unter Betonung der mit ihnen verbundenen Gefahren erscheint nach der funktionalen Theorie eine Begründung der Strafbarkeit der Unfallflucht möglich. Es geht ihr um verallgemeinerte Sicherheit und Normstabilisierung. Der Täter wird gar nicht erwähnt. Mit dieser Theorie wird allerdings der Zweck des Strafens als ausschließlich positiver Generalprävention vorgegeben. Eine Auseinandersetzung mit der funktionalen Theorie kann im folgenden daher nur im Zusammenhang mit der Untersuchung dieser ihrer Prämisse erfolgen. Die Frage muß daher nun lauten, worin der Zweck des Strafens besteht und ob Generalprävention als ausschließlicher Zweck legitim ist.

2. Der Zweck der Strafe

Die folgende Darstellung kann nicht alle Strafzwecklehren erfassen, es erfolgt vielmehr eine Konzentration auf die für die vorliegende Arbeit entscheidenden Theorien.

Üblicherweise unterscheidet man zwischen absoluten und relativen Strafzwecktheorien, also danach, "ob der Grund des strafenden Verhaltens eine Letztbegründung oder nur die Angemessenheit der Handlung für den Zweck eines fremden Vorteils lehrt"[73] oder anders formuliert, ob die Strafe von jeder gesellschaftlichen Wirkung losgelöst (absolut) oder auf von außen gesetzte Zwecke gerichtet sei (relativ)[74]. Die Möglichkeiten der Variation und Kombination dieser Theorien sind zahlreich.

2.1. Die absolute Theorie

Strafe im Sinne der absoluten Straftheorie ist repressiv; durch den Ausspruch der Strafe bezieht sich der Strafzweck unmittelbar auf den Täter, dessen verschuldetes Unrecht vergolten oder ausgeglichen werden soll[75]. Von einem Straf*zweck* zu sprechen ist vielleicht etwas irreführend; mit dem Begriff des Zwecks sind gerade die Lehren besetzt, die den absoluten Theorien entgegenstehen, wie noch zu zeigen sein wird. Es wird daher in dem vorliegenden Zusammenhang zur Unterscheidung auf Seiten der absoluten Theorie bevorzugt vom Sinn der Strafe gesprochen[76].

---

73 Wolff, ZStW 97, S. 787
74 Vgl. Wessels/Beulke, Strafrecht AT, Rn 12a
75 Vgl. Jescheck/Weigend, Strafrecht AT, § 8 II
76 Vgl. Gallas, Beiträge, S. 1 ff; Sproß S. 308

In entwickelter Fassung[77] geht die Begründung der heute vertretenen absoluten Straftheorie auf die Rechtsphilosophie des deutschen Idealismus, also Kant und Hegel zurück und wird daher auch als die freiheitsgesetzliche Theorie bezeichnet[78].

Nach der Rechtslehre von Kant muß Strafe verhängt werden, weil und nur weil der Täter verbrochen hat - um der Gerechtigkeit willen. Über alle Nützlichkeit sei sie erhaben[79]. "Richterliche Strafe... kann niemals bloß als Mittel, ein anderes Gute zu befördern, für den Verbrecher selbst oder für die bürgerliche Gesellschaft, sondern muß jederzeit nur darum wider ihn verhängt werden, weil er verbrochen hat; denn der Mensch kann nie bloß als Mittel zu den Absichten eines anderen gehandhabt und unter die Gegenstände des Sachenrechts gemengt werden, wowider ihn seine angeborene Persönlichkeit schützt, ob er gleich die bürgerliche einzubüßen gar wohl verurteilt werden kann. Es muß vorher strafbar befunden sein, ehe noch daran gedacht wird, aus dieser Strafe eigenen Nutzen für ihn selbst oder seine Mitbürger zu ziehen. Das Strafgesetz ist ein kategorischer Imperativ..."[80]. Maßstab des Vergeltungsgedankens ist die Gerechtigkeit.

Bei Hegel bekommt der Gedanke der Vergeltung einen etwas anderen Sinn, die Strafe stellt eine wertmäßige Reaktion auf die Tat dar. Gegen den Abschreckungsgedanken formuliert er anschaulich: "Das Recht und die Gerechtigkeit müssen aber ihren Sitz in der Freiheit und im Willen haben und nicht in der Unfreiheit, an welche sich die Drohung wendet. Es ist mit der Begründung auf diese Weise, als wenn man gegen einen Hund den Stock erhebt, und der Mensch wird nicht nach seiner Ehre und Freiheit, sondern wie ein Hund behandelt. Aber die Drohung, die im Grunde den Menschen empören kann, daß er seine Freiheit gegen dieselbe beweist, stellt die Gerechtigkeit ganz bei Seite"[81]. Strafe sei Ausdruck der Persönlichkeitsachtung und Menschenwürde, ja ein Recht des Verbrechers. Ihre Begründung liegt darin, daß der einzelne Wille sich zum allgemeinen erhoben und damit die vernünftige Allgemeinheit des moralischen Gesetzes verletzt habe. Diese Partikularität müsse negiert werden, damit der Wille wieder mit der

77 Vgl. Wolff, ZStW 97, S. 786 ff, dabei nach eigenen Angaben (S. 830) sich stärker an Kant ausrichtend, gleichzeitig auf Köhler (Über den Zusammenhang von Strafrechtsbegründung und Strafzumessung) verweisend, der sich stärker an Hegel ausrichte.

78 Vgl. Köhler, Strafrecht AT, S. 43

79 Vgl. Kant MdS, RL, Das Staatsrecht E. I. (akad. Ausgabe Band VI, S. 333); besonders anschaulich auch insofern sein Inselbeispiel, wonach auch dann, wenn ein eine Insel bewohnendes Volk beschließe, die Insel zu verlassen und die Inselgemeinschaft aufzulösen, der letzte im Gefängnis befindliche Mörder vorher hingerichtet werden müsse, damit jedermann das widerfahre, was seine Taten wert seien (a.a.O)

80 Kant, MdS RL, Das Staatsrecht E. I. (akad. Ausgabe Band VI, S. 331)

81 Hegel, Grundlinien der Philosophie des Rechts, § 99 Zusatz

Vernunft versöhnt werden könne. Gleichwohl oder gerade deshalb bleibt der einzelne Teil der moralischen Gemeinschaft[82].

In Fortführung dieses Gedankens, ausgehend von dem begründeten Begriff des Verbrechens als Geltungswiderspruch zum Recht, als Geltungsanmaßung der Freiheitserweiterung auf Kosten der Freiheit anderer sieht Köhler in der Strafe die Wiederherstellung des Rechtsgleichheitsverhältnisses[83].

Die absolute Theorie ist erkennbar zwingend mit dem entwickelten traditionellen Schuldbegriff verbunden; ihr gemeinsamer Ausgangspunkt liegt in der Autonomie, der freien Selbstbestimmung des Einzelnen. Ist Schuld bestimmt als Willensschuld, als tätersubjektive Negation des Rechts, muß auch die Strafe autonom begründet und nicht heteronom an Zwecken anderer ausgerichtet sein. "Vermöge des freiheitsgesetzlichen Gesamthandlungszusammenhangs muß ebenso auch die Strafe... als Geltungsrestitution des Rechtsverhältnisses gegen seine partikuläre Negation im schuldhaften Verbrechen, mithin substantiell schuldbegründet begriffen werden"[84].

2.2. Die relativen Strafzwecktheorien

Es wurde einleitend zur funktionalen Theorie bereits dargestellt, daß der traditionelle Schuldbegriff von ihren Anhängern als nicht mehr zeitgemäß kritisiert wird. Man muß auch feststellen, daß die absolute Straftheorie von der herrschenden Meinung nicht (mehr) als durchgehend haltbar angesehen wird. Der Gedanke der Prävention dominiert die Gegenwart. Die extreme Position, der Funktionalismus, wird getragen von der These, die neuen Aufgaben des Strafrechts könnten nur mit präventiven Strafnormen erfüllt werden.

Modern im Sinne von neu ist die Betonung der Prävention oder des Zwecks im Recht jedoch nicht. Man beruft sich gern auf die These des römischen Stoikers Seneca "Kein kluger Mensch straft, weil gefehlt worden ist, sondern damit nicht gefehlt werde; ungeschehen machen nämlich kann man Vergangenes nicht, Zukünftiges wird verhindert"[85]. Mit dem Begriff des Zwecks assoziiert man in der Strafrechtslehre zudem sogleich v. Liszt. Ende des 19. Jahrhunderts hatte sich eine Geisteshaltung entwickelt, die den von v. Jhering entwickelten Gedanken "Der Zweck im Recht"[86] zur entscheidenden Grundlage des Rechtsverständnisses erklärte, einprägsam zusammengefaßt in der Formulierung. "Zweck des Rechts ist

82 Vgl. Hegel, Grundlinien der Philosophie des Rechts, §§ 90 ff
83 Vgl. Köhler, Über den Zusammenhang, S. 38 f
84 Köhler, Begriff der Strafe, S. 64
85 Seneca, Philosophische Schriften Bd. I, S. 140 f
86 So der Titel der grundlegenden Schrift v. Jherings aus dem Jahr 1877.

die Sicherung der Lebensgrundlagen des Volkes"[87]. Die Gesellschaft sei die bestimmende Größe; zur Verwirklichung ihrer Zwecke bediene sie sich mit Hilfe des Staates des Mittels der Gewalt und des Zwangs[88]. Diesen Gedanken speziell auf das Strafrecht übertragend veröffentlichte v. Liszt 1882 im Marburger Universitätsprogramm die programmatische Schrift "Der Zweckgedanke im Strafrecht"[89]. "Jene Handlungen, welche für dieses Volk zu dieser Zeit als Störungen seiner Lebensbedingungen erscheinen, sind unter Strafe zu stellen...; der Zweckgedanke allein zieht die Grenzlinie"[90]. Inhaltlich blieb der Zweck des Strafrechts offen[91], worin gerade die wesentliche und von weiten Teilen der Lehre benannte Kritik bestand. Mit der Systemtheorie verknüpft, wurden die Zweckgedanken jedoch wieder zum Leben erweckt.

Worin bestehen nun die wesentlichen Inhalte der relativen Strafzwecktheorie in Form der Generalprävention[92]? Innerhalb der Generalpräventionstheorien ist zunächst zu unterscheiden zwischen der positiven Generalprävention, d.h. Stärkung des Rechtsbewußtseins und des Vertrauens der Allgemeinheit in die Rechtsordnung und der negativen Generalprävention, d.h. Abschreckung eines zum strafbaren Handeln entschlossenen Täters durch die Überlegungen zu der möglichen Strafe[93].

2.2.1. Positive Generalprävention

Die positive Generalpräventionstheorie versteht als Zweck der Bestrafung die Ausübung eines moralischen und pädagogischen Einflusses auf die Bevölkerung sowie Herbeiführen gesellschaftlicher Übereinstimmung und allgemeiner Normakzeptanz. Durch die Strafe werde allgemein an das Verantwortungsbewußtsein der Menschen appelliert. Alle Modelle der positiven Generalprävention sehen die Strafe nicht in erster Linie als ein Zwangsmittel, sondern als ein staatliches Mittel, um zu freiwilliger Normbefolgung zu motivieren, die innere Bindung an soziale Normen und die Förderung der Normverinnerlichung und Normakzeptanz in der Gesellschaft zu bewirken[94] - daher *positive* Generalprävention.

---

87 v. Jhering, Der Zweck im Recht, S. 183

88 Vgl. Ehret S. 120 ff (121)

89 Das sog. "Marburger Programm"

90 v. Liszt, Strafrechtliche Aufsätze, S. 152

91 Vgl. Naucke, Über die Zerbrechlichkeit, S. 243 ff

92 Die positive Generalprävention ist von unterschiedlichen Denkansätzen aufzeigbar (vgl. die jüngsten ausführlicheren Darstellungen bei Neuß S. 76 ff; Hauschild S. 39 ff; historisch Müller, Der Begriff der Generalprävention im 19. Jahrhundert); für die vorliegende Arbeit wird nur auf Gemeinsamkeiten und Thesen der wesentlichen Ansätze eingegangen. Die Darstellung aller Ansätze zur positiven Generalprävention in ihren verschiedenen Details würde den Rahmen der Arbeit hier erkennbar sprengen.

93 Vgl. Wessels/Beulke, Strafrecht AT, Rn 12 a

94 Vgl. Neuß S. 79

Nach der o.g. Theorie von Jakobs ist in dem Normbruch die Enttäuschung von Erwartungen zu sehen. Die Funktion der *strafrechtlich* normierten Erwartungen liegt in der Auswahl von Verhaltenserwartungen. Durch ihre Generalisierung gewinnen die strafrechtlichen Verhaltenserwartungen eine Stabilisierung, denn die Strafnormen werden über das Symbol des "Sollens" unabhängig von der tatsächlichen Erfüllung oder Nichterfüllung erlebt. Strafe dient der Einübung von Normvertrauen; wird jemand bestraft, bestätigt dies dem auf die Normen Vertrauenden, daß sein Vertrauen richtig war und daß der Fehler beim Enttäuschenden lag[95]. Aufgrund der Verallgemeinerung der Erwartungen spricht man hier auch von einer Verlagerung des Schutzes von (Individual- und Gemeinschafts-)Gütern zum Schutz des „abstrakten Systemvertrauens"[96].

Das erzieherische Element stärker betonend, wird im Strafrecht mittels der positiven Generalprävention eine "sittenbildende Kraft"[97] gesehen, es festige und forme das Gemeinschaftsurteil und habe damit eine für die gesamte Gesellschaft sozialpädagogische Bedeutung. Unter dem Begriff der "Integrationsprävention“ wird die These vertreten, das Strafen stärke das Rechtsbewußtsein der Allgemeinheit und damit deren Rechtstreue[98]. Unter gleichzeitiger Betonung der Notwendigkeit der Reduktion des Strafrechts auf das Kernstrafrecht spricht z.B. auch Hassemer von der "heilsamen Wirkung durch Strafrecht"[99], ohne das Strafrecht bestünde die Befürchtung, daß sich das gesellschaftliche Strafbedürfnis im Extremfall unkontrolliert ausleben würde[100].

Seit dem Ersten Gesetz zur Reform des Strafrechts von 1969 finden sich diese Gedanken der positiven Generalprävention im StGB ausdrücklich in der Formel von der "Verteidigung der Rechtsordnung"[101] wieder. Der BGH füllte die als "Leerbegriff"[102] kritisierte Formel damit aus, daß die Verteidigung der Rechtsordnung immer dann Beachtung finden müsse, wenn andernfalls eine ernstliche Gefährdung der rechtlichen Gesinnung der normtreuen Bevölkerung als Folge schwindenden Vertrauens in die Funktion der Rechtspflege zu besorgen wäre[103].

---

95 Vgl. hierzu Hauschild S. 136 f

96 Vgl. die Kritik von Albrecht, KritV 1993, S. 166

97 H. Mayer, Das Strafrecht des Deutschen Volkes, S. 33

98 Vgl. Müller-Dietz, FS Jescheck, S. 813, 823; vgl. auch Lackner/Kühl § 46 Rn 30

99 Hassemer, JuS 1987, S. 257, 262

100 Vgl. Hassemer, Einführung, S. 295

101 Vgl. z.B. § 47 StGB, wonach kurze Freiheitsstrafen "zur Verteidigung der Rechtsordnung" verhängt werden können; vgl. hierzu auch Schönke/Schröder/Stree Vorbem §§ 38 ff Rn 19 ff mit Nachweisen der Verwendung in der Rechtsprechung

102 Schröder, JZ 1970, S. 241

103 Vgl. BGHSt 24, 40, 45f

2.2.2. Negative Generalprävention

Die heute eher nur noch vereinzelt vertretene bzw. zumeist nur am Rande mit genannte Theorie der negativen Generalprävention geht zurück auf den von Feuerbach entwickelten Gedanken des psychologischen Zwangs. Der Feuerbach'schen Konzeption liegt ein Menschenbild zugrunde, welches sich durch Vernünftigkeit und Rationalität auszeichnet - auf die Ankündigung einer Strafdrohung reagiere der Mensch mit der Überlegung, daß sich das bestrafte Verbrechen nicht lohne und sehe deshalb davon ab. Feuerbach sah den Grund der Strafe in dem Schutz der Freiheit des Bürgers durch den Staat, "... darum allein wird die Strafe angedroht, und darum wird sie vollzogen. Denn die Vollziehung derselben geschieht, um die Androhung wirksam zu machen, und die Androhung geschieht, von Rechtsverletzungen abzuschrecken"[104]. Durch eine penible Kodifikation und tatsächliche Durchführung angedrohter Strafe sollte der Täter durch ihre determinierende Wirkung von einem geplanten Verbrechen abgehalten werden, indem sie den Tatantrieb übersteigerte[105]. Bürgerliche Gesinnungen würden erzielt, wenn "jeder weiß, auf seine That werde unausbleiblich ein Übel folgen, welches größer ist, als die Unlust, die aus dem nichtbefriedigten Antrieb zur That entspringt"[106].

Die Theorie der negativen Generalprävention stößt in der Rechtswissenschaft seit langem auf vehemente Kritik[107]. Die positive Generalprävention entwickelte sich als Erweiterung ihres Ansatzes und sollte die Kritik an der negativen Generalprävention ausräumen. Es wird jedoch gerade bei der Prüfung des § 142 StGB in diesem Zusammenhang noch zu zeigen sein, inwiefern sie nach wie vor Argument strafrechtlicher Auseinandersetzungen ist[108].

2.2.3. Vereinigungslehre

Die heute herrschende Meinung versucht die verschiedenen Ansätze zur Begründung der Strafe in einer Lehre zu vereinigen, man spricht insofern auch von der Vereinigungslehre. Die repressive und präventive Funktion des Strafrechts wird danach als Einheit verstanden, entsprechend ihrer Wirkung gegenüber dem einzelnen und der Allgemeinheit[109]. Vergeltung und Prävention sollen so mitein-

---

104 Feuerbach, Über die Strafe als Sicherungsmittel, S. 111

105 Vgl. Naucke, Kant und die psychologische Zwangstheorie, S. 48 ff

106 Feuerbach, Lehrbuch, § 13

107 Vgl. Bockelmann, Vom Sinn der Strafe, S. 33: "Über die Abschreckungstheorie ist kein Wort zu verlieren. Ihre Unrichtigkeit ist evident".

108 ... sowie insbesondere nicht-wissenschaftlicher strafrechtlicher Auseinandersetzungen, da die Idee der Abschreckung allgemein sehr tief verankert zu sein scheint.

109 Vgl. BGHSt 24, 42; Lackner/Kühl § 46 Rn 2; Wessels/Beulke, Strafrecht AT Rn 12a; die verschiedenen Varianten auch innerhalb der Vereinigungslehre aufzeigend Hauschild S. 45 f

ander verbunden werden, daß die Strafe sowohl dem Ausgleich der Schuld wegen des begangenen Verbrechens dient als auch als sittenbildende Kraft auf die Allgemeinheit wirkt. Die Vergeltungstheorie könne nicht allein bestehen, denn Vergeltungsstrafe schwebe nicht frei im Raum, sondern habe im Leben des Verurteilten und seiner Umgebung eine soziale Funktion zu erfüllen, mit der zusammen sie überhaupt erst zu rechtfertigen sei[110].

Mit Hilfe der Vereinigungslehre wird verständlich, warum die herrschende Meinung am Schuldprinzip festhalten und gleichzeitig die Theorie der positiven Generalprävention in den Vordergrund stellen kann. Ob die verschiedenen Ansätze der absoluten und relativen Straftheorien jedoch so leicht miteinander zu verknüpfen sind, muß kritisch hinterfragt werden.

2.3. Kritik und Stellungnahme

Die Kritik wendet sich zunächst gegen den Strafzweck Generalprävention, da dieser die Voraussetzung für die funktionale Straftheorie bildet.

Die Theorie der Generalprävention, sowohl in ihrer negativen als auch positiven Ausrichtung, sieht sich der grundsätzlichen Kritik Kants gegenüber, auf welche sich die Kritiker der Präventionstheorien bis heute - zu Recht - berufen, nämlich, daß mittels der Theorie der Generalprävention der Mensch "bloß als Mittel zu den Absichten eines anderen gehandhabt und unter die Gegenstände des Sachenrechts gemengt"[111] werde.

Die Vertreter der Generalpräventionstheorie halten dieser grundsätzlichen Kritik zwar entgegen, es handle sich hierbei nicht allein darum, dem Täter im Interesse kriminalpolitischer Bedürfnisse ein persönliches Opfer aufzubürden. Seine Sonderbehandlung ergebe sich vielmehr daraus, daß er selbst durch seine Tat dazu beigetragen hat, daß das Bedürfnis nach Generalprävention entstanden ist. Sein eigenes böses Exempel gegenüber der Allgemeinheit sei daher Anlaß dafür, an ihm ein Exempel zu statuieren[112]. Die Argumentation vermag die Kritik Kants aber in keiner Weise zu entkräften, sie ist "unverändert zwingend"[113]. "... an ihm eine Exempel zu statuieren" ist eine Formulierung, die bereits aufhorchen lassen muß. Weil die allgemeine Situation es erfordere, viele andere tatgeneigt und abschreckungsbedürftig und/oder stabilisierungsbedürftig sein könnten, wird jemand – exemplarisch - bestraft[114]. Darin liegt ein Verständnis des Menschen, das ihn als prinzipiell gefährlich und motivierungsbedürftig ansieht. Diese Auffassung

110 So schon A. Merkel, Gesammelte Abhandlungen Bd. I, S. 10 ff
111 Kant MdS, RL Das Staatsrecht E. I. (akad. Ausgabe Band VI, S. 331)
112 Vgl. Schönke/Schröder/Stree Vorbem §§ 38 ff Rn 14 m.w.N.
113 Wolff, ZStW 97, S. 796
114 Vgl. Köhler, Strafrecht AT, S. 42; Wolff, ZStW 97, S. 799 ff

widerspricht dem freiheitlichen Rechtsprinzip und der verfassungsrechtlich garantierten Würde des Menschen[115]. Die Selbstbestimmung des Menschen macht die Idee der Freiheit aus; die Strafe darf keine *außerhalb* liegenden präventiven Zwecke verfolgen; diese können höchstens mit der Strafe faktisch einhergehen[116]. Kann dem Präventionszweckargument somit keine unmittelbar selbständige Bedeutung in der Begründung der Strafe zuerkannt werden[117], ist das *Anliegen* der Generalprävention, die Zwecke des Strafens deutlicher zu erfassen und im Strafrecht anwesend zu machen, nicht vollkommen unberechtigt[118]. Dies kann jedoch nicht zu einer Art simpler Addition der Ansätze führen hin zu der Vereinigungslehre. Absolute und relative Straftheorie stehen sich prinzipiell unvereinbar gegenüber, nur der "Zweck menschlichen Handelns und damit menschliches Handeln überhaupt, also auch des Strafens, ist notwendig mit dem verbunden, was als zukünftige Veränderung erreichbar ist" [119]- die bloße Feststellung instrumentaler Zwecke greift jedoch zu kurz. Lehren, die die zentrale Frage der Autonomie nicht konsequent, sondern nur in Teilaspekten verfolgen, sind nicht haltbar[120].

Manche versuchen die Verbindung Schuld – Strafzweck Prävention so herzustellen, indem sie den Schuldgrundsatz als Grenze der Strafzwecke erkennen. Strafe sei wegen der präventiven Bestrafungsnotwendigkeit zu verhängen, jedoch in den Grenzen der Schuld[121]. Diese Unterscheidung ist jedoch so nicht durchführbar[122]. Schuld ist nicht Begrenzung, sondern Begründung. "Nicht ist Schuld auf Prävention, sondern Prävention ist auf den Schuldbegriff zurückzuführen, dieser freilich aus einem prinzipiellen, nicht schon dogmatisch-positivistisch vorverfestigten Grunde hergeleitet"[123]. Dies ist nicht nur aus prinzipiellen Erwägungen zwingend, sondern auch im Hinblick auf präventive Zwecke. "Nur dann, wenn die Strafe gerechter Ausgleich für verschuldetes Unrecht ist, wird der Bestrafte nicht allein als Mittel zum Zweck, zur Erhaltung der Rechtstreue anderer, benutzt. Und umgekehrt: Nur die gerechte Strafrechtspflege des Schuldstrafrechts kann auf die Dauer die Aufgabe erfüllen, legale Gesinnung zu erhalten oder zu erzeugen"[124].

---

115 Vgl. Badura, JZ 1964, S. 377 ff; Neuß, Der Strafzweck der Generalprävention im Verhältnis zur Würde des Menschen

116 Vgl. Naucke, Kant und die psychologische Zwangstehorie, S. 36; vgl. auch Köhler, Strafrecht AT, S. 39 zur Generalprävention: "Diese Konzeption beruht auf einem Rechts- und Staatsverständnis, dem ein Begriff empirischer Willkürsubjektivität, die selbstbezogen ihre Glücksziele verfolgt, zugrundeliegt".

117 Vgl. Köhler, Über den Zusammenhang, S. 45

118 Vgl. Wolff, ZStW 97, S. 788

119 Vgl. Wolff, ZStW 97, S. 788

120 Vgl. Wolff, ZStW 97, S. 806

121 Vgl. Roxin, ZStW 96, S. 641 ff; Schünemann, Die Funktion des Schuldprinzips im Präventionsstrafrecht, S. 153 ff

122 Vgl. Arthur Kaufmann, JURA 1986, S. 225

123 Köhler, Begriff der Strafe, S. 65

124 Armin Kaufmann, Strafrechtsdogmatik, S. 265; vgl. auch Köhler, Strafrecht AT, S. 47

Wie soll positive Motivation und Normstabilisierung – abgesehen davon, daß diese Wirkung empirisch nicht nachgewiesen bzw. nachweisbar ist[125] – funktionieren, wenn Strafen nicht als gerecht empfunden wird? Wie kann Strafe als gerecht empfunden werden, wenn sie nicht mit der Schuld des Täters verbunden ist? Sollen die generalpräventiven Möglichkeiten des Strafens ihre Berechtigung haben, ist dies überhaupt nur möglich, wenn Ausgangspunkt des Strafens das Schuldprinzip bleibt und nicht die Prävention notwendiger Zweck vor der Schuldfrage. Nur in diesem Sinne könnte die Vereinigungslehre sinnvoll verstanden werden ("Prävention durch gerechte Vergeltung") – ein bloßes Nebeneinander der absoluten und relativen Straftheorien im Sinne von Sowohl-als-auch ist nichtssagend bzw. prinzipiell widersprüchlich[126].

Das entscheidende Element der Begründung einer Strafnorm ist und muß bleiben der Schuldbegriff. Strafe kann in ihrer Qualität nur verbunden sein mit verschuldetem Unrecht, das durch sie ausgelöst wird[127]. Ohne diese Verbindung bliebe nur ein reibungsloses Funktionieren des Systems übrig[128]. Losgelöste Generalprävention opfert das Schuldprinzip und damit "nichts Geringeres als die Freiheitlichkeit des Strafrechts"[129].

Leider, so stellte Arthur Kaufmann im Jahr 1986 fest, befinde sich das Schuldstrafrecht seit einiger Zeit jedoch in der Krise, das funktionale Denken sei "en vogue"[130]. Die Entwicklung des Gesellschaftsverständnisses hin zur Risikogesellschaft, zum allgemeinen Sicherheitsbedürfnis mitsamt der Vorstellung, Strafrecht habe eine präventive Aufgabe der Stabilisierung der Gesellschaft zu erfüllen, hat Eingang in die Gesetzgebung und Rechtsprechung gefunden. Der Gesetzgeber fühlt sich verpflichtet, sich der Phänomene Angst und Unsicherheit

---

125 Vgl. Lüderssen, Die Krise des öffentlichen Strafanspruchs, S. 16: "Stabilisierung der Normen heißt es - aber wenn die Sanktion diese Stabilisierung garantieren soll, dann muß man wissen, warum sie eigentlich stabilisiert. Es handelt sich um eine Spekulation auf das Bewußtsein der in einer Gesellschaft existierenden, die Sanktionen erlebenden Menschen. Je nachdem, welchen Sinn sie mit einer Sanktion verbinden, lassen sie sich von ihr motivieren oder nicht".

126 Frommel betont allerdings die Vielschichtigkeit und Interdependenz der Argumentationen, wobei sie ausdrücklich davon absieht, eine Lösung dieser Problematik anzubieten (S. 193); vgl. auch die Arbeit von Kalous (insbesondere S. 251 ff), die zu dem Ergebnis kommt, daß letztlich alle Theorien zur positiven Generalprävention nur verkappte Theorien der absoluten Straftheorie seien.

127 Vgl. Zaczyk, Der Begriff Gesellschaftsgefährlichkeit, S. 125 unter ausdrücklichem Hinweis auf die Arbeiten von Wolff (ZStW 97, S. 786 ff) und Köhler (Der Begriff der Strafe).

128 Vgl. Arthur Kaufmann, JURA 1986, S. 226

129 Arthur Kaufmann, JURA 1986, S. 230

130 Arthur Kaufmann, JURA 1986, S. 225; zur etwa gleichen Zeit kritisiert Köhler, Lackner FS, S. 11, die Strafrechtspraxis sei für die mächtige Zeittendenz der Herabsetzung des Subjekts zum Zweckobjekt für andere besonders anfällig.

anzunehmen und meint, mit dem "Risikostrafrecht"[131] einen Weg gefunden zu haben.

Die Praxis der Gesetzgebung zeigt den Vollzug dieser Vorstellungen auf. Der Gesetzgeber hat seit dem Beginn der 80er Jahre keinen Zweifel daran gelassen, daß er das Strafrecht als Teil der Kriminalpolitik sieht. Das 6. StrRG aus dem Jahr 1998 steht ganz im Dienst der Kriminalprävention durch die Schwerpunkte: Schließen von Strafbarkeitslücken und Anheben von Strafrahmen[132]. Vorbereitende Programme waren die Gesetze zur Bekämpfung der Wirtschaftskriminalität, Gesetze zur Bekämpfung der Umweltkriminalität, das Verbrechensbekämpfungsgesetz sowie das Gesetz zur Bekämpfung von Sexualdelikten.

Beispielhaft soll auf einige Bereiche kurz eingegangen werden:

Auf die Kritik an den Wirtschaftskriminalitätsdelikten (§§ 264 ff StGB) ist bereits im Zusammenhang mit der Legitimation des Schutzes von Vermögen mittels abstrakter Gefährdungsdelikte kurz eingegangen worden (Kapitel III.). Die Suche nach einem mittels Strafrecht überzeugend schützenswerten Rechtsgut offenbarte die zweckorientierte Begründung der Normen. Nicht besonderes Verhalten oder neue Rechtsgüter konnten letztlich die Normen rechtfertigen, sondern ein Gefühl der Unsicherheit, in dem (angeblich) schwer zu überschaubaren und kontrollierbaren Bereich der Subventionen und Kredite zu leicht Opfer eines Betruges werden zu können. Tiedemann sprach hier von einem "sozialethischen Führungsauftrag"[133] des Gesetzgebers. Inwiefern die geschaffenen Strafnormen diese Unsicherheit erfolgreich beseitigt oder gar Betrugshandlungen präventiv verhindert haben könnten, soll an dieser Stelle nicht untersucht, mit Blick auf einschlägige Arbeiten jedoch stark bezweifelt werden[134].

Im Umweltstrafrecht zeigt sich eine ähnliche Unsicherheit, die zum Bruch mit klassischen Strafrechtsprinzipien führte (§§ 324 ff StGB). Die Umwelt wird zwecks strafrechtlichen Schutzes teilweise als eigenständiges Rechtsgut anerkannt[135] oder ihre Medien Wasser, Boden und Luft[136], der ökologische Soll-Zustand als Menschenrecht diskutiert[137]. In der Rechtswissenschaft werden diese Normen auch unter dem Stichwort "Kumulationsdelikte" diskutiert, d.h. daß dem

---

131 Wolter gilt als der „Erfinder“ dieses Schlagworts, vgl. Objektive Zurechnung, S. 36; s. Prittwitz, Strafrecht und Risiko, S. 336

132 Vgl. Naucke, KritV 1999, S. 339 ff ("Nun ist die Fundunterschlagung endlich strafbar" S. 341); Übersicht über die Ausdehnungen der Strafbarkeit durch das 6. StrRG bei Dencker/Struensee/Nelles/Stein

133 Tiedemann, ZStW 87, S. 253

134 Ausführlich hierzu Detzner

135 Vgl. Stratenwerth, ZStW 105, S. 682

136 Vgl. Kuhlen, ZStW 105, S. 697

137 Vgl. Kindhäuser, FS Helmrich, S. 971

Einzelnen eine strafrechtliche Gesamtverantwortlichkeit auferlegt wird für Umweltbeeinträchtigungen, die erst durch die Auswirkungen von Kumulationseffekten entstehen. Die Legitimationsversuche dieser Deliktsart halten einer genaueren Untersuchung nicht stand. Weder die jeweilige Erfolgsdefinition auf die potentielle Gefährlichkeit des von einem einzelnen verursachten Teilbeitrages zu beschränken und das mögliche Zusammenwirken mit anderen zur Voraussetzung zu machen noch die These von der Mitverursachung kann überzeugen[138].

Als Ziel der Reform des Betäubungsmittelstrafrechts gab der Gesetzgeber an, "der Rauschgiftwelle in der Bundesrepublik Deutschland Einhalt zu gebieten und damit große Gefahren für den Einzelnen und die Allgemeinheit abzuwenden"[139]. "Die Verbrechenstatbestände... sollen... (Maßnahmen gegen) bestimmte Arten von Rauschgiftdelikten als besonders gefährliche und verabscheuungswürdige Angriffe gegen das Schutzgut "Volksgesundheit" ermöglichen"[140]. Deutliche Legitimationsschwächen weisen die Delikte auch im Bereich des politischen Strafrechts auf[141]. Bei dieser zunehmenden Festsetzung von Wertmaßstäben wird von symbolischem Strafrecht gesprochen; das Strafrecht übernehme die Funktion symbolischer Versicherung[142].

Auch im Rahmen der Rechtsprechung sind Auflösungstendenzen klassischer Strafrechtsprinzipien erkennbar. Als Beispiele können die Entscheidungen im sog. Holzschutzmittel-[143] oder im Lederspray-Prozeß[144] genannt werden. Bereits in der Lederspray-Entscheidung wurden die Anforderungen an die Feststellung der Kausalität modifiziert. Kausalität zwischen Gesundheitsschäden und der Verwendung von Ledersprays wurde bereits dann angenommen, wenn andere in Betracht kommende Schadensursachen ausgeschlossen wurden, obwohl offenblieb, welche Substanz den Schaden ausgelöst hatte. Erinnert sei in diesem Zusammenhang auch an die Problematik der Kollektivverantwortung in großen Organisationsformen. Diskutiert wird inzwischen die Einführung der Verbandsstrafbarkeit[145].

Strafrechtsdogmatische Folge des Risikostrafrechts ist zum einen die erkennbare Zunahme abstrakter Gefährdungsdelikte, um riskante Verhaltensweisen durch erhebliche Vorverlagerung der Strafbarkeit pönalisieren zu können. Damit einher

---

138 Vgl. Daxenberger, Kumulationseffekte (insbes. S. 73 ff); zur vehementen Kritik an den Umweltstraftaten s. Herzog, Gesellschaftliche Unsicherheit, S. 141 ff; vgl. auch Wohlers S. 111 ff

139 BR-Drucks. 665/70 (neu) S. 6

140 BR-Drucks. 546/79 S. 37

141 Vgl. hierzu die Untersuchung von W. Beck, Unrechtsbegründung und Vorfeldkriminalisierung, S. 117 ff

142 Vgl. Prittwitz, Strafrecht und Risiko, S. 365

143 BGHSt 41, 206 ff

144 BGHSt 37, 106; vgl. hierzu die Kritik von Hilgendorf, NStZ 1993, S. 13

145 Vgl. v. Freier, Kritik der Verbandsstrafe

geht der Verlust der Begründungsnotwendigkeit konkreter Rechtsgüter bzw. fundamentaler Verletzungen von Rechten. Die Prinzipien individueller Verantwortlichkeit werden aufgelöst oder als anachronistisch überholt abgetan. Dem Risikostrafrecht ist es theoretisch möglich, jedes beliebige Ziel durchzusetzen, denn ""Funktional" kann man allemal ad libitum argumentieren"[146].

Dem Recht obliegt es nun einerseits festzustellen, was innerhalb einer Gesellschaft als zur tolerierbaren Normalität des Lebens zugehörig anzusehen ist - man denke beispielhaft an genehmigte Atomreaktoren, Bestimmungen maximaler Immissionswerte, die Lebensmittelindustrie, Medizinprodukte mit möglichen Nebenwirkungen und - nicht zuletzt natürlich - an das gewaltige, täglich von beinah jedem erfahrbare Gefahrenpotential des Straßenverkehrs. Herausgebildet hat sich hierfür der Begriff des Lebens mit "erlaubten Risiken". Inhaltlich wie dogmatisch zwar umstritten, dient dieser Begriff der Konkretisierung erlaubten Gefahrhandelns in Abgrenzung zur verbotenen Gefährdung[147]. In der Kompetenz zur Bestimmung des Normalen deutet sich aber "auch die Kehrseite von Individualisierung an: Sie erscheint in Gestalt eines allgemeinen Zwanges zur Gefahrhinnahme, als Entindividualisierung kraft Normalisierung, als durch Freiheit erzeugte Unfreiheit"[148].

Das Strafrecht hat von der Risikogesellschaft also die Hinwendung und Orientierung in die Zukunft übernommen und damit die Vorstellung, daß man Zukunft kontrollieren und beherrschen könne. Es versucht, den Zustand der Unsicherheit zu minimieren und ein Sicherheitsgefühl zu vermitteln. Diese Art gesellschaftlicher Steuerung verdrängt den traditionellen Anspruch des Strafrechts der Freiheitssicherung. An die Stelle punktueller Repression des Unrechts tritt eine unbegrenzte Prävention, die selbst die traditionelle Begründung der Generalprävention weit überschreitet[149]. Zugespitzt kann man formulieren, es geht im neuen Strafrecht um "die Fortsetzung der Innen- und Sozialpolitik mit anderen Mitteln"[150], wobei suggeriert wird, das Strafrecht sei ein taugliches Mittel zur Lösung gesellschaftlicher Probleme. An das Strafrecht wird die Erwartung geknüpft, Gefahrenlagen erst gar nicht entstehen zu lassen, sondern bereits im Vorfeld riskante Handlungen zu verbieten. Die Forderung nach mehr Sicherheit durch den Staat verdeckt jedoch, daß diese Art der Freiheitssicherung nur durch eine entsprechende Freiheitsbeschränkung der Menschen herbeigeführt wird.

---

146 Arthur Kaufmann, JURA 1986, S. 226

147 Vgl. die Untersuchung der Grundfragen des Begriffs von Schürer-Mohr

148 Meder S. 256

149 Vgl. Naucke, KritV 1993, S. 145

150 Herzog, Nullum crimen, S. 108; vgl. auch Naucke, KritV1999, S. 353: "Es geht im Strafrecht zu wie in einem großen Wirtschaftsunternehmen, das sich am Markt behaupten will".

Das Bild von der Risikogesellschaft zeigt eine deutliche Abkehr von den Gedanken des Liberalismus und der Aufklärung. Während dort dem Menschen Selbstbestimmung, Verantwortung, Vernunft zugeschrieben wurde, wird der Mensch hiernach zum bloßen Risikofaktor reduziert. Die Folge ist die Forderung nach bestmöglicher Kontrolle von Risiken und Gefahren, somit des Menschen. Inwiefern es sich bei der zunehmenden Angst vor der Unbeherrschbarkeit immer neuer Risiken um ein objektives Phänomen oder lediglich um eine subjektive, womöglich tatsächlich unbegründete Wahrnehmung handelt, bleibt unbeantwortet. Folge ist jedoch erkennbar, daß diese Einschätzung zum Handlungsmotiv des Gesetzgebers geworden ist[151].

Risikostrafrecht bedeutet, daß die bloße Existenz von Strafnormen den Eindruck erwecken soll, zur Bekämpfung bestimmter Gefahren werde wirksam gehandelt. Präventives und (nur) symbolisches Strafrecht werden damit untrennbar[152]. Das Strafrecht kann so jedoch gar nicht halten, was es verspricht, da es die versprochenen Ziele nicht erreicht. Es verliert de facto an Bedeutung und Glaubwürdigkeit[153].

Gesellschaftsgefährlichkeit darf jedoch nicht gewissermaßen ein Eigenleben führen. Für eine freiheitlich verfaßte Rechtsordnung folgt gerade, daß sie in den Unrechtsbegriff integriert ist. "Denn Gesellschaft kann in einer solchen Rechtsordnung nur so verstanden werden, daß der einzelne Bürger auch in der Teilhabe an ihr freie Rechtsperson bleibt, ja mehr noch, daß er sie als konstitutives Mitglied mit trägt. Dann aber muß er ihr auch stets als verbunden betrachtet werden, und nur mit dieser Überlegung... läßt sich verhindern, daß Gesellschaft und Gesellschaftsgefährlichkeit dem Einzelnen als heteronome Prinzipien von der Mehrheit der Anderen entgegengehalten werden können; und nur so auch läßt sich eine Begründung dafür geben, weshalb der Einzelne ein Institut der Gesellschaft verletzen kann"[154].

Dem traditionellen Konzept geht es selbstverständlich *auch* um den Schutz der Gesellschaft, aber sie richtet ihre Lehre an der Persönlichkeit des Einzelnen aus. Der Einzelne ist Teil der Gesellschaft und nur auf dieser Grundlage soll die Ge-

---

151 Vgl. Detzner S. 167

152 Vgl. Prittwitz, Strafrecht und Risiko, S. 239

153 Vgl. Prittwitz, Strafrecht und Risiko, S. 369 f, der eine Bilanz des Risikostrafrechts mit den Worten zieht: "Angesichts der qualitativ und quantitativ neuen Bedrohungen der Risikogesellschaft versagt es. Ob es um Umweltzerstörung oder Waffenexport, um Drogenmißbrauch oder Terrorismus geht - in keinem der neuen Aufgabenfelder kann das Strafrecht sichtbare Erfolge aufweisen... Ergebnis dieses Scheiterns des Strafrechts dort, wo Wirkungen sinnvoll und legitim wären, ist ein Vertrauensverlust in die Leistungsfähigkeit des Strafrechts bei den Normadressaten und beim Rechtsstab."; vgl. auch Wohlers S. 43 ff; Engelstädter S. 252

154 Zaczyk, Der Begriff Gesellschaftsgefährlichkeit, S. 115

sellschaft geschützt werden. Denn wenn "das gedanklich Erste die Gesellschaft ist, und erst aus ihr zurückgerechnet, gewissermaßen herausdividiert, der einzelne und sein Recht sich dem Denken erschließt, so wäre die jeweilige Bestimmtheit der Gesellschaft konstitutiv für die Bestimmtheit des einzelnen; von seiner Freiheit kann dann nicht mehr ernstlich die Rede sein"[155]. Gesellschaft im Risikostrafrecht bekommt einen freiheitsnegierenden Gehalt, da das in ihm Begriffene als etwas gegenüber dem Einzelbewußtsein prinzipiell Überlegenes gefaßt wird.

Wie ursprünglich begründet liegt der Arbeit der Begriff von Freiheit zugrunde, der schon an der Basis eine interpersonale Dimension hat, also gerade nicht ein isoliertes Subjekt konstituiert. Die Autonomie des Einzelnen geht jedoch im Risikostrafrecht verloren und damit Schranken, die außerhalb des "Systems“ liegen. Es ist erkennbar widersprüchlich, Sicherheit als Ziel des Strafgesetzes zu postulieren, indem autonome Freiheitsrechte verdrängt werden. Der Verzicht auf instrumentelle Funktionen und die Beschränkung auf den Bereich repressiver "Vergeltung" gewichtiger Freiheitsverletzungen ist keine Verweigerung einer angeblich notwendigen Anpassung des Strafrechts an gewandelte gesellschaftliche Verhältnisse, sondern muß vielmehr als das Ergebnis einer notwendigen Rückbesinnung auf das für eine freiheitlich-rechtsstaatliche Gesellschaft allein legitime Modell einer Strafrechtsordnung interpretiert werden[156].

3. Bedeutung für § 142 StGB

§ 142 StGB ist im Vergleich zu den eben beispielhaft benannten, der funktionalen Strafrechtsauffassung entstammenden Normen keine derart junge Regelung, daß man sie mit dem "modernen Risikostrafrecht" gleich in Verbindung gebracht hätte. Man kann angesichts ihrer historischen Entwicklung, der Unsicherheit und Weite ihrer Rechtsgutbestimmung, ihrer dogmatischen Ausgestaltung als abstrakten Gefährdungsdelikts und tatbestandlichen Unbestimmtheit sowie nicht zuletzt aufgrund ihrer Legitimierung mittels "Besonderheiten des Straßenverkehrs" jedoch geradezu von einem "Prototyp" des Risikostrafrechts sprechen[157]. Der soziologische Hintergrund war zur Zeit der Aufnahme in das Strafgesetzbuch noch nicht derart beleuchtet und populär wie inzwischen z.B. durch Luhmann und U. Beck, der pragmatische, der Loslösung vom Schuldbegriff den Weg ebnende Zweckgedanke im Strafrecht durch v. Liszt jedoch einflußreich plaziert.

---

155 Zazcyk, Der Begriff Gesellschaftsgefährlichkeit, S. 119

156 Vgl. Wohlers S. 51, mit Bezug auf die Vertreter der sog. "Frankfurter Schule" (Albrecht, Hassemer, Naucke)

157 Ähnlich Engelstädter S. 240 ff; a.A. Dütz, S. 151, allerdings mit dem nicht nachvollziehbaren Argument, Risikostrafrecht liege nur dann vor, wenn geltende Zurechnungsstrukturen modifiziert werden; im Falle des § 142 Absatz 5 StGB seien sie vollständig aufgehoben.

Der zunehmende Straßenverkehr hatte ein gesellschaftliches Risiko geschaffen, dessen man (auch) mittels des Strafrechts Herr zu werden suchte. Der Straßenverkehr wurde und wird durch Normen sowohl des Ordnungswidrigkeitenrechts als auch des Strafrechts flankiert. Es ist jedoch täglich erfahrbar, daß die durch den Straßenverkehr bedingten Verletzungen von Verkehrsteilnehmern sowie Schäden an deren Eigentum niemals durch diese Regelungen vollkommen verhindert werden könnten. Der Straßenverkehr ist ein typisches Beispiel für das Eingehen "erlaubter Risiken" – die Gesellschaft nimmt täglich eine Vielzahl von Unfällen in Kauf. Die Strafbarkeit der Unfallflucht soll einen Beitrag zum Gefühl der höheren Sicherheit im Straßenverkehr leisten[158].

Es ist offensichtlich, wie die Norm insofern entscheidend funktional von dem Gedanken der Generalprävention als Normvertrauen getragen wird. In der Literatur wird entsprechend immer wieder hervorgehoben, die Strafdrohung des Tatbestandes der Verkehrsunfallflucht diene vor allem der Herstellung einer besseren Verkehrsmoral durch Erziehung der Straßenverkehrsteilnehmer[159]. Mancher Zweifel an der Legitimation der Norm wird mit dem Argument der Prävention hinweggewischt. Bei der Frage der Erforderlichkeit des Schutzes eines privaten Beweissicherungsinteresses mittels Strafrechts begegnet z.B. Ruck, der im übrigen die Norm sehr kritisch hinterfragt, Bedenken allein mit der These, diesen sei mit dem Argument "unverzichtbarer Präventionswirkung"[160] entgegenzutreten. Ganz funktionalistisch lautet es schließlich in seinem Gesamtergebnis: "Gleichfalls bejaht werden muß aber auch das gesellschaftliche Bedürfnis, zur Wiederherstellung der sozialen Ordnung den Täter mit der schärfsten Sanktion, der Kriminalstrafe, zu belegen. Zum einen erweist sich die Pönalisierung der Fahrerflucht nicht nur als geeignet, sondern wegen des überlegenen generalpräventiven Effekts auch als erforderlich, den für unerläßlich bewerteten Rechtsgüterschutz zu gewährleisten"[161].

Aus eigener Erfahrung kann ergänzt werden, daß spontane Reaktion auf die Aufstellung der These von der Straflosigkeit der Unfallflucht zumeist ist, dies sei aber unmöglich, da ohne diese Strafnorm doch jeder wegfahre, ohne Bestrafung keiner sich veranlaßt sähe, zu warten. Die negative Generalprävention ist – wie bereits angedeutet – in der Gesellschaft stark verankert, allerdings - wie die Statistiken gezeigt haben - in ihrer Effektivität offensichtlich stark überbewertet. Daß der

158 Tröndle/Fischer, § 142 Rn 4, betrachtet die Aufrechterhaltung allerdings als anachronistisch: "Das Problem des Tatbestands liegt... im Anachronismus eines selektiven Vermögensgefährdungs-Tatbestands in einem Bereich, der im Jahre 1940 als bedrohlicher Schwerpunkt der Anonymisierung sozialer Beziehungen erschienen sein man, inzwischen jedoch insoweit hinter andere Lebensbereiche zurückgetreten ist".

159 Vgl. Engelstädter S. 182

160 Ruck S. 37

161 Ruck S. 201

Gedanke der Generalprävention allein und losgelöst vom Schuldbegriff zudem gar keine hinreichende Legitimation einer Strafnorm sein kann und darf, ist zwar bereits begründet worden. Insofern soll hier auf die obigen Ausführungen nur verwiesen werden. Interessant ist aber aufgrund der trotzdem sich haltenden Begründung der Unfallflucht der Blick darauf , wie "zugkräftig" die Theorien der Generalprävention konkret angewandt auf § 142 StGB eigentlich sind. Bei genauerer Betrachtung wird offenkundig, daß diese die an sie gestellten Erwartungen nicht erfüllen können:

Kriminologische Untersuchungen haben gezeigt, daß der Täter des § 142 StGB sich typischerweise rational verhält und dennoch die Norm bricht[162]. Deutlich wird, daß zweckrationale Erwägungen den Handelnden gerade nicht an die Norm binden. Der psychische Zwang wirkt in der konkreten Unfallsituation eher kontradiktorisch: die Motivation einer Vielzahl der Täter, sich von der Unfallstelle zu entfernen, ist gerade darin begründet, sich einer möglichen Strafverfolgung wegen anderer Delikte oder Ordnungswidrigkeiten, ganz allgemein gesprochen diverser Unannehmlichkeiten zu entziehen. Ihr entscheidender Beweggrund ist gerade diese Angst vor Strafe und weiteren Nachteilen. Paradox ist, daß genau dieses vergleichsweise rationale Verhalten den Täter zu der Überzeugung bringt, daß sich der Normbruch des § 142 StGB doch "lohnt". Durch den psychischen Zwang der Strafdrohung kann die bestehende Fluchttendenz realistischerweise gar nicht aufgehoben werden[163]. Wer in einem solchen Fall dem Normbefehl nachkommt, geht Nachteilen strafrechtlicher oder sonstiger Art nicht aus dem Weg, vielmehr muß er sich diesen gerade dann stellen.

Angesichts der vielfältig kritisch aufgezeigten Unbestimmtheiten und Verworrenheit der Norm ist fraglich, ob die positive Wirkung der Normstabilisierung und –anerkennung überhaupt zu erzielen ist[164]. Dem Gedanken der Normstabilisierung ist daneben vor allem entgegenzuhalten, daß § 142 StGB sogar die Möglichkeit der Bestrafung definitiv Unschuldiger schafft:

§ 142 Absatz 5 StGB definiert jeden möglichen Unfallbeteiligten als Täter, also auch den, der gegebenenfalls aus der ex-post-Sicht nachweislich gar nicht beteiligt war[165]. Daß diesen Personen keinerlei strafrechtlich relevante Pflichten auferlegt werden können, wurde im vorangegangenen Kapitel bereits herausgestellt. Es

---

162 Vgl. Engelstädter S. 184

163 Vgl. Engelstädter S. 184 f

164 Beispielhaft sei nur genannt, daß permanent daran erinnert werden muß, daß das Hinterlassen einer Visitenkarte an einem beschädigten Fahrzeug nicht ausreichen soll, die Pflichten des § 142 StGB zu erfüllen; vgl. Duttge, JR 2001, S. 187 f

165 Wer alles zum Kreis der Täter gemäß Absatz 5 gezählt werden kann, ist umstritten. Dütz, S. 117, stellte angesichts umfassender Kasuistik fest, daß eine Auslegung der Unfallbeteiligtendefinition, die zu "annehmbaren Ergebnissen" führe, nicht in Sicht sei.

ist auch ein klarer Bruch mit Zurechnungskriterien, dem Schuldprinzip und dem Grundsatz des "in dubio pro reo"[166]. Die exemplarische Bestrafung derartiger "Täter" dürfte kaum das Vertrauen in den Rechtsstaat stärken. Die Aufnahme auch dieses Täterkreises als Suggestion eines umfassenden Schutzes potentieller "Opfer" offenbart insofern ein stark angreifbares Verständnis von Normvertrauen. Der Gesetzgeber steht andererseits natürlich vor dem "Dilemma", diesen potentiellen Täterkreis nicht ausschließen zu können. Täte er dies, würde er also nur die nachweisbar an einem Unfall beteiligten Personen in den Tatbestand aufnehmen, wäre die Unvereinbarkeit der Norm mit dem Verbot zwangsweiser Selbstbelastung offensichtlich. Die offene Täterkreisdefinition dient vor allem der Vermeidung dieses verfassungswidrigen Gebots. Durch den Versuch der Umgehung dieser Problematik ist jedoch nur eine neue geschaffen worden[167].

Starke Zweifel sind auch insofern anzumelden, ob Menschen sich tatsächlich eher in den Straßenverkehr "trauen", da sie darauf vertrauen können sollen, im Falle eines Falles werden die anderen Unfallbeteiligten bleiben und den entstandenen Schaden ersetzen. Gerade das häufige Betonen der Verwirklichung des Straftatbestandes der Unfallflucht, weshalb die Norm ja generalpräventiv erforderlich sei, dürfte jeden längst vom Gegenteil überzeugt haben. Die hohe Zahl der Einstellung des Verfahrens gegen Unfallflüchtige gem. §§ 153, 153 a StPO tut ihr übriges.

An den Gefahren des Straßenverkehrs vermag die Strafbarkeit der Unfallflucht wohl kaum etwas zu ändern. Dies könnten vielleicht Tempolimits oder das absolute Verbot von Alkohol am Steuer. Selbst dann wird man kleinere und auch schwerwiegendere Unfälle niemals vermeiden können. "Mit rechtsstaatlich geminderter Prävention hat das nichts mehr zu tun. Das ist etwas anderes... § 142 StGB gehört einer nach-präventiven, nach-rechtsstaatlichen Ära an"[168].

Die These von der Unverzichtbarkeit der Norm aufgrund ihrer präventiven Wirkung erweist sich bei näherem Hinsehen - abgesehen von der begründeten Kritik an dieser funktionalen Auffassung des Strafrechts - aufgrund tatsächlich

---

166 Vgl. Schild, NZV 1989, S. 79 zur Formulierung in Absatz 5: "Sie soll den tatsächlichen Unfallverursacher treffen, dem man diese Unfallbeteiligung im rechtlich erforderlichen Maße nicht nachweisen kann und den man deshalb wegen des Grundsatzes in dubio pro reo freisprechen müßte; was man aber nicht will, da man in der Weise der Alltagszurechnung überzeugt ist, daß er den Unfall herbeigeführt hat".

167 Vgl. zu dem Begriff des Unfallbeteiligten die kritische Arbeit Engelstädters, die im Ergebnis vorschlägt, § 142 StGB wie folgt zu formulieren: "Wer als Kraftfahrzeughalter... einen Unfall im Straßenverkehr verursacht und sich vom Unfallort entfernt, bevor er..." (S. 291). Auf das Problem der Selbstbelastung geht sie leider dabei nicht ein. Im Ergebnis ähnlich Dütz, S. 147 ff

168 Naucke, KritV 1999, S. 347

fehlenden Potentials als weitere oberflächliche Behauptung im Rahmen der Legitimierung des § 142 StGB. Was bleibt, ist reine Verhaltenssteuerung.

4. Gedanken zum Strafrahmen

Der Schuldbegriff muß abschließend auch noch in einer anderen Richtung hin hinterfragt werden, nämlich in seiner Kennzeichnungsfunktion der Strafmaß- oder Strafzumessungsschuld[169]. Es ist insofern noch erforderlich, einen Blick auf das angedrohte Strafmaß des § 142 StGB zu werfen. Im Jahr 1940 war mit der Aufnahme der Norm in das Strafgesetzbuch[170] eine Strafe von bis zu zwei Jahren Freiheitsstrafe geschaffen worden. Im Rahmen der nach 1945 eintretenden Diskussion um das von der Norm zu schützende Rechtsgut wurde zwar angemerkt, daß im Hinblick auf ein Rechtsgut Beweissicherungsinteresse das Strafmaß viel zu hoch angesetzt sei[171], diese Ansicht setzte sich jedoch nicht durch. Vielmehr beträgt das angedrohte Strafmaß seit 1975 bis zu drei Jahren Freiheitsstrafe und befindet sich damit in Vergleichbarkeit zum Beispiel mit fahrlässiger Körperverletzung (§ 229 StGB), Beteiligung an einer Schlägerei (§ 231 StGB), unbefugtem Gebrauch eines Fahrzeugs (§ 248 b StGB), Kapitalanlagebetrug (§ 264 a StGB), Versicherungsmißbrauch (§ 265 StGB), mittelbarer Falschbeurkundung (§ 271 StGB) und mit der Vorteilsannahme (§ 331 StGB).

Interessant ist, daß der Strafrahmen zum Beispiel über dem der aktiven Vereitelung einer Zwangsvollstreckung durch Beiseiteschaffen von Vermögensbestandteilen liegt (§ 288 StGB - maximal 2 Jahre Freiheitsstrafe). Dabei geht es hier darum, daß ein Schuldner *konkret* die Befriedigung eines Gläubigers *absichtlich* verhindert. Noch interessanter bzw. überhaupt nicht mehr nachvollziehbar ist es jedoch, daß die Unfallflucht mit höherer Strafe bedroht ist als die vorsätzliche Sachbeschädigung, § 303 StGB (maximal 2 Jahre Freiheitsstrafe). Der Gesetzgeber sieht es also als weniger "verwerflich" an, daß jemand vorsätzlich einen Gegenstand von nicht gänzlich unbedeutendem Wert zerstört, wobei der Täter sich - sofern er seine Tat nicht im Straßenverkehr verübt hat - anschließend selbstverständlich vom Schadensort "entfernen" darf, ohne daß dies eine weitere Strafbarkeit auslöst. Schwerer zu bestrafen soll also der sein, der womöglich lediglich fahrlässig - und damit straflos - einen Schaden von nicht gänzlich unbedeutendem Wert verursacht hat, der allerdings im Straßenverkehr geschah, und sich daraufhin vom Unfallort entfernt.

---

169 Vgl. Achenbach S. 4, 10 ff

170 Vgl. hierzu Kap. II.1.3.

171 Vgl. Dünnebier, GA 1957, S. 46

Kritiker der Verankerung allgemeiner Solidarpflichten im Strafrecht sehen die Strafbarkeit der unterlassenen Hilfeleistung gem. § 323 c StGB allein noch deshalb als akzeptabel an, da diesem Umstand auf der Rechtsfolgenseite durch eine verhältnismäßig geringe Strafandrohung Rechnung getragen werde[172] - die unterlassene Hilfeleistung wird maximal mit *einem* Jahr Freiheitsstrafe bestraft. Dabei kann Folge der unterlassenen Hilfeleistung der Tod eines Menschen sein. Der Gesetzgeber hat jedoch bei der Unfallflucht auch zur Notwendigkeit des relativ hohen Strafrahmens mit dem Rechtsempfinden der besonders verwerflichen Handlungsweise argumentiert[173].

Jedem soll es an dieser Stelle überlassen bleiben, sein eigenes Rechtsempfinden an den vergleichsweise herangezogenen Normen zu "überprüfen". Die Strafandrohung des § 142 StGB fällt deutlich aus dem Rahmen und läßt erneut überzogene Moralvorstellungen des Gesetzgebers erkennen.

5. Zusammenfassung

Eine Aufzählung von Besonderheiten des Straßenverkehrs im Falle eines Unfalls ist als Begründung der Strafbarkeit (potentieller) Unfallbeteiligter nicht tragfähig. Sie mögen objektiv und subjektiv das Verhalten nach einem Unfall beeinflussen; ihr bloßes Vorhandensein kann dem (potentiellen) Unfallbeteiligten jedoch nicht individuell vorgeworfen werden. Die Begründung stellt insofern vielmehr einen Bruch mit dem traditionellen Schuldbegriff dar.

Die vom traditionellen Schuldbegriff abweichende funktionale Auffassung des Strafrechts zeigt sich dagegen als Möglichkeit des Festhaltens an der Norm, da nach dieser Theorie Schuld nur von den Präventionszwecken des Strafrechts her zu bestimmen ist. § 142 StGB konnte als typische Norm des sog. "Risikostrafrechts" erkannt werden. Die Effektivität einer generalpräventiven Wirkung der Strafbarkeit der Unfallflucht ist allerdings zumindest zweifelhaft. Die funktionale Auffassung erwies sich zudem mit ihrer Prämisse der Generalprävention als mit dem freiheitsrechtlichen Strafrechtsbegriff unvereinbar.

Die abschließende Betrachtung des Schuldbegriffs als Strafmaß- oder Strafzumessungsschuld offenbarte bei § 142 StGB eine in Relation zu vergleichbaren Normen nicht nachvollziehbar hohe Strafandrohung durch den Gesetzgeber.

---

172 Vgl. Seelmann, GA 1989, S. 253; Grünewald S. 135
173 BT Dr 7 /2434 S. 9

VII. ultima ratio

Nach den bisherigen Überlegungen ist die Strafbarkeit der Unfallflucht wegen mehrfachen Bruchs mit (straf-)rechtlichen Prinzipien nicht haltbar. Da erscheint es geradezu "verzweifelt", an der Norm festhalten zu wollen, indem allerorts immer wieder betont wird, man habe nun einmal kein anderes Mittel, um das unerwünschte Verhalten verhindern zu können[1]. Zu der Fraglichkeit des Arguments, ob § 142 StGB überhaupt dazu in der Lage ist, dem Anspruch der positiven und/oder negativen Generalprävention gerecht zu werden, wurde bereits kritisch Stellung genommen[2]. Zu prüfen ist jetzt jedoch noch, inwiefern das Argument des einzigen Mittels tatsächlich zutrifft sowie inwiefern es als Argument der Begründung einer strafrechtlichen Norm prinzipiell fruchtbar gemacht werden kann.

1. Die Diskussion von Lösungsalternativen

1.1. Vermeintliche und wirkliche Alternativen

Wie schon mehrfach erwähnt unterliegt die Strafbarkeit der Unfallflucht vielfältiger Kritik. Es hat entsprechend einige Versuche gegeben, dieser Kritik auf verschiedene Weise entgegenzutreten. Die vielfältigen Vorschläge sog. Lösungsalternativen innerhalb der Reformdiskussionen der letzten 20 Jahre lassen sich grob in zwei Gruppen unterteilen, den vermeintlichen und den wirklichen Lösungen bzw. Alternativen. Als vermeintliche Alternativen sind diejenigen Lösungsvorschläge zu bezeichnen, die der Kritik am § 142 StGB nur mit Verbesserung der Tatbestandsformulierungen oder mit prozessualen Mitteln zu begegnen suchen. Vermeintlich können sie demnach genannt werden, da sie nicht grundlegend an der Strafbarkeit des unerlaubten Entfernens vom Unfallort rütteln wollen. Neben den zahlreichen Verbesserungsvorschlägen zur Ausgestaltung des Tatbestandes des § 142 StGB (z.B. Präzisierung der "angemessenen Wartezeit"[3]) zählten zu diesen Lösungsversuchen insbesondere die Einführung der tätigen Reue, die 1998 erfolgreich Eingang in das Gesetz fand[4], die Einführung eines Strafantragserfordernisses, einer neutralen Meldestelle sowie die Vorschläge, die Tat grundsätzlich nach §§ 153, 153 a StPO wegen Geringfügigkeit der Schuld bzw. mangels öffentlichen Interesses einzustellen. Als prozessuale Möglichkeit wurde ferner die

1 Z.B. Scholz, ZRP 1987, S. 7 f, der ausdrücklich die Effizienz der Norm anzweifelt, im nächsten Satz jedoch gleich wieder betont, die Belange der Unfallopfer würden eine strafrechtliche Regelung gebieten, wobei er sich auf das ultima-ratio-Prinzip beruft; vgl. Auch die Nennung diverser Nachweise bei Dietrich S. 115 f

2 Vgl. Kap. VI.2.3.

3 Vgl. LK-Geppert § 142 Rn 113 ff

4 Vgl. zur Historie Kap. II.1.6.

Einstellung analog § 154 c StPO vorgeschlagen[5]; nach dieser Norm kann die Staatsanwaltschaft bei einer Nötigung oder Erpressung, welche durch die Drohung begangen wurde, eine Straftat zu offenbaren, von der Verfolgung der Tat absehen, deren Offenbarung Gegenstand der Androhung war, sog. "Chantage-Kriminalität"[6]. § 142 StGB wird insofern als vergleichbar angesehen, da auch ihm der Selbstbegünstigungskonflikt des Täters innewohne, dessen im Vorfeld des Geschehens realisierte Straftat bei einem im Hinblick auf § 142 StGB rechtstreuen Verhalten entdeckt zu werden drohe.

Da diese Vorschläge die Strafbarkeit der Norm unangetastet lassen, soll auf sie hier gar nicht weiter eingegangen werden[7]. Insbesondere die prozessualen Lösungsvorschläge sehen sich zudem ganz offen-sichtlicher Kritik ausgesetzt. Wie ist es miteinander zu vereinbaren, daß die Unfallflucht aufgrund ihrer besonderen Verwerflichkeit als Straftat verankert werden muß, andererseits die Tat aufgrund geringer Schuld und mangels öffentlichen Interesses gleich wieder eingestellt werden soll? Wie verhält es sich mit der angeblich abschreckenden Präventivwirkung oder der normstabilisierenden Generalprävention - alles Argumente, die die gleichen Personen zur Aufrechterhaltung der Norm anführen -, wenn die Tat bei Entdeckung grundsätzlich gleich wieder eingestellt wird? Der Vorschlag der analogen Anwendung des § 154 c StPO beruht zu einseitig auf der Vorstellung, der Täter habe sich bei dem Unfall einer *Straf*tat schuldig gemacht.

Für die vorliegende Arbeit ist vielmehr interessant, welche echten Alternativen zur Strafbarkeit der Unfallflucht diskutiert werden. Unberücksichtigt sollen dabei die ganz am Rande und auch nur eher die Diskussion abrundenden Vorschläge eines besseren Verkehrsunterrichts in der Fahrschule[8] sowie die Verstärkung der Polizeipräsenz auf den Straßen[9] bleiben. Diskussionswürdig sind jedoch die Überlegungen zu dem Zusammenspiel - und damit zur Entbehrlichkeit der Norm - des Strafrechts mit den einschlägigen Versicherungsbestimmungen bzw. mit dem (Kfz-)Versicherungssystem als ganzem, die bzw. das jeder pflichtversicherte Autofahrer zu akzeptieren hat. Diese Diskussion ist zwar auf den Autofahrer als potentiellen Unfallbeteiligten im Straßenverkehr zugeschnitten, obwohl es sich ja gar nicht immer um einen solchen handeln muß. Da die Verursachung von Unfällen im Straßenverkehr jedoch zu einem ganz überwiegenden Anteil mit Kraftfahrzeugen verbunden ist und hierauf auch die wesentliche Argumentation der

5 Vgl. Ruck S. 181 ff; O. Küper S. 113 ff
6 Vgl. LR-Beulke § 154 c Rn 1
7 Ausführlichst hierzu mit Angabe zahlreicher Nachweise Thirolf S. 120 ff; Leipold S. 105 ff; Ruck S. 112 ff; Dietrich S. 80
8 Vgl. Blum v. Ann, S. 116
9 Vgl. Thirolf S. 121 f, der auch zu dem Ergebnis kommt, daß dies die Probleme der Unfallflucht nicht werde lösen können; ähnlich Hartmann-Hilter S. 128

Strafbarkeit der Unfallflucht beruht, erscheint die insofern reduzierte Diskussion gerechtfertigt.

1.2. Die Bedeutung des Versicherungsverhältnisses

Zunächst zur Bedeutung des Entfernens vom Unfallort für das Verhältnis Fahrzeugführer - Versicherung: Der Halter eines Fahrzeugs ist gem. § 1 Pflichtversicherungsgesetz (PflVG) verpflichtet, für sich, den Eigentümer und den Fahrer eine Haftpflichtversicherung zur Deckung der durch den Gebrauch des Fahrzeugs verursachten Personenschäden, Sachschäden und sonstigen Vermögensschäden abzuschließen. Die entsprechende Versicherung wird auf privatrechtlicher Basis mit einem Versicherungsunternehmen abgeschlossen.

Den Rahmen für die Beurteilung von Rechtsfragen aus einem Versicherungsverhältnis bildet zunächst das Versicherungsvertragsgesetz (VVG). Dieses Gesetz aus dem Jahre 1908 enthält zu vielen Einzelheiten eines Versicherungsverhältnisses jedoch kaum detaillierte Regelungen. Zur Klärung der vom VVG offen gelassenen Regelungspunkte verwenden die deutschen Versicherer vorformulierte Regelwerke, die sog. allgemeinen Versicherungsbedingungen. Diese sind kein Gesetz, sondern werden - ähnlich wie allgemeine Geschäftsbedingungen - bei Abschluß eines Vertrages in den Vertrag einbezogen. Sie sind somit Vertragsbestandteil. Die deutschen Kraftfahrtversicherer verwenden zur Regelung der Einzelheiten ihrer Versicherungspolicen die "Allgemeinen Bedingungen für die Kraftfahrtversicherung" (AKB). In diesen AKB werden unter anderem sog. Obliegenheiten formuliert, zu deren Einhaltung sich der Versicherungsnehmer verpflichtet; bei Verletzung dieser Obliegenheiten wird der Versicherer grundsätzlich von seiner Leistung - zumindest innerhalb bestimmter Grenzen - frei[10].

Die AKB sind bei den meisten Kraftfahrtversicherern nahezu gleichlautend. In § 7 I (2) S. 3 AKB heißt es nun:

> Der Versicherungsnehmer ist verpflichtet, alles zu tun, was zur Aufklärung des Tatbestandes und zur Minderung des Schadens dienlich sein kann.

Diese Obliegenheit umfaßt als Minimum grundsätzlich alle Pflichten aus dem § 142 StGB. Der Beteiligte an einem Unfall hat am Unfallort zu warten und alles dafür zu tun, daß die Umstände für Schadenersatzforderungen so gut wie möglich geklärt werden können[11]. Mit der Unfallflucht setzt sich der Täter also nicht nur strafrechtlicher Verfolgung aus, sondern gefährdet auch seine eigenen zivilrechtlichen Leistungsansprüche aus der Versicherung. Es ist davon auszugehen, daß

---

10 Vgl. zu Obliegenheiten Prölss/Martin § 6 VVG Rn 1 ff

11 Vgl. die umfangreiche Kasuistik zu den Anforderungen im Falle eines Unfalls im Straßenverkehr Knappmann in Prölss/Martin § 7 AKB Rn 27 ff

dies häufig finanziell schwerwiegendere Folgen haben kann als eine Geldstrafe wegen Verletzung des § 142 StGB. Bis 1958 urteilten die Gerichte sogar immer zugunsten der Versicherer, daß bei Verletzung der Pflichten aus § 142 StGB der gesamte Versicherungsschutz entfallen sollte[12]. Dieses "Alles-oder-nichts-Prinzip", das existenzvernichtende Auswirkungen haben konnte, wurde zwar mittlerweile durch ein differenziertes Leistungsverweigerungsrecht der Versicherer abgelöst. Die Gerichte legen allerdings bei Beurteilung des Ausmaßes der Obliegenheitsverletzung und damit der abgestuften Beurteilung der Regreßpflichtigkeit oftmals immer noch sehr "strenge" Maßstäbe an[13].

In puncto Prävention[14] dürfte diese Regelung aufgrund ihrer finanziell bedeutsamen Folgen weitaus effektiver sein als § 142 StGB. Sie ist nur merkwürdigerweise allgemein und auch unter den Versicherten vergleichsweise unbekannt[15]. Mittels des Pflichtversicherungsvertrages ist die Möglichkeit gegeben, konkret auf das Verhalten eines Fahrzeughalters im Falle eines Unfalls einzuwirken. Die Diskussion wird diesbezüglich - wenn überhaupt - leider nur am Rande geführt, dabei sollte und müßte sie sehr viel stärker ins Bewußtsein gerückt werden.

1.3. Das "Bonus-Malus-System"

Eine weitere Besonderheit des Versicherungswesens verdient besondere Beachtung, das sog. "Bonus-Malus-System", das System des Schadenfreiheitsrabattes. Dieses System wurde 1951 in Deutschland eingeführt und hatte zum Inhalt, daß unfallfreie Kraftfahrer vom technischen Überschuß eine Prämienrückvergütung erhielten. 1962 schuf man die sog. Schadenfreiheitsklassen und 1969 dann den Malus als Erhöhung der Grundprämie. Jedem Unfallbeteiligten, der den von ihm verursachten Fremdschaden von seiner Haftpflichtversicherung regulieren läßt, droht der zumindest teilweise Verlust des bisher auf seine Prämie gewährten Schadenfreiheitsrabatts.

Die Abschaffung des Bonus-Malus-Systems gehört zu den umstrittensten Reformvorschlägen[16]. Dies dürfte nicht zuletzt an den starken wirtschaftlichen Interessen der Versicherungen liegen - doch dazu etwas später.

---

12 Z.B. OLG Braunschweig VersR 1956, S. 172 f

13 So wurde z.B. auch bei eindeutiger Haftungslage die Regreßpflicht bejaht (BGH Urt. Vom 1.12.1999 - IV ZR 71/99 - nicht veröffentlicht) oder bei einem Schaden von 600,-- DM unberücksichtigt gelassen, daß die Täterin sich zwei Tage nach dem Unfall freiwillig gemeldet hatte (OLG Köln Urt. vom 24.11.1998 - 9 U 97/98 - unveröffentlicht).

14 Sofern man sich dieser Theorie zur Aufrechterhaltung der Norm bedient...

15 Vgl. Blum v. Ann S. 116

16 Vgl. Nachweise bei Eisenberg/Ohder/Bruckmeier S. 92, Thirolf S. 162 ff; Ruck S. 140 ff; Bär/Hauser IX S. 177 ff

Die Befürworter des Rabattsystems sehen darin eine Erhöhung der Verkehrssicherheit, da die Halter von Fahrzeugen sich entsprechend vorsichtig im Verkehr verhielten, um sich den Rabatt zu sichern bzw. einen Malus zu ersparen[17]. Ohne dieses System bestünde die Gefahr, daß im Vertrauen auf die Versicherungsleistung eine Gleichgültigkeit gegenüber dem Eintritt von Schäden eintreten könnte und der Unfallverursacher "ohne fühlbare eigene Verantwortung den Schaden regulieren"[18] ließe. Eine Abschaffung würde zu dem "unerträglichen"[19] Ergebnis führen, daß bisher unfallfreie Kraftfahrer durch eine schadensunabhängige Versicherungsprämie "bestraft" würden. Empirische Untersuchungen würden aufzeigen, daß die Mehrheit der Verkehrsteilnehmer an dem Rabattsystem festhalten wolle und es für gerecht halte[20].

Ruck hat sich in einer detaillierten Prüfung kritisch mit diesen Argumenten auseinandergesetzt[21]. Auf seine Analyse wird hier im wesentlichen zurückgegriffen:

Zunächst muß bezweifelt werden, daß das Rabattsystem einen wesentlichen Anreiz zu vorsichtigem Fahren darstellt bzw. ob der Verlust der Prämie in relevantem Umfang erzieherisch auf den Unfallverursacher einzuwirken imstande ist. Zudem "... unabhängig davon kann es mangels Eignung und Legitimation selbst dann nicht Aufgabe der gesetzlichen Haftpflichtversicherung sein, in sanktionsähnlicher Weise auf den Versicherungsnehmer einzuwirken"[22].

Ähnlich diffus verhält es sich mit dem Argument drohender Gleichgültigkeit und nicht spürbarer Folge für den Unfallverursacher. Zum einen wird dem Fahrzeughalter hier unterstellt, er verhalte sich anderen gegenüber gleichgültig, nur weil er versichert sei. Entsprechend müßte davon ausgegangen werden, daß jeder Mensch, der sich privat haftpflichtversichert hat, ein erhöhtes Risiko für seine Mitmenschen darstellt. In diesem Argument des es müsse für ihn "fühlbar" sein, steckt auch ganz deutlich der Gedanke einer Bestrafung für den Versicherungsnehmer, damit einer Sanktion, die im Versicherungsrecht nichts zu suchen hat.

Ruck zeigt dagegen sehr deutlich auf, inwiefern das Rabattsystem gerade kontraproduktiv die Fluchttendenz eines Unfallbeteiligten fördert. Interessant ist insofern besonders, daß in Österreich nach dortiger Einführung des Rabattsystems über einen Zeitraum von vier Jahren eine Steigerung der Unfallfluchtquote um das

17 Vgl. Thirolf S. 164
18 Thirolf S. 166
19 Bär/Hauser IX S. 178 (1)
20 Vgl. z.B. die empirische Untersuchung von Thirolf S. 177 f
21 Vgl. Ruck S. 140 ff
22 Ruck S. 146

Dreifache festgestellt wurde[23]. Gerade der mit der Pflichtversicherung verbundenen Zielsetzung des Gesetzgebers läuft das Rabattsystem zuwider, wenn gerade in dem Wunsch nach Beibehaltung einer Prämie der Unfallort verlassen und die genau für diesen Fall ja abgeschlossene Versicherung gar nicht in Anspruch genommen wird. Ein System, das angeblich erzieherisch auf vermehrte Vorsicht eines Kraftfahrers zielen soll, schafft einen (weiteren) Anreiz, sich im Falle des Versicherungsfalls vom Unfallort zu entfernen.

Den Befürwortern des Rabattsystems ist weiterhin entgegenzuhalten, daß die Erfindung desselben als ein "willkommenes Gestaltungsmittel im wirtschaftlichen Konkurrenzkampf der verschiedenen Versicherer"[24] anzusehen sein dürfte, als "... außerdem geeignetes Mittel, die Regulierung der nur geringfügigen Schadensfälle auf den Versicherungsnehmer abzuwälzen, um dergestalt unter dem Deckmantel vermeintlicher Gerechtigkeit die eigene Gewinnoptimierung zu betreiben"[25]. Das Rabattsystem ist im Gegensatz zur Haftpflichtversicherung ja mitnichten gesetzlich vorgeschrieben. Der Gesetzgeber hat die gesetzliche Pflichtversicherung verankert, die Durchführung jedoch privaten Anbietern überlassen. Dem Typus einer gesetzlichen Versicherung entspricht jedoch nicht der Anspruch auf Einzelfallgerechtigkeit, wie sie bei der Unfallflucht gesehen wird. Es ist vielmehr der typische Fall einer Solidarversicherung ähnlich der Arbeitslosen- oder auch grundsätzlich - zumindest noch - der Krankenversicherung. Die Beiträge für die letztgenannten Versicherungen sind auch nicht abhängig von Häufigkeit und Höhe der tatsächlichen Inanspruchnahme. Gleiches gilt für die allgemeine private Haftpflichtversicherung, die zwar nicht gesetzlich vorgeschrieben, jedoch andererseits auch nicht mit einem Rabattsystem ausgestattet ist, obwohl der Versicherungsfall schuldhaftes Verhalten des einzelnen Versicherten voraussetzt. Das Rabattsystem bei Kraftfahrzeugen wird von manchen daher geradezu als "Zerstörung" der Solidargemeinschaft, als nur vermeintlichen Gerechtigkeitsgewinn, jedoch keinesfalls als dessen Stütze angesehen[26]. Daran dürfte auch nicht die Gefahr einer finanziellen Mehrbelastung der Fahrzeughalter etwas ändern.

Vorschläge der Abschaffung des Rabattsystems sind immer wieder in der Rechtsliteratur aufgetaucht[27], haben sich jedoch nie nennenswert bemerkbar machen können. Umfrageergebnisse sollen das Rechtsempfinden für den Erhalt des Systems bestätigen. Empirische Untersuchungen der genannten Art beinhalten hier jedoch in besonderer Weise die Gefahr extrem subjektiver Beurteilung, da jeder Befragte sicherlich überwiegend, zumindest auch an seinen eigenen Prä-

---

23 Vgl. Bär/Hauser IX S. 177 f

24 Ruck S. 146

25 Ruck a.a.O. mit zahlreichen Nachweisen

26 Vgl. Denzlinger S. 180; Ruck S. 148 f

27 Erstmals in den Jahren 1964/1965, s. die Nachweise im einzelnen bei Ruck S. 141 Fn 1)

mienvorteil gedacht haben wird und weniger auf Auswirkungen hinsichtlich der Unfallfluchtquote.

Das Rabattsystem ist also zumindest auch ein denkbarer *Ansatz*, eine Alternative zur Strafbarkeit der Unfallflucht zu finden und damit das unerwünschte Verhalten in anderer Weise verhindern, lenken zu helfen. Im Jahr 1987 stellte Cramer hierzu zwar leicht resignierend fest, im „Augenblick besteht aber wohl keine realistische Chance, diese "heilige Kuh" zu schlachten"[28], daran scheint sich bis heute nichts geändert zu haben. Die Frage muß aber erlaubt sein, ob wirtschaftliche Interessen der Versicherungswirtschaft oder finanzielle Interessen vieler einzelner Pflichtversicherten eine Legitimation dazu sein können und dürfen, eine strafrechtliche Norm aufrechtzuerhalten. Sie ist nach dem zugrundeliegenden Strafrechtsverständnis zu verneinen bzw. um mit Kant zu antworten: "Der Nutzen vieler gibt ihnen kein Recht gegen einen"[29].

2. Ein kleiner Rechtsvergleich

Bei der Frage nach Lösungsalternativen bietet sich auch immer der Weg an zu sehen, wie in anderen Ländern mit der Unfallflucht umgegangen wird. Die bescheidene Überschrift zu diesem Abschnitt soll dabei verdeutlichen, daß nicht der Anspruch eines Rechtsvergleichs im wissenschaftlichen Sinne erhoben wird. Doch selbst der folgende grobe Überblick wird ein interessantes Bild in Sachen Behandlung der Unfallflucht in anderen Ländern bieten. Vorangestellt werden soll jedoch zunächst Artikel 31 des Weltabkommens über den Straßenverkehr vom 8. November 1968, um beurteilen zu können, inwiefern nationale Regelungen sich diesem angepaßt haben oder davon abweichen.

Artikel 31 - Verhalten bei Unfällen[30]

1. Unbeschadet der Bestimmungen der nationalen Gesetzgebungen über die Verpflichtung zur Hilfeleistung für Verletzte muß jeder an einem Verkehrsunfall beteiligte Führer oder andere Verkehrsteilnehmer:
   a) anhalten, sobald es ihm möglich ist, ohne dadurch eine zusätzliche Gefahr für den Verkehr zu schaffen;
   b) sich bemühen, die Sicherheit des Verkehrs an der Unfallstelle zu gewährleisten und, wenn durch den Unfall eine Person getötet oder schon schwer verletzt wurde, eine Veränderung des Zustandes an der Unfallstelle und die

28 Cramer, ZRP 1987, S. 161; ebenso stellte Müller-Metz, NZV 1994, S. 93, fest, daß mit dem für eine Neuregelung erforderlichen Entgegenkommen der Versicherungswirtschaft zumindest in absehbarer Zukunft kaum zu rechnen sei. Spiegels Wunsch aus dem Jahr 1972 (DAR 1972, S. 293), "daß die Bestimmungen der AKB... heute nicht mehr die heilige Kuh darstellen oder darstellen sollten, als die sie noch immer betrachtet werden", bleibt daher nach wie vor unerfüllt.

29 Kant, Reflexion zur Moralphilosophie Nr. 6586 (akad. Ausgabe, Band XIX, S. 97)

30 BGBl. 1979 II S. 811; abgedruckt auch bei Bär/Hauser VI S. 95

Beseitigung der Spuren, die zur Feststellung der Verantwortlichkeit nützlich sein können, zu vermeiden, sofern dies die Verkehrssicherheit nicht beeinträchtigt;

c) auf Verlangen anderer am Unfall beteiligter Personen ihnen die zur Feststellung seiner Person erforderlichen Angaben machen;

d) wenn durch den Unfall eine Person verletzt oder getötet wurde, die Polizei benachrichtigen und bis zu ihrem Eintreffen an Ort und Stelle bleiben oder dorthin zurückkehren und die Ankunft der Polizei abwarten, sofern diese ihm nicht erlaubt hat, die Unfallstelle zu verlassen oder er dem Verletzten Hilfe leisten oder selbst behandelt werden muß.

2. Die Vertragsparteien oder ihre Teilgebiete können in ihrer nationalen Gesetzgebung davon absehen, die Bestimmungen in Absatz 1 Buchstabe d dieses Artikels anzuwenden, wenn keine schwere Verletzung verursacht wurde und keiner der am Unfall Beteiligten die Benachrichtigung der Polizei verlangt.

Dieses Übereinkommen ist in Deutschland im Jahr 1979 in Kraft getreten, es wurde jedoch bei Hinterlegung der Ratifikationsurkunde erklärt, daß man sich an Artikel 31 Abs. 1 lit. d nicht gebunden sähe, da diese Vorschrift auf ein Verbot der Selbstbegünstigung und eine Pflicht zur Selbstanzeige hinausliefe[31]. Bei der Umsetzung in anderen Ländern fällt auf, inwiefern diese das Abkommen überhaupt bzw. sehr unterschiedlich hinsichtlich der Regulierung von Sachschäden und Personenschäden bei Verkehrsunfällen umgesetzt haben, wobei hier ein Überblick nur auf den europäischen Raum erfolgt.

Der deutschen Regelung ähnlich scheinen auf den ersten Blick die Gesetze zur Unfallflucht z.B. in Belgien, Dänemark, Finnland, Frankreich, Griechenland, Luxemburg, den Niederlanden, Norwegen, Schweden, der Schweiz sowie im Vereinigten Königreich[32]. In all diesen Ländern wird Unfallflucht sowohl im Falle eines Personenschadens als auch eines nicht unerheblichen Sachschadens unter Strafe[33] gestellt, wobei nur die Gestaltung der Pflichten recht weit voneinander abweichen kann[34]. Betrachtet man jedoch sodann den angedrohten Strafrahmen in diesen Ländern, fällt sofort die große Abweichung zum deutschen Gesetz auf - Freiheitsstrafe im Falle von Sachschäden beträgt maximal 6 Monate, mancherorts wird hierfür nur eine Geldstrafe vorgesehen. Ein höherer Strafrahmen im übrigen ist damit zu erklären, daß in den genannten Ländern nicht immer strafrechtliche Vorschriften entsprechend der deutschen "Unterlassenen Hilfeleistung" (§ 323 c

31 Vgl. Bär/Hauser VI S. 96

32 Gesetzestexte mit kurzer Kommentierung bei Weigend/Geuenich, DAR 1988, S. 258 ff; Bär/Hauser VI S. 97 ff

33 In der Schweiz allerdings nur unter der Kategorisierung als "Übertretung", das dem deutschen Recht als Vorläufer der Ordnungswidrigkeit nicht unbekannt ist, vgl. Duttge, JR 2001, S. 187, zur Entwicklung des Ordnungswidrigkeitenrechts vgl. Kap. VIII.2.1.

34 Voraussetzung der Inpflichtnahme in diesen Ländern ist allerdings grundsätzlich das Feststehen eines kausalen Beitrags des Unfallbeteiligten; vgl. Dütz S. 123 ff

StGB) existieren, die jeweilige Norm also insgesamt Geschehen und Pflichten allgemein bei einem Unglücksfall regelt.

Versucht man nun, sich genauer mit Diskussionen der Rechtswissenschaft in diesen Ländern zu beschäftigen, stellt man fest, daß es dort kaum Literatur zu diesem Thema gibt - nennenswerte Diskussionen zur Strafbarkeit der Verkehrsunfallflucht gibt es nicht. Diesem Phänomen auf den Grund gehend, kamen Eisenberg, Ohder, Bruckmeier[35] zu interessanten Ergebnissen. Ganz grob ließ sich feststellen, daß die Verkehrsunfallflucht im europäischen Ausland bei weitem nicht so emotional diskutiert wird wie in der deutschen Rechtswissenschaft. Beispielhaft soll hier entsprechend der eben genannten Untersuchung schwerpunktmäßig auf die Regelungen im Vereinigten Königreich sowie in den Niederlanden eingegangen werden.

Zunächst seien kurz die wichtigsten Unterschiede im Vergleich zum Vereinigten Königreich genannt[36]: Die Problematik der Unfallflucht wird hier geprägt von dem Bestreben nach mehr Verkehrssicherheit und nicht unter dem Gesichtspunkt der Hilfe für die Geschädigten eines Verkehrsunfalls. Unter den Straftatbestand fallen daher auch nur Unfälle auf öffentlichem Grund; hierdurch entfällt schon einmal die strafrechtliche Verfolgung der zahlreichen Parkplatzfälle o.ä. auf Privatgrundstücken, z.B. auch Supermarktplätzen[37]. Um der Unfallflucht Herr zu werden, wird als effektiver angesehen, Fahrverbote zu verhängen. Nicht unwesentlich wird der Diskussion im Vereinigten Königreich auch deshalb die "Brisanz" genommen, indem das Straf-verfahrensrecht den Polizeibehörden einen wesentlich höheren Ermessensspielraum gibt. Dies hat zur Folge, daß die Polizei bei Sachschäden grundsätzlich davon absieht, ein Verfahren einzuleiten. Explizites Anliegen der Polizei ist, nicht von der Versicherungswirtschaft "mißbraucht" zu werden, um Sachschadensfälle für diese aufzunehmen. Pragmatisch wird ein Verwertungsverbot gehandhabt - wer den Unfall meldet, kann damit "belohnt" werden, daß die mit dem Unfall im Zusammenhang stehenden Umstände, ggf. Delikte, nicht weiter verfolgt werden[38]. Aufgrund steuerrechtlicher Vergünstigungen sind fast 50 % der Fahrzeuge Firmeneigentum, was vermuten läßt, daß die individuelle Betroffenheit und damit auch das allgemeine Interesse schwächer ausfällt als in Deutschland. Das System des Schadenfreiheitsrabatts gibt es auch; es wird allerdings sehr flexibel gehandhabt. Zudem besteht - auch hier ganz

---

35 Eisenberg/Ohder/Bruckmeier, Verkehrsunfallflucht - Eine empirische Untersuchung zu Reformmöglichkeiten (1989)

36 Vgl. Eisenberg/Ohder/Bruckmeier S. 194 ff

37 § 142 StGB wird derart ausgelegt, daß auch Vorgänge auf nichtöffentlichem Grund, die mit dem Straßenverkehr unmittelbar zusammenhängen, ausreichen; vgl. BGH VRS 59, 185; Lackner/Kühl § 142 Rn 6

38 Vgl. Cramer, ZRP 1987, S. 161; die Einfügung im deutschen Recht befürwortend Denzlinger, ZRP 1982, S. 179

pragmatisch - die Möglichkeit, für einen relativ geringen Betrag zusätzlich eine Versicherung abzuschließen, die vor Prämienverlusten schützt.

Zur Situation in den Niederlanden[39]: Hier wurde 1965 ein öffentlicher Garantiefonds gegründet, der "Waarborgfonds Motorverkeer". Er leistet Ersatz insbesondere nach Unfallflucht[40] und bei Schäden, die durch unversicherte Fahrzeuge verursacht wurden. Der Fonds wird aus Beiträgen der Kraftfahrzeugversicherung gebildet, daneben fließen Beiträge und Geldstrafen für Verstöße gegen die Unfallflucht in den Fonds ein. In den Niederlanden liegt das Schwergewicht somit mehr bei der Opferentschädigung als in der allgemeinen Verkehrssicherheit. Die Fonds-Lösung ist gesellschaftlich akzeptiert, Diskussionen um härtere Sanktionen gibt es nicht. Ähnlich wie im Vereinigten Königreich herrscht auch hier die Auffassung, die Polizei sei für "wichtigere" Aufgaben da, als bei Unfällen mit Sachschaden tätig zu werden, zudem gibt es einen großen Ermessensspielraum der Polizei. Die "tätige Reue" ist seit langem Bestandteil des Gesetzes.

In beiden Fällen läßt das (dürftige) statistische Material nicht die These zu, Unfallflucht komme seltener vor als in Deutschland, trotzdem wird allgemein kein weiterer Handlungsbedarf gesehen. Die dargestellten Rahmenbedingungen lassen einen deutlich anderen Umgang mit diesem Verhalten und seiner Ahndung erkennen.

Für diese Arbeit noch wichtiger ist jedoch der Blick nach Spanien und Österreich sowie Italien und Portugal. Portugal kennt keine Vorschrift über die Unfallflucht. Bestraft wird das Verlassen von Unfallopfern, wenn bei einem Unfall Personenschaden entstanden ist[41]. In Italien gibt es zwar eine Vorschrift zur Unfallflucht, nicht genannt ist jedoch der Fall, daß der Unfall nur zu einem Sachschaden geführt hat. Interessant ist auch, daß wer - im Falle eines Personenschadens - am Unfallort hilft, von der an sich drohenden Untersuchungshaft verschont bleibt und zudem explizit auf ganz erhebliche Strafmilderung hinsichtlich eines eventuellen Urteils wegen Herbeiführung des Unfalls rechnen darf[42]. Das "Prinzip Belohnung" hat hier ausdrücklich Eingang in das Strafrecht gefunden.

Differenzierter sind die Regelungen in Spanien und Österreich, wobei der Blick hier auf letzteres Land konzentriert wird[43]: Ein Delikt gleich dem § 142 StGB gibt es in Österreich nicht. Pflichtwidriges Verhalten nach einem Unfall im hier verstandenen engeren Sinn wird im österreichischen Strafgesetzbuch nur beim

39 Eisenberg/Ohder/Bruckmeier, S. 201 ff
40 Zu den Voraussetzungen im einzelnen Eisenberg/Ohder/Bruckmeier, S. 204
41 Vgl. Bär/Hauser VI S. 101 (2)
42 Vgl. Weigend/Geuenich, DAR 1988, S. 263
43 Zur Rechtslage in Österreich detailliert Leipold S. 158 ff

sog. "Imstichlassen eines Verletzten" (§ 94 öStGB) und bei der "Unterlassung der Hilfeleistung" (§ 95 öStGB) mit gerichtlicher Strafe bedroht, wobei die Hilfspflichten nur darauf abzielen, die aus einer Verletzung erwachsenen unmittelbaren Folgen rasch und wirksam zu beheben oder dem Verletzten wenigstens die Lage zu erleichtern[44]. Die Normen sind nicht auf Unfälle im Straßenverkehr reduziert, sondern erfassen auch Sport- und Arbeitsunfälle sowie allgemein Körperverletzungen. Damit wird auch kein besonderes Recht im Straßenverkehr hergestellt. Dieses läßt sich nur in der österreichischen Straßenverkehrsordnung (StVO) wiederfinden, wonach alle Personen, deren Verhalten am Unfallort mit einem Verkehrsunfall in ursächlichem Zusammenhang steht, sofort anhalten, den Verkehr sichern und an der Feststellung des Schadens mitwirken müssen, § 4 StVO. Wer sich bei Sachschaden vom Unfallort entfernt oder den Unfall auch nicht bei der Gendarmerie meldet, wird jedoch nicht bestraft. Die Ahndung eines solchen Verhaltens liegt ausschließlich in der Kompetenz der Verwaltungsbehörden und wird als Verwaltungsübertretung - entsprechend der deutschen Ordnungswidrigkeit - eingestuft[45].

Erleichtert möchte man ausrufen: "Es geht also auch anders!". Warum sich der deutsche Gesetzgeber Attribute der Unfallflucht als "sozialethisch verwerflich" bedienen muß, um die unbedingte Strafbarkeit der Norm damit zu rechtfertigen, dürfte im europäischen Ausland auf Unverständnis stoßen. Da das deutsche Strafrecht die unterlassene Hilfeleistung explizit unter Strafe stellt, steht es als krasser Außenseiter da, die Strafbarkeit der Unfallflucht - die entsprechend gar keine *Hilf*spflichten enthält, sondern nur der Aufklärung dienen soll - für derart kriminell zu halten.

Ultima ratio? Sowohl die Reformüberlegungen als auch der flüchtige Blick ins Ausland haben gezeigt, daß die Strafbarkeit der Unfallflucht nach dem deutschen Modell mitnichten der Weisheit letzter Schluß ist. Unerklärlich, warum Leipolds Analyse der österreichischen Regelungen einfach damit endet, die deutsche Regelung sollte trotzdem nicht aufgegeben werden: "Die kriminalpolitische Notwendigkeit einer solchen Strafvorschrift kann nicht angezweifelt werden"[46]. Gegen das Aufzeigen einer Alternative wird wiederum nur die schlichte Wiederholung der Behauptung angeblicher Notwendigkeit gesetzt. Die Umsetzung anderer Ideen scheint in Deutschland einfach nicht "en vogue" zu sein; mühsam genug war schon der Weg zur Einführung der tätigen Reue im Jahr 1998.

---

44 Vgl. Wiener Kommentar-Hauptmann/Jerabek § 94 Rn 19; Leipold S. 164

45 Ebenso die Trennung von Straftat und Ordnungswidrigkeit in Spanien; vgl. hierzu Weigend/ Geuenich, DAR 1988, S. 267 f; vgl. zur Unfallflucht als Ordnungswidrigkeit Kap. VIII.

46 Leipold S. 228

3. Die Bedeutung des "ultima-ratio-Prinzips"

Zu den Ausgangsfragen dieses Kapitels zurückkehrend soll jedoch auch noch kurz darauf eingegangen werden, inwiefern die "ultima-ratio" als strafrechtliches "Prinzip" überhaupt Bedeutung hat bzw. haben dürfte.

Strafe - heißt es allgemein - müsse im Staat die ultima ratio sein, also "im äußersten Fall das äußerste Mittel"[47]. Der Begriff deutet an, "daß Strafrecht nicht als monolithischer Block neben anderen Rechtsgebieten betrachtet werden sollte, sondern im Kontext sämtlicher Maßnahmen sozialer Kontrolle"[48]. Er ist Prüfstein dafür, ob der Einsatz des Strafrechts tatsächlich als letztes Mittel staatlicher Intervention dient und entsprechend der Schwere des Zugriffs auf den Bürger nur mit Vorsicht gebraucht wird. Grundlegend führte das Bundesverfassungsgericht in seiner Entscheidung zum Schwangerschaftsabbruch aus: "Im äußersten Falle, wenn nämlich der von der Verfassung gebotene Schutz auf keine andere Weise zu erreichen ist, kann der Gesetzgeber verpflichtet sein, zum Schutze des sich entwickelnden Lebens das Mittel des Strafrechts einzusetzen. Die Strafnorm stellt gewissermaßen die "ultima ratio" im Instrumentarium des Gesetzgebers dar. Nach dem das ganze öffentliche Recht... beherrschenden Prinzip der Verhältnismäßigkeit darf er von diesem Mittel nur behutsam und zurückhaltend Gebrauch machen"[49].

Deutlicher als die Formulierungen des "fragmentarischen Charakters" des Strafrechts oder des Subsidiaritätsprinzips verweist die "ultima ratio" auf den Begrenzungseffekt strafrechtlicher Legitimation[50]. Allerdings ist (auch) er in seiner konkreten Handhabung als "überfordert"[51] bzw. "sachlich ungenau"[52] anzusehen. Letztlich kommt er über die Funktion einer Umschreibung nicht hinaus.

Kritisch zu betrachten ist die Verwendung des Begriffs insbesondere dann, wenn damit eine (angebliche) Alternativenlosigkeit gekennzeichnet werden soll. Auf diese Weise könnten und müßten eine unbegrenzte Anzahl unerwünschter Verhaltensweisen, z.B. auch das unerlaubte Parken, unter Strafe gestellt werden, denn offenbar sind die Regelungen des Ordnungswidrigkeitenrechts allein nicht wirksam genug, Falschparken zu unterbinden.

---

47 Nestler-Tremel, zweites Vorwort zu Modernes Strafrecht und ultima-ratio-Prinzip, S. 13
48 Lüderssen, erstes Vorwort zu Modernes Strafrecht und ultima-ratio-Prinzip, S. 11
49 BVerfGE 39, 1, 47
50 Vgl. Prittwitz, Das deutsche Strafrecht, S. 392
51 Prittwitz, Das deutsche Strafrecht, S. 392
52 Köhler, Strafrecht AT, S. 22

Der Begriff dient bei der Unfallflucht nicht seinem eigentlichen, wenn auch kaum leistbaren Zweck, eine *Begrenzungs*funktion auszuüben; vielmehr wird er hier ausschließlich als *Legitimation* der Strafbarkeit verwendet. Das ultima-ratio-Prinzip darf jedoch keinesfalls das gesteigerte Legitimationsbedürfnis des Strafrechts *ersetzen*.

VIII. Die Unfallflucht als Ordnungswidrigkeit

Innerhalb der Reformüberlegungen taucht auch vereinzelt der Lösungsvorschlag auf, die Unfallflucht nur als Ordnungswidrigkeit auszugestalten. Als solche existiert sie bereits - die Unfallflucht als *straf*los anzuerkennen, bedeutet somit automatisch ein "Aufblühen" der Ordnungswidrigkeit; was bisher hinter der Straftat zurücktrat, würde aktiviert.

Diese Arbeit hatte es sich zum Ziel gesetzt, die *Straflosigkeit* der Unfallflucht aufzuzeigen. Das Recht der Ordnungswidrigkeiten soll daher an dieser Stelle nicht ausführlich dargestellt werden. Ein Hinweis auf die Regelung als Ordnungswidrigkeit wäre jedoch unzureichend, geht man davon aus, daß § 142 StGB aufzuheben ist und die Ordnungswidrigkeit zeitgleich entsprechend an Bedeutung gewinnt. Daher wird im folgenden die Unfallflucht als Ordnungswidrigkeit gemäß § 34 StVO vorgestellt und ihre diesbezügliche Legitimation mit Hilfe einiger grundsätzlicher Überlegungen zum Recht der Ordnungswidrigkeiten überprüft.

1. § 34 Straßenverkehrsordnung (StVO)

Die erste Straßenverkehrsordnung von 1937 hatte überhaupt keine Regelung des Verhaltens nach Verkehrsunfällen getroffen. Erst die "Neue StVO" vom 16.11.1970[1] befaßte sich mit diesem Thema, enthielt allerdings nur Anhalte- und Sicherungspflichten und verwies im übrigen auf die §§ 142, 323 c StGB. Nach der Reform des § 142 StGB durch das 13. StÄndG[2] wurde in § 6 Abs. 1 Nr. 4a StVG die Ermächtigung geschaffen, das Verhalten nach einem Verkehrsunfall umfassend zu regeln. Nachdem § 142 StGB das strafwürdige Verhalten genau beschrieb, hielt es der Gesetzgeber für erforderlich, in Entsprechung dazu dem Verkehrsteilnehmer positiv im einzelnen aufzuzeigen, wie er sich nach einem Unfall im Straßenverkehr zu verhalten habe[3].

In seiner jetzigen Fassung[4] lautet die Norm der StVO:

> § 34 Unfall
>
> (1) Nach einem Verkehrsunfall hat jeder Beteiligte
> 1. unverzüglich zu halten,
> 2. den Verkehr zu sichern und bei geringfügigem Schaden unverzüglich beiseite zu fahren,

---

1 BGBl I S. 1505, abgedruckt in Bär/Hauser II S. 2 (§ 34 StVO)
2 s. Kap. II.1.5.
3 So die amtliche Begründung in VBl 75 S. 676
4 StVO v. 27.11.1975 (BGBl I S. 2967), Abs. 1 Nr. 4 geändert durch VO vom 21.7.1980, Abs. 3 geändert durch VO vom 19.3.1992

3. sich über die Unfallfolgen zu vergewissern,
4. Verletzten zu helfen (§ 323c des Strafgesetzbuches),
5. anderen am Unfallort anwesenden Beteiligten und Geschädigten
   a) anzugeben, daß er am Unfall beteiligt war und
   b) auf Verlangen seinen Namen und seine Anschrift anzugeben sowie ihnen Führerschein und Fahrzeugschein vorzuweisen und nach bestem Wissen Angaben über seine Haftpflichtversicherung zu machen,
6. a) solange am Unfallort zu bleiben, bis er zugunsten der anderen Beteiligten und der Geschädigten die Feststellung seiner Person, seines Fahrzeuges und der Art seiner Beteiligung durch seine Anwesenheit ermöglicht hat oder
   b) eine nach den Umständen angemessene Zeit zu warten und am Unfallort Namen und Anschrift zu hinterlassen, wenn niemand bereit war, die Feststellung zu treffen,
7. unverzüglich die Feststellungen nachträglich zu ermöglichen, wenn er sich berechtigt, entschuldigt oder nach Ablauf der Wartefrist (Nummer 6 Buchstabe b) vom Unfallort entfernt hat. Dazu hat er mindestens den Berechtigten (Nummer 6 Buchstabe a) oder einer nahe gelegenen Polizeidienststelle mitzuteilen, daß er am Unfall beteiligt gewesen ist, und seine Anschrift, seinen Aufenthalt sowie das Kennzeichen und den Standort seines Fahrzeugs anzugeben und dieses zu unverzüglichen Feststellungen für eine ihm zumutbare Zeit zur Verfügung zu halten.

(2) Beteiligt an einem Verkehrsunfall ist jeder, dessen Verhalten nach den Umständen zum Unfall beigetragen haben kann.

(3) Unfallspuren dürfen nicht beseitigt werden, bevor die notwendigen Feststellungen getroffen worden sind.

Erkennbar werden in der StVO einige Regelungen des § 142 StGB wiederholt, es werden zudem jedoch noch andersartige, über § 142 StGB hinausgehende Pflichten normiert[5]. Soweit die Verhaltenspflichten des § 34 StVO mit den Regeln des § 142 StGB inhaltsgleich und bußgeldbewehrt sind, treten sie gegenüber der Strafvorschrift nach § 21 Ordnungswidrigkeitengesetz (OWiG) zurück. Diejenigen Vorschriften des § 34 StVO, die eigenständige Bedeutung haben, sind nur zum Teil bußgeldbewehrt und ansonsten lediglich Hilfspflichten oder haben nur deklaratorische Funktion[6].

Nach geltendem Recht nimmt § 34 StVO somit keinen Einfluß auf die Pflichten nach § 142 StGB. Bezweifelt wird, ob diese Regelung dem Wunsch nach mehr Rechtsklarheit überhaupt gerecht werden kann, da eine Synchronisation nicht in allen Belangen erfolgte[7].

---

5 Im Detail hierzu Bär/Hauser II S. 2 ff; LK-Geppert § 142 Rn 65 f

6 Vgl. Jagusch/Hentschel § 34 StVO Rn 3 f

7 Vgl. Engelstädter S. 44 f; Leipold S. 111 ff. Verwirrung entsteht zudem dadurch, daß manche Pflichten des § 34 StVO bereits in anderen Normen der StVO verankert sind, so z.B. die Verkehrssicherungspflicht gem. § 15 StVO.

2. Bedeutung der Kategorisierung als Ordnungswidrigkeit

Gewinnt die Unfallflucht als Ordnungswidrigkeit an Bedeutung, muß gefragt werden, welche Prinzipien den Ordnungswidrigkeiten zugrunde liegen sowie insbesondere inwiefern sie sich vom Strafrecht unterscheiden. Das Recht der Ordnungswidrigkeiten im engeren Sinne ist noch recht jung; das Gesetz über Ordnungswidrigkeiten wurde erst am 25. März 1952 erlassen. Es diente als materiellrechtliches und verfahrensrechtliches Rahmengesetz für Ordnungswidrigkeiten aller Sachgebiete. Das OWiG führte die formelle Abgrenzung der Ordnungswidrigkeit von der Straftat anhand der Geldbußeandrohung statt der Geldstrafe ein. Materielle Kriterien, nach denen sich die Einordnung der Delikte in die Kategorien der Straftat und der Ordnungswidrigkeit künftig richten soll, hat das OWiG jedoch nicht festgelegt[8].

Im Zuge der Strafrechtsreform in den 60er Jahren und im Zusammenhang mit der Entkriminalisierung des Verkehrsstrafrechts wurde im Jahr 1968 ein neues OWiG erlassen, das ein einfacheres und praktikableres Verfahrensrecht schuf, indem es Übergänge und Verbindungsmöglichkeiten zwischen Bußgeldverfahren und Strafverfahren einführte. Den Schlußpunkt der Verselbständigung setzte das Einführungsgesetz zum Strafgesetzbuch vom 2. März 1974, wodurch zahlreiche Delikte (vor allem die bis 1969 als Übertretungen eingestuften Delikte) in das Ordnungswidrigkeitenrecht aufgenommen wurden[9]. Materielle Kriterien zur Abgrenzung vom Strafrecht wurden jedoch auch hierbei nicht festgelegt.

Der Gesetzgeber hat es also unterlassen, sich auf materielle Abgrenzungskriterien zwischen dem Recht der Ordnungswidrigkeiten und dem Strafrecht festzulegen. Dies ist wohl Hauptursache dafür, daß das Ordnungswidrigkeitenrecht von heute eine nahezu unüberschaubare Vielzahl von Regelungsmaterien umfaßt und häufig genug kritisiert werden kann, daß bei vergleichbaren Delikten mal das Strafrecht und mal das Ordnungswidrigkeitenrecht greift, so daß eine klare Trennlinie kaum noch zu ziehen ist. Mattes[10] hatte sich vor einigen Jahren einmal der akribischen Arbeit unterzogen, über Seiten hinweg vergleichbare Ordnungswidrigkeiten- und Straftatbestände aufzulisten, deren Durchsicht eine Abgrenzung nicht mehr erkennen läßt. Der Verdacht läßt sich bei dieser Lektüre nicht vermeiden, daß der Gesetzgeber ziemlich intuitiv ein Delikt in die eine oder die andere Kategorie einstuft. Kritisch zugespitzt: Positivistisch betrachtet, ist es vollkommen unproblematisch, auch die Unfallflucht (nur) im Ordnungswidrigkeitenrecht einzuordnen bzw. zu belassen, wenn der Gesetzgeber einen weniger hohen moralischen An-

8 Vgl. Mitsch S. 17
9 Vgl. Mitsch S. 17 f
10 Mattes, Band II, S. 50 ff

spruch gegenüber Verkehrsteilnehmern vertreten und intuitiv anders entschieden hätte bzw. entscheiden würde[11].

Interessanter und für die Legitimation einer Norm als Ordnungswidrigkeit wichtiger bzw. richtig ist es jedoch, einen Blick darauf zu werfen, wie sich das Recht der Ordnungswidrigkeiten überhaupt entwickelt hat und welche Theorien der Abgrenzung in Rechtsprechung und Rechtslehre vertreten werden.

2.1. Überblick über die Entwicklung des Ordnungswidrigkeitenrechts

Der Weg des Ordnungswidrigkeitenrechts läßt sich zunächst weit zurückführen auf die Entwicklung der Polizei bzw. der Verwaltung und ihrer Kompetenzen[12]. Das mit dem absoluten Staat der Neuzeit entstandene Polizeistrafrecht war ein Strafrecht der Polizei-(Verwaltungs-)Behörden und vom übrigen Strafrecht nicht durch materielle Merkmale getrennt. Erst im Anschluß an die Aufklärung versuchte man Unterschiede zwischen Verbrechen und polizeilichem Unrecht herauszuarbeiten[13]. Feuerbach zählt zu den ersten, die das Polizeivergehen als eines von den Kriminalverbrechen wesensverschiedenen Unrechts zu erfassen versuchten[14]. Bis zum Ende des 19. Jahrhunderts herrschte in der Lehre dieser Versuch der qualitativen Unterscheidung vor. Diesem Ansatz auch folgend prägte Binding den Begriff des "einfachen Ungehorsams" als Kennzeichnung der Polizeiübertretung und als Abgrenzungskriterium zum Strafrecht als Rechtsgutverletzung[15].

Diese Unterscheidung wurde allerdings 1871 vom Gesetzgeber nicht in das Strafgesetzbuch übernommen. Statt dessen wurde mit der "Übertretung" neben Verbrechen und Vergehen eine dritte Stufe innerhalb des Strafrechts geschaffen; ihr Unrechtsgehalt wurde als geringer und vor allem in der Zuwiderhandlung gegen behördliche Anordnungen gesehen[16]. In der Strafprozeßordnung von 1877 wurde der Polizei und den Finanzbehörden speziell ein "Verwaltungsstrafrecht"[17] eingeräumt. Dies wurde mit der besonderen Sachkenntnis der ermächtigten Behörden gerechtfertigt. Eine Unterscheidung zwischen Verwaltungsunrecht und kriminellem Unrecht wurde nicht ernsthaft problematisiert, da sich die Strafbefugnis der Verwaltungsbehörden bewährt habe[18].

---

11 Vgl. zu den hohen Ansprüchen Kap. V.2.6.

12 Ausführlich hierzu beginnend mit der Banngewalt der fränkischen Könige Mattes, Band I, S. 39 ff; kurzer Überblick bei Thieß S. 8 f

13 Vgl. Mattes, Band I, S. 105

14 Feuerbach, Über die Polizeistrafgesetzgebung (1822)

15 Binding, Normen I, S. 326 ff, 397 ff

16 Vgl. Mitsch S. 15

17 Zur Lehre vom Verwaltungsstrafrecht s. Goldschmidt, Das Verwaltungsstrafrecht; Erik Wolf, Die Stellung der Verwaltungsdelikte im Strafrechtssystem

18 Kritisch hierzu Thieß S. 8 ff

In den 30er Jahren des 20. Jahrhunderts wurden Delikte aus dem Strafrecht ausgeschieden, die einen weniger schweren Angriff auf die "Volksgemeinschaft" darstellten, und zu einem sog. Ordnungsstrafrecht zusammengefaßt[19]. Aus der Not der Zeit geboren entstand zudem in immer größerem Umfang ein Verwaltungsstrafrecht im Bereich der Wirtschaft, das zunehmend das Gepräge des autoritären Staates annahm[20]. In dem Bemühen, die im totalitären Staat ausgeuferte Ahndungsbefugnis der Verwaltungsbehörden auf ein mit dem rechtsstaatlichen Gewaltenteilungsprinzip zu vereinbarendes Maß zurückzuführen, entstand nach 1945 im Wirtschaftsstrafrecht die Schaffung einer eigenständigen Deliktsart, der Ordnungswidrigkeit. Erstmalig im Wirtschaftsstrafgesetz vom 26. Juli 1949 (WiStG) wurde die Trennung von Strafrecht im engeren Sinne und Ordnungswidrigkeitenrecht durchgeführt[21]. Nach Art eines materiellen Straftatbegriffs stellte § 6 WiStG einen Differenzierungsleitsatz auf, der es dem Rechtsanwender überließ, im Einzelfall das tatbestandsmäßige Verhalten als Straftat oder Ordnungswidrigkeit zu qualifizieren. Je nachdem, ob das konkrete tatbestandserfüllende Verhalten die Voraussetzungen des § 6 erfüllte oder nicht, handelte es sich um eine Straftat oder um eine Ordnungswidrigkeit[22].

Nachfolger des WiStG wurde das Ordnungswidrigkeitengesetz von 1952. Auf dessen Inhalt und den weiteren Nachfolgegesetzen wurde bereits in der gebotenen Kürze eingegangen.

2.2. Abgrenzungskriterien zum Strafrecht

De lege lata unterscheiden sich das Kriminal- und Ordnungsunrecht durch die angedrohte Sanktion. Als Sanktion einer Ordnungswidrigkeit sieht das Gesetz eine Geldbuße vor; hat der Gesetzgeber dagegen eine (Geld- oder Freiheits-)Strafe angedroht, handelt es sich um eine Straftat. Diese formale Betrachtungsweise beantwortet jedoch natürlich nicht die Frage, warum welches Verhalten denn

---

19 Vgl. Mattes, Band II, S. 163 ff

20 Vgl. Jescheck/Weigend, Strafrecht AT, S. 57

21 Vgl. Mitsch S. 16

22 § 6 WiStG lautete:
(1) Zuwiderhandlungen nach den Bestimmungen dieses Abschnitts sind entweder Wirtschaftsstraftaten oder Ordnungswidrigkeiten.
(2) Eine Zuwiderhandlung ist Wirtschaftsstraftat, wenn sie das Staatsinteresse an Bestand und Erhaltung der Wirtschaftsordnung im Ganzen oder in einzelnen Bereichen verletzt, indem entweder
1. die Zuwiderhandlung ihrem Umfange oder ihrer Auswirkung nach geeignet ist, die Leistungsfähigkeit der staatlich geschützten Wirtschaftsordnung zu beeinträchtigen oder
2. der Täter mit der Zuwiderhandlung eine Einstellung bekundet, die die staatlich geschützte Wirtschaftsordnung im Ganzen oder in einzelnen Bereichen mißachtet, insbesondere dadurch, daß er gewerbsmäßig, aus verwerflichem Eigennutz oder sonst verantwortungslos gehandelt oder Zuwiderhandlungen hartnäckig wiederholt hat.
(3) In allen anderen Fällen ist die Zuwiderhandlung eine Ordnungswidrigkeit.

welche Rechtsfolge nach sich ziehen soll. Dieser Frage nachgehend sind zur Abgrenzung des Kriminal- vom Ordnungsunrecht im wesentlichen drei Auffassungen entwickelt worden, nämlich die der rein qualitativen im Gegensatz zu der rein quantitativen Abgrenzung sowie drittens eine sog. gemischt qualitativ-quantitative Theorie.

Die Theorien der rein qualitativen Abgrenzung aus dem 19. Jahrhundert und zu Beginn des 20. Jahrhunderts gelten heute überwiegend als überholt[23]. Es wurde jedoch versucht, ausgehend von dem "neuen" Begriff der Ordnungswidrigkeit, auch auf diesen bezogen qualitative Abgrenzungskriterien zum Strafrecht zu finden[24]. So war zur Zeit des Erlasses des Ordnungswidrigkeitengesetzes von 1952 die Auffassung R. Langes prägend, daß das Kriminalunrecht Verstöße gegen Normen erfasse, die dem Gesetzgeber vorgegeben seien und von ihm (nur) anerkannt würden, während das Ordnungswidrigkeitenrecht Verstöße gegen vom Gesetzgeber selbst neu errichtete Gebote und Verbote erfasse. Es bestehe demnach ein Gegensatz zwischen Handlungen, deren "Unrechtsgehalt in ihrem sozialethischen Unwert besteht" und solchen, die "in diesem Sinne wertneutral sind und ihren Unwert primär im Rechtsungehorsam haben"[25]. Andere beschreiben dies als formell rechtswidrige Handlung - die Ordnungswidrigkeit bestehe nur in dem Verstoß gegen Ordnungsnormen, die des materiellen Unrechts entbehren; sie seien sog. sittlich indifferentes Unrecht[26].

Dieser Ansatz läuft Gefahr, ein Ordnungswidrigkeitenrecht um seiner selbst willen zu kreieren. Auch der Unwert einer Ordnungswidrigkeit "läßt sich nicht allein aus dem Nichtbefolgen des Normbefehls... als solchem erklären, sondern liegt in erster Linie in der durch das vorgängige Werturteil festgestellten materialen Unvereinbarkeit der Anerkennung des Verhaltenstypus mit der Geltung der rechtlich gewährleisteten Gemeinschaftsordnung"[27]. Recht kann nicht ethisch indifferent sein, Gesetzesgehorsam ist niemals bloßer Selbstzweck.

Ausgehend von dem dieser Arbeit zugrundeliegenden strafrechtlichen Ansatz läßt sich jedoch auf anderem Wege eine überzeugende Abgrenzung herausarbeiten. Dabei ist entscheidend, das betroffene Rechtsverhältnis zur Abgrenzung Ordnungswidrigkeit - Straftat näher zu untersuchen. Gegenstand des Strafrechts ist die fundamentale Verletzung des gegenseitigen Anerkennungsverhältnisses[28]. Bei den Ordnungswidrigkeiten geht es nun nicht um dieses Verhältnis des Einen zum Anderen, sondern es geht um das Verhältnis des Einen zur staatlich verbundenen

---

23 Vgl. Mitsch S. 9 ff; Mattes, Band II; Wohlers S. 84 ff
24 Vgl. Mattes, Band II, S. 7
25 Lange, JZ 1957, S. 238
26 Vgl. die zahlreichen Nachweise bei Mattes, Band II, S. 154 ff
27 Mattes, Band, II S. 170
28 Vgl. Kap. III.2.

Gemeinschaft[29]. Deswegen sind sie nicht "ethisch indifferent". Wenn ein Ordnungsverstoß für sich genommen eine einzelne abstrakte Funktionsbedingung des jeweiligen Gesamtsystems beeinträchtigt, verletzt er jedoch damit noch nicht das substantiell darin gefaßte Freiheitsinteresse[30]. Ordnungsnormen begründen sich "durch einen - wenngleich abstrakter-systematischen - Bezug auf die rechtliche Freiheit der Personen und ihre gesellschaftlichen Daseinsbedingungen; sie sind mithin Rechtsnormen mit mittelbarem Bezug auf freiheitliche Rechtsgüter"[31]. Mit dieser Abgrenzung einher geht z.B. auch die These, daß abstrakte Gefährdungsdelikte aufgrund ihrer fehlenden konkreten Rechtsverletzung grundsätzlich nur als Ordnungswidrigkeit ausgestaltet sein dürften[32].

Kritiker dieser qualitativen Unterscheidung führen aus, daß auch sie begrifflich scharfe Abgrenzungskriterien nicht bieten könne. Sei das Ausmaß der Verletzung eines Rechtsverhältnisses, z.B. die Bedrohungsintensität ausschlaggebend, führe eine Gesamtbetrachtung immer auch dazu, gleitende und damit quantitative Unterschiede im Unrechtsgehalt aufzuzeigen[33]. Da letztlich immer quantitativ hinsichtlich Unrechts- und Schuldgehalt argumentiert werde, könne die Abgrenzung auch nur auf diese Weise konsequent durchgeführt werden, der Ansatz sei somit immer ein Quantitätsunterschied[34]. Da es jedoch andererseits auch Ordnungswidrigkeiten gebe, die ein höheres Gewicht haben können als eine Straftat, könne man die Abgrenzung als "gemischt qualitativ-quantitativ" bezeichnen[35].

---

29 Vgl. Wolff, Die Abgrenzung, S. 218

30 Vgl. Köhler, Strafrecht AT, S. 33 f

31 Köhler, Strafrecht AT, S. 34; vgl. auch Thieß S. 7

32 Vgl. Wolff, Die Abgrenzung, S. 219 f; kritisch gegenüber einer Generalisierung Wohlers, S. 338 ff; vgl. zur Legitimation abstrakter Gefährdungsdelikte Kap. III.4.1.3.

33 Vgl. Wohlers S. 99; ähnlicher Kritik sah sich auch § 6 WiStG ausgesetzt (die sog. Schmidtsche Formel), wonach die Quantität einer Rechtsverletzung ab einem gewissen Grad in einen qualitativen Unterschied umschlägt; ausführlich hierzu Mattes, Band I, S. 178 ff; Band II, S. 85 ff

34 Vgl. Mitsch mit zahlreichen Nachweisen S. 11

35 Vgl. Jescheck/Weigend, Strafrecht AT, S. 58 f; Mitsch S. 12. Die Bedeutung des gemischt qualitativ-quantitativen Ansatzes beruht nicht zuletzt darauf, daß er maßgebend vom Bundesverfassungsgericht entwickelt wurde und seitdem der Rechtsprechung dieses Gerichts zugrunde liegt. Das Bundesverfassungsgericht unterscheidet zum einen qualitativ den Kernbereich des Strafrechts von anderen Rechtsgebieten, sieht aber in vielen Fällen nur graduelle Unterschiede als maßgebend an; vgl. BVerfGE 22, 49, 81; 27, 18, 29.
Auch bei der Gesetzgebung scheint man dieser Ansicht nahezustehen, z.B.: "Das Ordnungswidrigkeitenrecht zielt vorwiegend darauf ab, im Interesse des Rechtsgüterschutzes bereits in einem Vorbereich eine unter diesem Gesichtspunkt bestimmte, jedoch weitgehend nach Zweckmäßigkeitsgesichtspunkten geprägte Ordnung durchzusetzen. Während das Kriminalstrafrecht einsetzt, um rückwirkend eine Antwort auf sozialschädliches Verhalten zu geben..., dient das Ordnungswidrigkeitenrecht vor allem der Durchsetzung von gesetzlichen verwaltungsrechtlichen Geboten und Verboten, deren Nichtbeachtung die Schwelle der sozialschädlichen Mißbilligung nicht erreicht", so der Referentenentwurf des Bundes-

Diese Kritik überzeugt nicht. Sie ist zum einen stark positivistisch geprägt, indem sie immer Bezug nimmt auf widersprüchliche Regelungen im Straf- bzw. Ordnungswidrigkeitenrecht und es damit dem Gesetzgeber im wesentlichen überläßt, welche Kategorisierung er für die richtige hält. Nun haben sich prinzipielle Überlegungen jedoch nicht am geltenden Gesetz, sondern Gesetze an den Prinzipien auszurichten[36]. Zum anderen werden hierdurch Strafrecht, Ordnungswidrigkeitenrecht sowie Bagatelldelikte auf unzulässige Weise miteinander vermischt. Richtig ist, daß Strafrecht sich auch durch das Maß der Verletzung der Rechte eines Anderen auszeichnet. Sinkt die Verletzung in der Quantität seiner Bedeutung so erheblich herab, daß der Andere nicht mehr wirklich in seiner Selbständigkeit tangiert ist, scheidet die Verletzung aus dem Kriminalunrecht aus[37]. Damit ist jedoch nicht der Weg zu einer Ordnungswidrigkeit eröffnet, sondern ein Vorgang lediglich entkriminalisiert worden. Anders herum kann von einem hohen Schaden auch nicht automatisch auf eine Straftat geschlossen werden. Hierauf wurde bereits in der Abgrenzung zum Zivilrecht hingewiesen - ein strafloser Vertragsbruch kann finanziell weitaus bedeutendere Folgen haben als ein Betrug. Mehr oder weniger offen greifen auch die meisten Vertreter der qualitativ-quantitativen Abgrenzung daher auf qualitative Kriterien zurück, wobei sie diese allerdings zumeist als quantitative interpretieren[38].

Aufgrund dieser Ungenauigkeiten werden häufig auch Entkriminalisierungsdiskussionen mit Überlegungen zum Ordnungswidrigkeitenrecht miteinander vermengt. "So verführerisch die Methode der Entkriminalisierung durch Verschiebung von Straftatbeständen auf dem "Königsweg" via Ordnungswidrigkeitenrecht sein mag, so schädlich wirkt sich diese Entwicklung für dieses Rechtsgebiet auf Dauer aus"[39].

3. Bedeutung für die Unfallflucht

Welche Bedeutung haben diese Überlegungen nun für die Unfallflucht als Ordnungswidrigkeit? Inwiefern wird die Ahndung als Ordnungswidrigkeit als richtig und ausreichend begründet?

---

ministers der Justiz vom 17.12.1980 zur Änderung des Gesetzes über Ordnungswidrigkeiten, s. Abdruck in der Beilage zu DRiZ 1981, S. 21 f

36 Vgl. hierzu die Kritik Wolffs an beispielhaft vorgestellten Normen, Die Abgrenzung, S. 218 ff

37 Vgl. Wolff, Die Abgrenzung, S. 217 f; Köhler, Strafrecht AT, S. 35

38 Vgl. Wohlers S. 105 mit Beispielen

39 Mitsch S. 14

Der Vorschlag, § 142 StGB ganz aus dem Strafgesetzbuch zu eliminieren und nur noch als Ordnungswidrigkeit zu ahnden, wird vereinzelt vertreten[40]. Dabei wird zum einen zur Begründung - dogmatisch angreifbar s.o. - das schwache Rechtsgut der Norm herangezogen. Das Beweissicherungsinteresse nehme keinen hohen Rang in der Hierarchie der sozial anerkannten Werte ein und werde ja auch sonst gar nicht strafrechtlich geschützt. Hinzu komme die besondere psychische Situation des Täters, die seine Schuld in mehrfacher Weise - sowohl hinsichtlich eines menschlich verständlichen Fluchttriebs, als auch aufgrund der Furcht vor persönlichen Nachteilen unterschiedlichster Art - erheblich minderten[41]. Zumindest die Reduzierung auf Sachschadensfälle würde zu einer enormen Entlastung der Gerichte führen und die Verhältnismäßigkeit von Verhalten und staatlicher Sanktion wahren[42].

Der oben dargelegten qualitativen Abgrenzung zum Strafrecht genauer entsprechend, wird das Augenmerk von anderen auf die Schutzrichtung der Norm gelenkt. Das private Beweissicherungsinteresse oder das Vermögen als "Rechtsgüter" ablehnend, sieht man in der Ahndung der Unfallflucht vielmehr einen Beitrag zum Schutz der Verkehrssicherheit[43], der auch mittels der Grundregel der gegenseitigen Rücksichtnahme im Straßenverkehr gerechtfertigt werden könne[44]. Da es nur Zufall sei, wer auf welcher Seite eines Unfalls stehe, sei die Ordnungswidrigkeit als "Tribut" der menschlichen Gesellschaft an die Technik zu sehen[45]; geschützt werde die Funktionstüchtigkeit des Verkehrs[46]. Eine blühende Volkswirtschaft setze einen reibungslosen Straßenverkehr voraus, die Unfallflucht sei ein Beitrag dafür, die allgemeine Verkehrsordnung zu fördern[47].

Die Kategorisierung als Ordnungswidrigkeit macht den Weg frei für eine Berücksichtigung allgemeiner Interessen des Straßenverkehrs - sowohl hinsichtlich seiner Sicherheit als auch seiner Funktionstüchtigkeit, der Allgemeinheit hinsichtlich der Berücksichtigung allgemeiner "Opferinteressen" sowie "sogar" der überwiegend wirtschaftlichen Interessen einer in diesem Bereich funktionierenden Versicherungswirtschaft. Mittelbar ist hierdurch der Einzelne betroffen, aber eben nur

---

40 Zuletzt Duttge, JR 2001, S. 185 ff

41 Vgl. Weigend, FS Tröndle, S. 754 f; Leipold S. 228 ff; Janiszewski, DAR 1994, S. 3

42 Vgl. Leipold S. 229

43 Vgl. Arzt/Weber Rn 332

44 Vgl. Duttge, JR 2001, S. 186 f; zum Gebot der Rücksichtnahme, § 1 StVO, vgl. Kap. V.2.5.3.2.

45 Vgl. v. Münch, DAR 1957, S. 207

46 Vgl. Engelstädter S. 174; Lincke S. 111, wobei diese jedoch hieraus nicht die Konsequenz zogen, die Unfallflucht als Ordnungswidrigkeit einzustufen.

47 Vgl. Schüler S. 44 ff; interessant die Erwiderung Ulmers konkret hierzu, der meinte, daß unter dieser Voraussetzung die Unfallflucht keine Straftat sein dürfe, was der Gesetzgeber ja aber nicht wolle - frei nach dem Motto des "Was nicht sein darf, nicht sein kann ...", vgl. Ulmer S. 15 ff

mittelbar. Hinsichtlich der Beziehungen Unfallbeteiligter untereinander ist keine Rechtsverletzung derart gegeben, die nach Art und Ausmaß strafrechtlich zu sanktionieren wäre. Eine Wahrung allgemeiner Interessen ist jedoch begründbar. Aufgrund des im Ordnungswidrigkeitenrecht geltenden Opportunitätsprinzips[48] ist auch ein - dem im Ausland praktizierten - vergleichbares Ermessen in der Verfolgung der Unfallflucht zulässig. Kritikern, die eine zu schwache Präventionswirkung in der Kategorisierung als Ordnungswidrigkeit befürchten[49], muß - neben der grundlegenden Kritik an der präventiven Aufgabe des Strafrechts[50] - zum einen entgegengehalten werden, daß die Unfallflucht als Straftat ein Massendelikt darstellt, die präventive Wirkung insoweit also stark anzuzweifeln ist, zum anderen, daß die Vielzahl der Einstellungen nach §§ 153, 153 a StPO ebensowenig "abschreckend" oder "normstabilisierend" wirken kann[51]. Zweifelhaft dürfte auch sein, ob das Unrecht als Ordnungswidrigkeit vom "Durchschnittsbürger" als geringer eingestuft würde. Eher kann vermutet werden, daß dieser zwischen einer Geldstrafe (Strafrecht) und einer Geldbuße (Ordnungswidrigkeitenrecht) selten differenzieren wird[52]. Im Gegenteil - der Gesetzgeber ging bei Schaffung des § 34 StVO sogar davon aus, daß der Verkehrsteilnehmer Vorschriften der Straßenverkehrsordnung besser kenne und verinnerlichen würde als Vorschriften des Strafgesetzbuches[53].

Die Normierung der Unfallflucht als Ordnungswidrigkeit wäre gewiß noch im einzelnen überarbeitungsbedürftig. Tendenziell erscheint eine Rückkehr zu den "Ursprüngen"[54] der Unfallflucht, also zur Normierung außerhalb des Strafrechts mit Pflichten zum Anhalten, zur Sicherung der Unfallstelle und ggf. auch mit speziellen Hilfspflichten gegenüber Geschädigten, als richtig und ausreichend. Die Herausnahme der Strafbarkeit aus dem Strafgesetzbuch mit der Folge der Belebung der Unfallflucht als Ordnungswidrigkeit stellt daher kein "falsches Signal" dar, sondern eine - in bezug auf das Strafrecht - prinzipielle Notwendigkeit.

Die konkrete Normierung der Unfallflucht als Ordnungswidrigkeit war nicht Anliegen dieser Arbeit; Ergebnis dieses Abschnitts ist vielmehr, daß sie als solche legitimiert werden *kann* und diese Entscheidung des Gesetzgebers der Schutzrichtung der Norm auch entspräche.

---

48 Vgl. Thieß S. 131 ff - das Opportunitätsprinzip stellt die Verfolgung und Ahndung von Ordnungswidrigkeiten in das pflichtgemäße Ermessen der Behörde; anders das Legalitätsprinzip des Strafrechts, das grundsätzlich zur Verfolgung und Ahndung einer Tat zwingt.

49 Vergleichbar einer Wahrnehmung als "Kavaliersdelikt"

50 Vgl. Kap. VI.2.3.

51 Vgl. Janiszewski, DAR 1994, S. 4

52 Vgl. Janiszewski, DAR 1994, S. 5

53 Vgl. Bär/Hauser II S. 2 (§ 34 StVO)

54 Vgl. Kap. II.1.; 1910 wurden überwiegend auch (nur) allgemeine Interessen als Schutzrichtung der Norm diskutiert.

IX. Zusammenfassung der Ergebnisse

Erstmals im Jahr 1906 verabschiedet der Gesetzgeber eine Norm, die das Verhalten nach einem Zusammenstoß eines Kraftfahrzeugs mit Personen oder Sachen regelt. Als Straftat findet die Unfallflucht 1940 Eingang in das Strafgesetzbuch. Seitdem ist die Unfallflucht von der herrschenden Meinung als strafbares Unrecht anerkannt. Zuletzt wurde § 142 StGB im Jahr 1998 nur insofern verändert, daß die Möglichkeit der tätigen Reue (wieder-)eingeführt wurde. Diskussionen zur Problematik der zwangsweisen Selbstbelastung und zu einzelnen Tatbestandsmerkmalen lassen jedoch prinzipielle Schwächen der Norm erkennen; statistische Erhebungen zeigen, daß Unfallflucht zumeist nach eher geringen Sachschäden, kaum nach schwereren Unfallfolgen begangen wird.

Der Schwerpunkt der Diskussion um die Strafbarkeit der Unfallflucht war und ist fast ausschließlich die Frage nach dem Rechtsgut der Norm, auch im Hinblick auf das Problem der Selbstbelastung. Sowohl prinzipiell als auch insbesondere angesichts der vorgestellten Diskussion um das Rechtsgut der Unfallflucht ist das Rechtsgutdogma zur materiellen Bestimmung strafbaren Unrechts in Frage zu stellen. Die Norm wurde daher unter dem begründeten Ansatz eines freiheitlichen (Straf-)Rechtsverständnisses hin untersucht.

Aufgrund verschiedentlicher Bedenken, als "Rechtsgut" der Norm das Vermögen zu definieren, wurde von Rechtswissenschaft und Rechtsprechung ein Rechtsgut privates Beweissicherungsinteresse konstruiert. Dem allgemeinen Sicherheitsbedürfnis konträr betont(e) man das *private* Beweissicherungsinteresse in Form eines abstrakten Gefährdungsdelikts, einer Kategorie, die selbst schon begründeten Zweifeln hinsichtlich ihrer zunehmenden Verwendung im Strafrecht begegnet. Der Widerspruch zum "nemo-tenetur-Prinzip" konnte hierdurch nicht ausgeräumt werden kann; keinesfalls erreicht es die Qualität eines strafrechtlich schützenswerten Zieles im Sinne rechtsstaatlich liberaler Tradition. Die Verlagerung des Schutzzwecks auf Belange des Straßenverkehrs können die Strafwürdigkeit ebenfalls nicht begründen; vielmehr kann hierin bereits ein Hinweis auf die Einordnung des mißbilligten Verhaltens als Ordnungswidrigkeit gesehen werden.

Besonderheiten des Straßenverkehrs, definiert als erhöhtes Aufklärungsrisiko und Aufklärungsinteresse, werden jedoch von der herrschenden Meinung gerade als Rechtfertigung der Behandlung des Sich-Entfernens nach einem Schadenereignis gesehen. Insofern war darauf einzugehen, welche Bedeutung diese sog. Besonderheiten des Straßenverkehrs haben und inwiefern sie besondere Pflichten, die außerhalb des Straßenverkehrs nicht bestehen, begründen können. Weder die Pflichtenstellung im Rahmen eines Garantenpflichtdelikts noch im Rahmen eines Sonderdelikts oder eines echten Unterlassungsdelikts kann jedoch mit dem Argument bestehender Besonderheiten im Straßenverkehr mit der Pflichtenstellung eines Unfallfluchttäters in Einklang gebracht werden. Letztlich erweist sich die Argumentation mit Besonderheiten des Straßenverkehrs nur als Beschreibung desselben. Es reicht jedoch nicht aus, Merkmale des Straßenverkehrs, die objektiv und subjektiv das Geschehen nach einem Unfall bedingen können, zu beschreiben. Da auf diese Weise keine besonderen Pflichten eines möglichen Unfallbeteiligten abgeleitet werden können, erweist sich diese Argumentation als prinzipiell unhaltbar.

Die Diskussion um die Pflichtenbegründung bei der Unfallflucht wird zudem immer überlagert bzw. durchdrungen von moralischen Erwägungen, die den Täter als besonders rücksichtslose, egozentrische Person hervorheben. Diese Sichtweise kann weder tatsächlich noch rechtlich akzeptiert werden.

Die Begründung der Unfallflucht mittels Besonderheiten des Straßenverkehrs wirft neben dem Fehlen einer sich hieraus ergebenden Pflicht das Problem der Vereinbarkeit mit dem Schuldprinzip und dem Zweck des Strafens auf. Die Verankerung der Unfallflucht im Strafrecht erweist sich hier als ein Vorläufer des modernen Risikostrafrechts. Mit diesem vergleichbar ist es aus einem erhöhten, die gesamte Gesellschaft berührenden Gefahrenpotential entstanden und beruht auf dem Bedürfnis, speziell den Gefahren des Straßenverkehrs begegnen, diese zumindest erträglicher gestalten zu können. Da die Unfallflucht tatbestandlich und logisch einen Unfall im Straßenverkehr zur Voraussetzung hat, kann sie ihre nach dieser rein funktionalen Auffassung des Strafrechts gegebene Aufgabe jedoch - wenn überhaupt - nur "nach-präventiv" erfüllen. Die funktionale Auffassung des Strafrechts ist mit dem freiheitlichen Strafrechtsbegriff prinzipiell nicht zu vereinbaren, wobei die Konstruktion der Nach-Prävention bei der Unfallflucht hierfür in besonderem Maße Grund zur Kritik bietet.

Die Betonung moralisch überhöhter Anforderungen an den Verkehrsteilnehmer machen aus einer typischen und insofern verständlichen menschlichen Reaktion eine Straftat. § 142 StGB ist angeblich "ultima ratio", dieser inakzeptablen Reaktion Einhalt zu gebieten. Hier wird "ultima ratio" von einem strafrechtsbegrenzenden zu einem straf-rechtsbegründenden Prinzip verkehrt.

Es gibt denkbare Alternativen zur Strafbarkeit der Unfallflucht. Sie lassen sich bei einem Blick über die deutschen Grenzen hinaus erkennen (zu nennen sind z.B. die Einrichtung von Fonds für Geschädigte, die Einstufung als Ordnungswidrigkeit bei Sachschäden oder auch die Vernachlässigung der Verfolgung im Zusammenhang mit dem Unfall begangener (Straf-)Taten), sie sind aber auch schon bei Betrachtung des deutschen Zusammenspiels straßenverkehrsbezogener Regelungen offensichtlich. Das Rabattsystem in der Kfz-Pflichtversicherung trägt z.B. einen Großteil dazu bei, viele Unfallbeteiligte gerade zu dem Verhalten zu verleiten, das strafrechtlich verboten ist.

Die Unfallflucht als Ordnungswidrigkeit zu behandeln, begegnet im Gegensatz zu der strafrechtlichen Problematik keinen prinzipiellen Bedenken. § 34 StVO ist ähnlich dem § 142 StGB ausgestaltet und würde bei Streichung der Strafnorm aufblühen. Der verschiedentlich geäußerten Kritik, die Straflosigkeit der Unfallflucht würde das mißbilligte Verhalten massiv fördern, ist entgegenzuhalten, daß dies weder ein prinzipiell haltbares Argument ist noch angesichts der bereits als Massendelikt einzustufenden Unfallflucht besonders überzeugen kann.

Die Diskussion um Alternativen zur Strafbarkeit ist zur Zeit nicht "en vogue", die Diskussion um die Unfallflucht ist jedoch aufgrund ihrer Vielschichtigkeit nie gänzlich abgebrochen. Diese Arbeit versteht sich auch als ein kleiner Beitrag, diese Diskussion am Leben zu halten.

Literaturverzeichnis

Achenbach, Hans, Historische und dogmatische Grundlagen der strafrechtssystematischen Schuldlehre, Berlin 1974

Alternativkommentar, Kommentar zum Strafgesetzbuch, Neuwied, Darmstadt 1986 (zit. AK-Bearbeiter)

Amelung, Knut, Rechtsgüterschutz und Schutz der Gesellschaft, Frankfurt 1972 (zit. Rechtsgüterschutz)

Amelung, Knut, Rechtsgutsverletzung und Sozialschädlichkeit, in: Recht und Moral, Hrsg. Jung, Heike/Müller-Dietz, Heinz/Neumann, Ulfried, Baden-Baden 1991, S. 269 ff (zit. Rechtsgutverletzung)

Amelung, Knut, Buchbesprechung M. Marx, Zur Definition des Begriffs "Rechtsgut", ZStW 84 (1972), S. 1015 (zit. ZStW 84)

Androulakis, Nikolas K., Studien zur Problematik der unechten Unterlassungsdelikte, München und Berlin 1963

Appel, Georg Heinz, Das Verbrechen der Gefährdung von Leib und Leben nach deutschem Recht, Köln 1931

Aristoteles, Die Nikomachische Ethik, Sammlung Tusculum, Hrsg. R. Nickel, Düsseldorf 2001

Arloth, Frank, Verfassungsrecht und § 142 StGB, GA 1985, S. 492 ff

Arzt, Gunther, Zur Garantenstellung beim unechten Unterlassungsdelikt (1. Teil), JA 1980, S. 553 ff

Arzt, Gunther; Weber Ulrich, Strafrecht Besonderer Teil, Bielefeld 1983

Badura, Peter, Generalprävention und Würde des Menschen, JZ 1964, S. 337 ff

Bär, Hanns; Hauser, Josef; Lehmpuhl, Horst, Unfallflucht, Kommentar, 17. Ergänzungslieferung, Starnberg 2001

Bassenge, Peter, Der allgemeine strafrechtliche Gefahrbegriff und seine Anwendung im zweiten Teil des Strafgesetzbuches und in den strafrechtlichen Nebengesetzen, Bonn 1961

Baumann, Jürgen, Alternativ-Entwurf eines Strafgesetzbuches, Besonderer Teil, Tübingen 1970

Baumann, Jürgen; Weber, Ulrich; Mitsch, Wolfgang, Strafrecht Allgemeiner Teil, 10. Aufl., Bielefeld 1995

Baumbach, Adolf; Lauterbach, Wolfgang/Albers, Jan/Hartmann, Peter, Zivilprozeßordnung Kommentar, 61. Aufl., München 2003

Baumgartner, Hans M.; Eser, Albin, Schuld und Verantwortung. Philosophische und juristische Beiträge zur Zurechenbarkeit menschlichen Handelns, Tübingen 1983

Beck, Ulrich, Risikogesellschaft - Auf dem Weg in eine andere Moderne, Frankfurt a. M. 1986 (zit. Risikogesellschaft)

Beck, Ulrich, Politik in der Risikogesellschaft, Frankfurt a.M. 1991 (zit. Politik)

Beck, Ulrich, Gegengifte - Die organisierte Unverantwortlichkeit, Frankfurt a.M. 1988 (zit. Gegengifte)

Beck, Wolfgang, Unrechtsbegründung und Vorfeldkriminalisierung, Berlin 1992

Beisheim, Carsten E., Eigennutz als Deliktsmerkmal im Strafrecht, Frankfurt a.M. 1994

Bernhardt, Martin, Der Einfluß persönlicher Verhältnisse auf die Strafbarkeit der Teilnehmer (§ 50 StGB), Breslau 1909

Berz, Ulrich, Formelle Tatbestandsverwirklichung und materialer Rechtsgüterschutz, München 1986 (zit. Formelle Tatbestandsverwirklichung)

Berz, Ulrich, "Tätige Reue" nach Unfallflucht?, DAR 1986, S. 254 ff (zit. DAR 1986)

Binding, Karl, Die Normen und ihre Übertretung, Band I, Leipzig, 2. Aufl. 1890, 4. Aufl. 1922; Band II, Leipzig, 2. Aufl. 1914/16; Band IV, Aalen, Neudruck 1964

Bindokat, Heinz, Nochmals: Die Rückkehrpflicht bei § 142 StGB, NJW 1966, S. 1906 ff

Bringewat, Peter, Verdunkelungsverbot, Vorstellungs - und Meldepflicht bei Verkehrsunfällen, JA 1977, S. 231 ff

Birnbaum, J. M. F., Über das Erfordernis einer Rechtsverletzung zum Begriff des Verbrechens mit besonderer Rücksicht auf den Begriff der Ehrenkränkung, Archiv des Criminalrechts, Neue Folge 1834, S. 149 ff

Blei, Hermann, Strafrecht, I. Allgemeiner Teil, 18. Aufl., München 1983

Blum von Ann, Annemarie, Die Straftat des unerlaubten Sich-Entfernens vom Unfallort als Vermögensdelikt, Hamburg 1987

Böcher, Wolfgang, Verantwortung im Straßenverkehr in juristischer, psychologischer und pädagogischer Sicht, NZV 1989, S. 209 ff

Bockelmann, Paul, Vom Sinn der Strafe, in: Heidelberger Jahrbücher Band IV, Heidelberg 1961

Bohnert, Joachim, Die Abstraktheit der abstrakten Gefährdungsdelikte - BGH, NJW 1982, S. 2329, in: JuS 1984, S. 182 ff

Brammsen, Joerg, Die Entstehungsvoraussetzungen der Garantenpflichten, Berlin 1986

Brehm, Wolfgang, Zur Dogmatik des abstrakten Gefährdungsdelikts, Tübingen 1973

Brock, Klaus, Der objektive Tatbestand des § 142 StGB. Die Geschichte der Ausdehnung eines Tatbestandes, Lübeck 1971

Bruns, Hans Jürgen, Der untaugliche Täter im Strafrecht, Karlsruhe 1955

Bürgel, Heinrich, Die Neuregelungen über das Verhalten nach Verkehrsunfällen, MDR 1976, S. 353 ff

Bydlinski, Franz, System und Prinzipien des Privatrechts, Wien 1996

Coing, Helmut, Die Geschichte des Privatrechtssystems, Frankfurt a.M. 1962

Cramer, Peter, Vermögensbegriff und Vermögensschaden im Strafrecht, Bad Homburg, Berlin, Zürich 1968 (zit. Vermögensbegriff)
Cramer, Peter, Vollrauschtatbestand als abstraktes Gefährdungsdelikt, Tübingen 1962 (zit. Vollrauschtatbestand)
Cramer, Peter, Anm. zu BGH Urteil vom 14.14.1983, in: JZ 1983, S. 812 ff (zit. JZ 1983)
Cramer, Peter, Überlegungen zur Reform des § 142, ZRP 1987, S. 157 ff (zit. ZRP 1987)

Dahm, Georg, Verbrechen und Tatbestand, in: Grundfragen der neuen Rechtswissenschaft, Berlin 1935, S. 62 ff (zit. Verbrechen und Tatbestand)
Dahm, Georg, Anmerkung zu OLG Stuttgart, Urteil vom 06.03.1959, MDR 1959, S. 508 (zit. MDR 1959)
Daxenberger, Matthias, Kumulationseffekte, Baden-Baden 1997
Deichmann, Marco, Grenzfälle der Sonderstraftat, Berlin 1994
Demuth, Hennrich, Der normative Gefahrbegriff, Bochum 1980
Dencker, Friedrich; Struensee, Eberhard; Nelles, Ursula; Stein, Einführung in das 6. Strafrechtsreformgesetz 1998, München 1998
Denzlinger, Karl-Heinz, Entkriminalisierung des Verkehrsunfalles?, ZRP 1982, S. 178 ff
Detzner, Madeleine, Rückkehr zum "klassischen Strafrecht" und die Einführung einer Beweislastumkehr, Frankfurt a.M. 1998
Dietrich, Gero, § 142 StGB und das Verbot zwangsweiser Selbstbelastung, Baden-Baden 1998
Dölling, Dieter, Umweltschutz und Verwaltungsrecht, JZ 1985, S. 461 ff
Dornseifer, Gerhard, Struktur und Anwendungsbereich des § 142 StGB, JZ 1980, S. 299 ff
Dünnebier, Hanns, Die Verkehrsunfallflucht, GA 1957, S. 33 ff
Duttge, Gunnar, Unterdrückung archaischer Urtriebe mittels Strafrecht?, JR 2001, S. 181 ff
Dütz, Alexander, Der Unfallbeteiligte gem. § 142 Abs. 5 StGB, Osnabrück 2001

Ehret, Susanne, Franz von Liszt und das Gesetzlichkeitsprinzip, Frankfurt a.M. 1996
Eich, Werner, Die Verkehrsunfallflucht nach § 142 StGB als potentiell konkretes Forderungsgefährdungsdelikt, Bonn 1973
Eisenberg, Ulrich; Ohder, Claudius; Bruckmeier, Karl, Verkehrsunfallflucht, Berlin 1989
Engelstädter, Regina, Der Begriff des Unfallbeteiligten in § 142 Abs. 4 StGB, Frankfurt a.M. 1997
Engisch, Karl, Die Einheit der Rechtsordnung, Heidelberg 1935
Erdmann, Willi, Der Selbstbegünstigungsgedanke im Strafrecht, Göttingen 1969

Erdsiek, Gerhard, 1. Zur Schweigepflicht des Arztes nach dem Tode des Patienten. 2. Verfassungswidrigkeit des § 142 StGB?, NJW 1963, S. 632 ff

Fabricius, Dirk, Zur Präzisierung des Terminus "ähnlicher, ebenso gefährlicher Eingriff" im Sinne der §§ 315, 315 b StGB, GA 1994, S. 164 ff

Feuerbach, Ludwig, Zur Moralphilosophie (1868), in Solidarität oder Egoismus: Studien zu einer Ethik bei und nach Ludwig Feuerbach, kritisch revidiert von W. Schuffenhauer, Hrsg. H.-J. Braun, Berlin 1994

Feuerbach, P. J. A. von, Über die Strafe als Sicherungsmittel vor künftigen Beleidigungen des Verbrechers. Nebst einer näheren Prüfung der Kleinischen Strafrechtstheorie. Als Anhang zu der Revision des peinlichen Rechts (1800), Nachdruck Darmstadt 1970 (zit. Über die Strafe als Sicherungsmittel)

Feuerbach, P. J. A. von, Lehrbuch des gemeinen in Deutschland gültigen peinlichen Rechts, Gießen, 1. Aufl. 1801; 14. Aufl. 1847 (zit. Lehrbuch)

Feuerbach, P. J. A. von, Über die Polizeistrafgesetzgebung überhaupt und den zweiten Theil eines "Entwurfes des Strafgesetzbuchs, München 1822", 2. Band, Hrsg. L. Feuerbach, Leipzig 1852, S. 346 ff (zit. Über die Polizeistrafgesetzgebung)

Frank, Reinhard, Das Strafgesetzbuch für das Deutsche Reich, 18. Aufl., Tübingen 1931 (zit.StGB)

Frank, Reinhard, Über den Aufbau des Schuldbegriffs, Festschrift für Giessen 1907, S. 3 ff (zit. FS Giessen)

Freier, Friedrich von, Kritik der Verbandsstrafe, Berlin 1998

Freisler, Roland, Gedanken zum Verkehrsrecht unter besonderer Berücksichtigung der Verordnung vom 2.4.1940, DJ 1940, S. 525 ff

Frellesen, Peter, Die Zumutbarkeit der Hilfeleistung, Frankfurt a.M. 1980

Freund, Georg, Erfolgsdelikt und Unterlassen, Köln, Berlin, Bonn, München 1992

Friemel, Karl Josef, Die Verkehrsunfallflucht als Unterlassungsdelikt, München 1961

Frisch, Wolfgang, An den Grenzen des Strafrechts, in: Festschrift für Walter Stree und Johannes Wessels, Heidelberg 1993, S. 69 ff

Frommel, Monika, Präventionsmodelle in der deutschen Strafzweck-Diskussion. Beziehungen zwischen Rechtsphilosophie, Dogmatik, Rechtspolitik und Erfahrungswissenschaften, Berlin 1987

Gallas, Wilhelm, Beiträge zur Verbrechenslehre, Berlin 1968 (zit. Beiträge)

Gallas, Wilhelm, Abstrakte und konkrete Gefährdung, in Festschrift für E. Heinitz 1972, S. 171 ff (zit. FS Heinitz)

Gallas, Wilhelm, Die Kritik der Lehre vom Verbrechen als Rechtsgutsverletzung, in: Festschrift für W. Gleispach, Berlin und Leipzig 1936, S. 50 ff (zit. FS Gleispach)

Gallas, Wilhelm, Der Betrug als Vermögensdelikt, in: Festschrift für Eberhard Schmidt, 1961, S. 401 ff (zit. FS Schmidt)
Gallas, Wilhelm, Zum gegenwärtigen Stand der Lehre vom Verbrechen, ZStW 67 (1955), S. 1 ff (zit. ZStW 67)
Geppert, Klaus, Unerlaubtes Entfernen vom Unfallort (§ 142 StGB), JURA 1990, S. 78 ff (zit. JURA 1990)
Geppert, Klaus, Der gefährliche Eingriff in den Straßenverkehr (§ 315 b StGB), JURA 1996, S. 639 ff (zit. JURA 1996)
Geppert, Klaus, Zur Frage der Verkehrsunfallflucht (§ 142 StGB) bei vorsätzlich herbeigeführtem Verkehrsunfall, GA 1970, S. 1 ff (zit. GA 1970)
Goldschmidt, James, Das Verwaltungsstrafrecht. Eine Untersuchung der Grenzgebiete zwischen Strafrecht und Verwaltungsrecht auf rechtsgeschichtlicher und rechtsvergleichender Grundlage, Berlin 1902
Göppinger, Hans, Kriminologie, 4. Aufl. München 1980
Graul, Eva, Abstrakte Gefährdungsdelikte und Präsumtionen im Strafrecht, Berlin 1991
Grünewald, Anette, Zivilrechtlich begründete Garantenpflichten im Strafrecht?, Berlin 2001
Günther, Klaus, Von der Rechts- zur Pflichtverletzung. Ein "Paradigmawechsel" im Strafrecht, in: Vom unmöglichen Zustand des Strafrechts, Hrsg. Institut für Kriminalwissenschaften, Frankfurt a.M. 1995, S. 445 ff

Haffke, Bernhard, Symbolische Gesetzgebung? Das Wirtschaftsstrafrecht in der Bundesrepublik Deutschland, KritV 1991, S. 165 ff
Hahn, Volker-Ulrich, Wartepflicht und Wartedauer im neuen § 142 StGB, NJW 1976, S. 509 ff
Händel, Konrad, 24. Deutscher Gerichtstag, NJW 1986, S. 1666 f
Hartman-Hilter, Birgit, Warten am Unfallort - eine unabwendbare Pflicht? (§ 142 StGB), Frankfurt a.M. 1996
Harzer, Regina, Die tatbestandsmäßige Situation der unterlassenen Hilfeleistung gem. § 323 c StGB, Frankfurt a.M. 1999
Hassemer, Winfried, Theorie und Soziologie des Verbrechens, Frankfurt a.M. 1973 (zit. Theorie und Soziologie)
Hassemer, Winfried, Strafrechtsdogmatik und Kriminalpolitik, Reinbek 1974 (zit. Strafrechtsdogmatik)
Hassemer, Winfried, Symbolisches Strafrecht und Rechtsgüterschutz, NStZ 1989, S. 553 ff (zit. NStZ 1989)
Hassemer, Winfried, Alternativen zum Schuldprinzip, in: Schuld und Verantwortung, Hrsg. Baumgartner/Eser, Tübingen 1983, S. 89 ff (zit. Alternativen)
Hassemer, Winfried, Prävention im Strafrecht, JuS 1987, S. 257 ff (zit. JuS 1987)
Hassemer, Winfried, Einführung in die Grundlagen des Strafrechts, 2. Aufl. Frankfurt a.M. 1990 (zit. Einführung)

Hauf, Claus-Jürgen, Schwarzfahren im modernen Massenverkehr - strafbar nach § 265 a StGB?, DRiZ 1995, S. 15 ff

Hauschild, Jörn, Die positive Generalprävention und das Strafverfahren, Frankfurt a.M. 2000

Hefendehl, Roland, Vermögensgefährdung und Exspektanzen, Berlin 1994

Hegel, Georg W. F., Grundlinien der Philosophie des Rechts oder Naturrecht und Staatswissenschaft im Grundrisse (1832 - 1845), Suhrkamp-Ausgabe, Frankfurt a.M. 1996

Heidland, Fritz, Die besonderen persönlichen Merkmale im Sinne des § 50 Abs. 2 StGB, Berlin 1971

Heinz, Wolfgang, Die Bekämpfung der Wirtschaftskriminalität mit strafrechtlichen Mitteln - unter besonderer Berücksichtigung des 1. WiKG, GA 1977, S. 193 ff, 225 ff

Henckel, Hans, Der Gefahrbegriff im Strafrecht, Göttingen 1930

Herrmann, Helmut, Zum Begriff der Gefahr, insbesondere der Gemeingefahr im deutschen Strafrecht, Tübingen 1939

Herzberg, Rolf D., Die Unterlassung im Strafrecht und das Garantenprinzip, Berlin 1972

Herzog, Felix, Gesellschaftliche Unsicherheit und strafrechtliche Daseinsvorsorge: Studien zur Vorverlagerung des Strafrechtsschutzes in den Gefährdungsbereichen, Heidelberg 1991 (zit. Gesellschaftliche Unsicherheit)

Herzog, Felix, Nullem crimen sine periculo sociali oder Strafrecht als Fortsetzung der Sozialpolitik mit anderen Mitteln, in : Strafrecht und ultima-ratio-Prinzip, K. Lüderssen/C. Nestler-Tremel (Hrsg.), Frankfurt a.M. 1990 (zit. Nullem crimen)

Heublein, Joachim, Wie kann der Schutzgedanke des § 142 StGB besser verwirklicht werden?, DAR 1986, S. 135 ff

Hilgendorf, Eric, Gibt es ein "Strafrecht der Risikogesellschaft"?, NStZ 1993, S. 10 ff

Hirsch, Hans Joachim, Zur Abgrenzung von Strafrecht und Zivilrecht, in: Festschrift für K. Engisch, Frankfurt a.M. 1969, S. 304 ff

Höfle, Eckhard, Reform der Unfallflucht, AnwBl 1987, S. 429 ff

Honig, Richard M., Die Einwilligung des Verletzten, Mannheim, Berlin, Leipzig 1919

Horn, Eckhard, Konkrete Gefährdungsdelikte, Köln 1973

Huschens, Werner, Die unterlassene Hilfeleistung im nationalsozialistischen Strafrecht, Freiburg 1938

Illigner, Heinz, Die Führerpflicht nach § 22 KFG und ihre Neugestaltung im kommenden Strafrecht, Borna-Leipzig 1937

Jäger, Peter, Der objektive Tatbestand der Verkehrsunfallflucht (§ 142 I StGB), Bonn 1973

Jagusch, Heinrich; Hentschel, Peter, Straßenverkehrsrecht Kommentar, 35. Aufl., München 1995
Jähnke, Burkhard, Der 24. Deutsche Verkehrsgerichtstag, DRiZ 1986, S. 134 ff
Jakobs, Günther, Kriminalisierung im Vorfeld einer Rechtsgutsverletzung, ZStW 97 (1985), S. 751ff (zit. ZStW 97)
Jakobs, Günther, Schuld und Prävention, Berlin 1976 (zit. Schuld und Prävention)
Jakobs, Günther, Strafrecht Allgemeiner Teil, 2. Aufl., Berlin 1991 (zit. Strafrecht AT)
Jakobs, Günther, Das Strafrecht zwischen Funktionalismus und "alteuropäischem" Prinzipiendenken, ZStW 107 (1995), S. 843 ff (zit. ZStW 107)
Janiszewski, Horst, Überlegungen zur Entkriminalisierung des Verkehrsstrafrechts auf der Grundlage eines Gesetzesantrags, DAR 1994, S. 1 ff (zit. DAR 1994)
Janiszewski, Horst, Zur Neuregelung des § 142 StGB, DAR 1975, S. 169 ff (zit. DAR 1975)
Jauernig, Othmar, Bürgerliches Gesetzbuch Kommentar, 10. Aufl., München 2003 (zit. BGB Kommentar)
Jauernig, Othmar, Zivilprozeßrecht, 26. Aufl., München 2000 (zit. Zivilprozeßrecht)
Jescheck, Hans-Heinrich; Weigend, Thomas, Lehrbuch des Strafrechts, Allgemeiner Teil, Berlin 1996
Jhering, Rudolf von, Der Zweck im Recht, Erster Band, Leipzig 1877
Jonas, Hans, Das Prinzip Verantwortung, Frankfurt a.M. 1979

Kahlo, Michael, Die Handlungsform der Unterlassung als Kriminaldelikt, Frankfurt a.M. 2001
Kaiser, Günther, Krimininalisierung und Entkriminalisierung in Strafrecht und Kriminalpolitik, in Festschrift für Ulrich Klug, Köln 1983, S. 579 ff (zit. FS Klug)
Kaiser, Günther, Verkehrsdelinquenz und Generalprävention: Untersuchungen zur Kriminolgie der Verkehrsdelikte und zum Verkehrsstrafrecht, Tübingen 1970 (zit. Untersuchungen zur Kriminologie)
Kalous, Angela, Positive Generalprävention durch Vergeltung, Regensburg 2000
Kamberger, Petra, Treu und Glauben (§ 242 BGB) als Garantenstellung im Strafrecht?, Frankfurt a.M. 1996
Kant, Immanuel, Die Metaphysik der Sitten, in Kant's gesammelte Schriften, Hrsg. Königlich Preußische Akademie der Wissenschaften, Band VI, Berlin 1911
Kaufmann, Armin, Strafrechtsdogmatik zwischen Sein und Wert, Köln 1982
Kaufmann, Arthur, Unzeitgemäße Betrachtungen zum Schuldgrundsatz im Strafrecht, JURA 1986, S. 225 ff (zit. JURA 1986)
Kaufmann, Arthur, Unrecht und Schuld beim Delikt der Volltrunkenheit, JZ 1963, S. 425 ff (zit. JZ 1963)

Kaufmann, Arthur, Das Schuldprinzip, Heidelberg 1976 (zit. Das Schuldprinzip)
Kaufmann, Arthur, Rechtsphilosophie im Wandel, 2. Aufl., Köln 1983 (zit. Rechtsphilosophie)
Kindhäuser, Urs, Gefährdung als Straftat. Rechtstheoretische Untersuchungen zur Dogmatik der abstrakten und konkreten Gefährdungsdelikte, Frankfurt a.M. 1989 (zit. Gefährdung als Straftat)
Kindhäuser, Urs, Anmerkung zu BGH, Urteil vom 21.02.1989, JR 1990, S. 522 ff (zit. JR 1990)
Kindhäuser, Urs, Rechtstheoretische Grundfragen des Umweltstrafrechts, in Festschrift für Herbert Helmrich, München 1994, S. 967 ff (zit. FS Helmrich)
Kirschbaum, Klaus, Der Vertrauensschutz im deutschen Straßenverkehrsrecht, Berlin 1980
Klesczewski, Diethelm, Kants Ausdifferenzierung des Gerechtigkeitsbegriffs als Leitfaden der Unterscheidung von Unrechtsformen, ARSP Beiheft 66 (97) S. 77 ff
Koch, Arnd, Die Entkriminalisierung im Bereich der fahrlässigen Körperverletzung und Tötung, Berlin 1998
Köhler, Michael, Die bewußte Fahrlässigkeit, Heidelberg 1982 (zit. Die bewußte Fahrlässigkeit)
Köhler, Michael, Der Begriff der Strafe, Heidelberg 1986 (zit. Der Begriff der Strafe)
Köhler, Michael, Strafrecht Allgemeiner Teil, Berlin, Heidelberg 1997 (zit. Strafrecht AT)
Köhler, Michael, Über den Zusammenhang von Strafrechtsbegründung und Strafzumessung, Heidelberg 1983 (zit. Über den Zusammenhang)
Köhler, Michael, Strafbegründung im konkreten Rechtsverhältnis, in: Festschrift für K. Lackner 1987, S. 11 ff (zit. FS Lackner)
Köhler, Michael, Das angeborene Recht ist nur ein einziges, in: Vielfalt des Rechts - Einheit der Rechtsordnung, Hrsg. K. Schmidt, Berlin 1994, S. 61 ff (zit. Das angeborene Recht ist nur ein einziges)
Köhler, Michael, Zur Frage der Strafbarkeit des Leugnens von Völkermordtaten, NJW 1985, S. 2390 ff (zit. NJW 1985)
Köhler, Michael, Zur Kritik an der Zwangsarbeit, GA 1987, S. 145 ff (zit. GA 1987)
Köhler, Michael, Rechtsphilosophische Grundsätze zur Forschung am Menschen, in: Forschungsfreiheit und ihre ethischen Grenzen, Hrsg. K. Pawlik, D. Frede, Göttingen 2002 (zit. Rechtsphilosophische Grundsätze)
Köhler, Michael, Feuerbachs Zurechnungslehre, ARSP-Beiheft 87 (2003), S. 67 ff
Kohlrausch, Eduard; Lange, Richard, Strafgesetzbuch, 43. Aufl. Berlin 1961
Koriath, Heinz, Grundlagen strafrechtlicher Zurechnung, Berlin 1994
Koschut, Ralf-Peter, Strukturen der Verantwortung, Frankfurt a.M. 1989
Kötz, Hein; Wagner, Gerhard, Deliktsrecht, 9. Aufl. Neuwied 2001

Kratzsch, Dietrich, Verhaltenssteuerung und Organisation im Strafrecht, Berlin 1985

Krumme, Elisabeth, Verkehrsunfallflucht, das rätselhafte Delikt, DAR 1968, S. 234 ff

Kühl, Kristian, Die Bedeutung der Kantischen Unterscheidungen von Legalität und Moralität sowie von Rechtspflichten und Tugendpflichten für das Strafrecht - ein Problemaufriß, in: Recht und Moral, Hrsg. Jung, Müller-Dietz, Neumann, Baden-Baden 1991, S. 139 ff

Kuhle, Herbert, Die Fahrerflucht, Berlin 1940

Kuhlen, Lothar, Umweltstrafrecht - auf der Suche nach einer neuen Dogmatik, ZStW 105 (1993) S. 697 ff

Küper, Oswald, Die Flucht nach einem Verkehrsunfall. Eine kriminologische Untersuchung unter besonderer Berücksichtigung der Straflosigkeit der Selbstbegünstigung, Hamburg 1964

Küper, Wilfried, "Pflichtverletzung" und "Tathandlung" bei der Unfallflucht, GA 1994, S. 49 ff (zit. GA 1994)

Küper, Wilfried, Zur Tatbestandsstruktur der Unfallflucht, NJW 1981, S. 853 ff (zit. NJW 1981)

Lackner, Karl, Das konkrete Gefährdungsdelikt im Verkehrsstrafrecht, Berlin 1967 (zit. Das konkrete Gefährdungsdelikt)

Lackner, Karl, Gedanken zur Reform des Tatbestandes der Unfallflucht, DAR 1972, S. 283 ff (zit. DAR 1972)

Lackner, Karl; Kühl, Kristian, Strafgesetzbuch mit Erläuterungen, 24. Aufl., München 2001

Lagodny, Otto; Strafrecht vor den Schranken der Grundrechte, Tübingen 1996

Lampe, Ernst Joachim, Der Kreditbetrug (§§ 263, 265 b StGB), Berlin 1980

Lange, Karl, Anmerkung zum BGH Urteil vom 10.11.1953 (JZ 1954, S. 327), JZ 1954 S. 329

Lange, Richard, Zur Teilnahme an unvorsätzlicher Haupttat, JZ 1959, S. 562 ff (zit. JZ 1959)

Lange, Richard, Nur eine Ordnungswidrigkeit?, JZ 1957, S. 233 ff (zit. JZ 1957)

Larenz, Karl, Methodenlehre der Rechtswissenschaft, 6. Aufl., Berlin 1991 (zit. Methodenlehre)

Larenz, Karl, Lehrbuch des Schuldrechts, Band I, Allgemeiner Teil, 14. Aufl., München 1987 (zit. Schuldrecht I)

Larenz, Karl, Hegels Zurechnungslehre und der Begriff der objektiven Zurechnung, Leipzig 1927

Larenz, Karl; Wolf, Manfred, Allgemeiner Teil des Bürgerlichen Rechts, 8. Aufl. München 1997

Langer, Winrich, Das Sonderverbrechen, Berlin 1972

Laumann, Manfred, Kriminologie der Verkehrsunfallflucht (§ 142 StGB), Münster 1998

Leipold, Klaus, Verkehrsunfallflucht, Pfaffenweiler 1987

Leipziger Kommentar, StGB Großkommentar, Hrsg. Jähnke, Laufhütte, Odersky, 11. Aufl., Berlin 2000/2001 (zit. LK-Bearbeiter)

Lenckner, Theodor, Vermögensschaden und Vermögensgefährdung beim sog. Eingehungsbetrug, JZ 1971, S. 320 ff

Lincke, Dieter, Verkehrsunfallflucht § 142 StGB, Frankfurt a.M. 1968

Liszt, Franz von, Lehrbuch, Berlin, 2. Aufl. 1884, 9. Aufl. 1899, 14./15. Aufl. 1905 (zit. Lehrbuch)

Liszt, Franz, von, E. F. Klein und die unbestimmte Verurteilung. Ein Beitrag zur Preußischen Kriminalpolitik des 19. Jahrhunderts, in: Strafrechtliche Aufsätze, 1. Band, Berlin 1905, S. 133 ff (zit. Strafrechtliche Aufsätze)

Löwe/Rosenberg, StPO Großkommentar, Hrsg. P. Rieß, Berlin 2002 (zit. LR-Bearbeiter)

Luden, Heinrich, Abhandlungen aus dem gemeinen teutschen Strafrechte, Band II, Göttingen 1840

Lüderssen, Klaus, Die Krise des öffentlichen Strafanspruches, Frankfurt a.M. 1989

Lüderssen, Klaus; Nestler-Tremel, Cornelius; Weigend, Ewa, Modernes Strafrecht und ultima-ratio-Prinzip, Frankfurt a.M. 1990

Luhmann, Niklas, Soziologie des Risikos, Berlin 1991 (zit. Soziologie des Risikos)

Luhmann, Niklas, Ausdifferenzierung des Rechts, Frankfurt a.M. 1997 (zit. Ausdifferenzierung des Rechts)

Luhmann, Niklas, Rechtssoziologie, 3. Aufl., Opladen 1987 (zit. Rechtssoziologie)

Luhmann, Niklas, Das Recht der Gesellschaft, Frankfurt a.M. 1995 (zit. Das Recht der Gesellschaft)

Magdowski, Iris Jana, Die Verkehrsunfallflucht in der Strafrechtsreform, Lübeck 1980

Maihofer, Werner, Der Versuch der Unterlassung, GA 1958, S. 289 ff

Marx, Michael, Zur Definition des Begriffs "Rechtsgut", Köln, Berlin, Bonn, München 1972

Matt, Holger, Kausalität aus Freiheit, Baden-Baden 1994

Mattes, Heinz, Untersuchungen zur Lehre von den Ordnungswidrigkeiten, Berlin, Erster Halbband 1977, Zweiter Halbband 1982

Maurach, Reinhart, Schuld und Verantwortung, Wolfenbüttel 1948

Maurach, Reinhart; Schroeder, Friedrich-Chr.; Maiwald, Manfred; Strafrecht Besonderer Teil 1, Heidelberg 1995

Maurach, Reinhart; Zipf, Heinz; Gössel, Karl-Heinz, Strafrecht Allgemeiner Teil, Teilband 1, 6. Aufl. Heidelberg 1983

Mayer, Hellmuth, Der Verbrechensbegriff, DStR 1938, S. 73 ff

Meder, Stephan, Schuld, Zufall, Risiko, Frankfurt a.M. 1993

Merkel, Adolf, Gesammelte Abhandlungen aus dem Gebiet der Allgemeinen Rechtslehre und des Strafrechts, Band 1: zur Lehre von den Grundeinteilungen des Unrechts und seiner Rechtsfolgen, Leipzig 1867, Nachdruck Glashütten 1971

Metz, Karl H., Solidarität und Geschichte. Institutionen und sozialer Begriff der Solidarität in Westeuropa im 19. Jahrhundert, Rph Hefte Nr. 4 (1995), S. 17 ff

Meurer, Dieter, Die Bekämpfung des Ladendiebstahls, Berlin 1976

Meyer, Andreas H., Die Gefährlichkeitsdelikte, Hamburg 1992

Mikla, Stefan, Die Strafbarkeit gem. § 142 StGB nach unvorsätzlichem Entfernen vom Unfallort, Aachen 1996

Mitsch, Wolfgang, Recht der Ordnungswidrigkeiten, Berlin, Heidelberg 1995

Morgenstern, Henrike, Unterlassene Hilfeleistung, Solidarität und Recht, Frankfurt a.M. 1997

Müller, Helga, Der Begriff der Generalprävention im 19. Jahrhundert, Frankfurt a.M. 1984

Müller-Limmroth, Wolf, Fehlverhalten des Autofahrers aus der Sicht des Mediziners und Physiologen, DAR 1968, S. 293 ff

Müller-Metz, Reinhard, Zur Reform von Vergehenstatbeständen und Rechtsfolgen im Bereich der Verkehrsdelikte, NZV 1994, S. 91

Münch, Ingo von, Die Verkehrsunfallflucht - ein Fremdkörper im deutschen Strafrechtssystem, DAR 1957, S. 205 ff

Munzinger, Werner, Die sog. eigentlichen und die sog. uneigentlichen Amtsdelikte, Würzburg 1934

Müssig, Bernd J.A., Schutz abstrakter Rechtsgüter und Rechtsgüterschutz, Frankfurt a.M. 1994

Nass, Gustav, Ursprung und Wandlungen des Schuldbegriffs, Neuwied am Rhein 1963

Naucke, Wolfgang, Über die Zerbrechlichkeit des rechtsstaatlichen Strafrechts, Baden-Baden 2000 (zit. Über die Zerbrechlichkeit)

Naucke, Wolfgang, Konturen eines nach-präventiven Strafrechts, KritV 1999, S. 336 ff (zit. KritV 1999)

Naucke, Wolfgang, Der Aufbau des § 330 c StGB. Zum Verhältnis zwischen Allgemeinem und Besonderem Teil des Strafrechts, in: Festschrift Hans Welzel, 1974, S. 761 ff (zit. FS Welzel)

Naucke, Wolfgang, Schwerpunktverlagerungen im Strafrecht, KritV 1993, S. 135 ff (zit. KritV 1993)

Naucke, Wolfgang, Kant und die psychologische Zwangstheorie Feuerbachs, Kiel 1962 (zit. Kant und die psychologische Zwangstheorie)

Naucke, Wolfgang, Zur Lehre vom strafbaren Betrug. Ein Beitrag zum Verhältnis von Strafrechtsdogmatik und Kriminologie, Berlin 1964 (zit. Zur Lehre vom strafbaren Betrug)

Neuß, Frank, Der Strafzweck der Generalprävention im Verhältnis zur Würde des Menschen, Aachen 2001

Nick, Hans Herbert, Gefahr und Gefährdungsvorsatz im Hinblick auf ein Gefährdungsstrafrecht, Marburg 1937

Nomos Kommentar, Kommentar zum Strafgesetzbuch, 11. Ergänzungslieferung, Baden-Baden 2002 (zit. NK-Bearbeiter)

Ostendorf, Heribert, Präventionsmodell "Ladendiebstahl" Doppelter Wertansatz, ZRP 1995, S. 18 ff

Otto, Harro, Personales Unrecht, Schuld und Strafe, ZStW 87 (1975) S. 539 ff (zit. ZStW 87)

Otto, Harro, Grundkurs Strafrecht. Die einzelnen Delikte, 6. Aufl., Berlin 2002 (zit. Grundkurs Strafrecht)

Otto, Harro, Die Struktur des strafrechtlichen Vermögensschutzes, Berlin 1970 (zit. Die Struktur des strafrechtlichen Vermögensschutzes)

Otto, Harro, Rechtsgutsbegriff und Deliktstatbestand, in: Strafrechtsdogmatik und Kriminalpolitik, Müller-Dietz (Hrsg.), Köln, Berlin. Bonn, München 1971, S. 1 ff

Otto, Harro, Pflichtenkollision und Rechtswidrigkeitsurteil, Hamburg 1965 (zit. Pflichtenkollision)

Paeffgen, Hans-Heinrich, § 142 StGB - eine lernäische Hydra?, NStZ 1990, S. 365 ff

Palandt, Otto, Bürgerliches Gesetzbuch Kommentar, 62. Aufl., München 2003

Park, Tido, Der Sinn der Einführung der tätigen Reue bei § 142 StGB, DAR 1993, S. 247 ff

Pawlik, Michael, Unterlassene Hilfeleistung: Zuständigkeitsbegründung und systematische Struktur, GA 1995, S. 360 ff

Pfannmüller, Norbert, Das Verhalten nach einem Verkehrsunfall. Die Bestimmung des Rechtsguts und die Konsequenzen für das Tatbestandsverständnis der §§ 142 StGB, 34 StVO, Gießen 1981

Pfleiderer, Klaus, Die Garantenstellung aus vorangegangenem Tun, Berlin 1968

Picht, Georg, Wahrheit, Vernunft, Verantwortung. Philosophische Studien, Stuttgart 1969

Pieper, Wolfgang, Die Verkehrsunfallflucht, Frankfurt a.M. 1970

Poeck, Torsten, Wartepflicht und Wartedauer des § 142 Abs. 1 Nr. 2 StGB, Frankfurt a.M. 1994

Prittwitz, Cornelius, Strafrecht und Risiko, Frankfurt a.M. 1993 (zit. Strafrecht und Risiko)

Prittwitz, Cornelius, Das deutsche Strafrecht: Fragmentarisch? Subsidiär? Ultima ratio?, in: Vom unmöglichen Zustand des Strafrechts, Hrsg. Institut für Kriminalwissenschaften, Frankfurt a.M. 1995 (zit. Das deutsche Strafrecht)

Prölss, Jürgen; Martin, Anton, Versicherungsgesetz, Kommentar, 26. Aufl. München 1998

Pufendorf, Samuel, De iure naturae et gentium, Frankfurt/Leipzig 1759, unveränderter Nachdruck Frankfurt 1967

Pütz, Willy, Der Gefahrbegriff im Strafrecht, Köln 1936

Rabl, Kurt O., Gefährdungsvorsatz, Breslau-Neukirch 1933, Neudruck Frankfurt a.M. 1977

Ranft, Otfried, Die Rechtsprechung zum sog. Subventionsbetrug (§ 264 StGB), NJW 1986, S. 3163 ff

Ratsch, Kurt, Führerflucht und Nothilfepflicht, Weimar 1940

Regge, Jürgen; Schubert, Werner, Quellen zur Reform des Straf- und Strafprozeßrechts, II., Abteilung NS-Zeit (1933-1939), Band I, 2. Teil, Berlin 1990

Riemann, Thomas, Vermögensgefährdung und Vermögensschaden, Heidelberg 1989

Rietzsch, Otto, Die Verordnung vom 2.4.1940 zur Änderung der Strafvorschriften über fahrlässige Tötung, Köperverletzung und Flucht bei Verkehrsunfällen, DJ 1940, S. 532 ff

Rintelen, Askan von, Überindividuelle Rechtsgüter im Vorfeld des Betruges? - Eine Untersuchung zu §§ 265 und 265 b StGB, Mülheim/Ruhr 1993

Roeder, Hermann, Exklusiver Täterbegriff und Mitwirkung am Sonderdelikt, ZStW 69 (1957), S. 223 ff

Rogall, Klaus, Der Beschuldigte als Beweismittel gegen sich selbst, Berlin 1977

Rosenberg, Leo, Zivilprozeßrecht, 15. Aufl., München 1993

Roxin, Claus, Unfallflucht des verfolgten Diebes, NJW 1969, S. 2038 ff (zit. NJW 1969)

Roxin, Claus, Täterschaft und Tatherrschaft, 7. Aufl. Berlin 2000 (zit. Täterschaft und Tatherrschaft)

Roxin, Claus, Grundlagen: der Aufbau der Verbrechenslehre, 3. Aufl., München 1997 (zit. Grundlagen)

Ruck, Andreas Chr., § 142 StGB als Vermögensdelikt, Bochum 1985

Rudolphi, Hans-Joachim, Die verschiedenen Aspekte des Rechtsgutsbegriffs, in Festschrift für Richard M. Honig, Göttingen 1970, S. 151 ff (zit. Honig FS)

Rudolphi, Hans-Joachim, Inhalt und Funktion des Handlungsunwerts im Rahmen der personalen Unrechtslehrer, in Festschrift für R. Maurach, 1972, S. 51 ff (zit. FS Maurach)

Savigny, Friedrich C. von, System des heutigen römischen Rechts, Band I, 1840 (zit. System)

Savigny, Friedrich C. von, Vom Beruf unserer Zeit für Gesetzgebung und Rechtswissenschaft, Heidelberg 1840 (zit. Vom Beruf unserer Zeit)

Säzler, Otfried, Die Verkehrsunfallflucht im geltenden und künftigen Strafrecht, München 1965

Schäfer, Hans-Bernd; Ott, Claus, Lehrbuch der ökonomischen Analyse des Zivilrechts, 3. Aufl., Berlin 2000

Schaffstein, Friedrich, Das Verbrechen als Pflichtverletzung, Berlin 1935

Schild, Wolfgang, Anmerkung zu OLG Köln, Urteil vom 19.04.1988, NZV 1989, S. 79 f

Schlosser, Peter, Die lange deutsche Reise in die prozessuale Moderne, JZ 1991, S. 599 ff

Schmidhäuser, Eberhard, Strafrecht Allgemeiner Teil, Lehrbuch, 2. Aufl., Tübingen 1975 (zit. Strafrecht AT)

Schmidhäuser, Eberhard, Gesinnungsmerkmale im Strafrecht, Tübingen 1958 (zit. Gesinnungsmerkmale im Strafrecht)

Schmidhäuser, Eberhard, Fluchtverbot und Anzeigegebot bei Verkehrsunfällen, JZ 1955, S. 433 ff (zit. JZ 1955)

Schmidt, Eberhard, Einführung in die Geschichte der deutschen Strafrechtspflege, 3. Aufl. Göttingen 1965

Schmidt, Jürgen, Untersuchung zur Dogmatik und zum Abstraktionsgrad abstrakter Gefährdungsdelikte, Marburg 1999

Schmidt, Karsten, Einheit der Rechtsordnung - Realität? Aufgabe? Illusion?, in: Vielfalt des Rechts - Einheit der Rechtsordnung, Hrsg. K. Schmidt, Berlin 1994, S. 9 ff

Scholz, Rupert, Straffreie Unfallflucht bei tätiger Reue? Reformüberlegungen zu § 142 StGB, ZRP 1987, S. 7

Schröder, Horst, Die Gefährdungsdelikte im Strafrecht, ZStW 81 (1969), S. 7 ff (zit. ZStW 81)

Schröder, Horst, Abstrakt-konkrete Gefährdungsdelikte?, JZ 1967, S. 522 ff (zit. JZ 1967)

Schröder, Horst, Anmerkung zu OLG Köln, Urteil vom 14.3.1967, JZ 1967, S. 577 f (zit JZ 1967)

Schröder, Horst, Zur Verteidigung der Rechtsordnung, JZ 1971, S. 241 ff (zit. JZ 1970)

Schröder, Horst, Die sogenannte Rückkehrpflicht bei § 142 StGB, NJW 1966, S. 1001 ff (zit. NJW 1966)

Schubarth, Martin, Das Verhältnis von Strafrechtswissenschaft und Gesetzgebung im Wirtschaftsstrafrecht, ZStW 92 (1980) S. 80 ff

Schubert, Jörg, "Das Prinzip Verantwortung" als verfassungsstaatliches Rechtsprinzip, Baden-Baden 1998

Schüler, Dietrich, Die strafrechtliche Beurteilung der Flucht nach Verkehrsunfällen, Göttingen 1951
Schulte, Christoph, Garantenstellung und Solidarpflicht, Frankfurt a.M. 2001
Schultze-Willebrand, Bernd, Das Strafrecht der europäischen sozialistischen Staaten, in: Studien des Instituts für Ostrecht, Band 29, Tübingen 1980
Schünemann, Bernd, Überkriminalisierung und Perfektionismus als Krebsschaden des Verkehrsstrafrecht, DAR 1998, S. 424 ff (zit. DAR 1998)
Schünemann, Bernd, Moderne Tendenzen in der Dogmatik der Fahrlässigkeits- und Gefährdungsdelikte, JA 1975, S. 435 ff, 798 ff (zit. JA 1975)
Schünemann, Bernd, Die Funktion des Schuldprinzips im Präventionsstrafrecht, in: Grundfragen des modernen Strafrechtssystems, Hrsg. B. Schünemann, Berlin 1984, S. 153 ff (zit. Die Funktion des Schuldprinzips im Präventionsstrafrecht)
Schünemann, Bernd, Die Unterlassungsdelikte und die strafrechtliche Verantwortlichkeit für Unterlassungen, ZStW 96 (1984) S. 287 ff (zit. ZStW 1984)
Schünemann, Bernd, Grund und Grenzen der unechten Unterlassungsdelikte, Göttingen 1971 (zit. Grund und Grenzen der unechten Unterlassungsdelikte)
Schürer-Mohr, Wiebke, Erlaubte Risiken, Frankfurt a.M. 1998
Schwinge, Erich; Zimmerl, Leopold, Wesensschau und konkretes Ordnungsdenken im Strafrecht, Bonn 1937
Seebode, Manfred, Zur gesetzlichen Bestimmtheit des unechten Unterlassungsdelikts, in Festschrift für G. Spendel, 1992, S. 340 ff
Seelmann, Kurt, Opferinteressen und Handlungsverantwortung in der Garantenpflichtdogmatik, GA 1989, S. 241 ff (zit. GA 1989)
Seelmann, Kurt, Solidaritätspflichten im Strafrecht, in: Recht und Moral, Jung, Müller-Dietz, Neumann (Hrsg.) Baden-Baden 1991, S. 295 ff (zit. Solidaritätspflichten)
Seelmann, Kurt, Privatrechtlich begründete Garantenpflichten, in: K. Schmidt (Hrsg.) Vielfalt des Rechts - Einheit der Rechtsordnung, Berlin 1995, S. 85 ff (zit. Privatrechtlich begründete Garantenpflichten)
Seelmann, Kurt, Beihilfe zum unerlaubten Entfernen vom Unfallort - BayObLG, NJW 1990, S. 1861, in JuS 1991, S. 1991, S. 290 ff (zit. JuS 1991)
Seib, Herbert, Zur Einführung eines strafbefreienden Rücktritts bei § 142 StGB durch Nachmeldung binnen 24 Stunden, JR 1986, S. 397 ff
Seneca, Philosophische Schriften, Band 1, Hrsg. Rosenbach, 4. Aufl., Darmstadt 1989
Siebert, Wolfgang, Treu und Glauben, Stuttgart 1959
Sina, Peter, Die Dogmengeschichte des strafrechtlichen Begriffs "Rechtsguts", Basel 1962
Sproß, Joachim, Die Unrechts- und Strafbegründung bei dem Überzeugungs- und Gewissenstäter, Baden-Baden 1992
Stratenwerth, Günther, Zukunftssicherung mit den Mitteln des Strafrechts, ZStW 105 (1993) S. 679 ff (zit. ZStW 105)

Stratenwerth, Günther, Schweizerisches Strafrecht Allgemeiner Teil I: Die Straftat, Bern 1982 (zit. Schweizerisches Strafrecht AT)
Stratenwerth, Günther, Der Versuch des untauglichen Subjekts, in Festschrift Hans Jürgen Bruns 1978, S. 59 ff (zit. FS Bruns)
Stürner, Rolf, Die Aufklärungspflicht der Parteien des Zivilprozesses, Tübingen 1976
Systematischer Kommentar, Kommentar zum StGB von H.-J. Rudolphi, 37. Lieferung, Neuwied/ Kriftel 2002 (zit. SK-Bearbeiter)

Thieß, Uwe, Ordnungswidrigkeitenrecht, Neuwied, Kriftel 2002
Thirolf, Michael, Kollision von Täterinteressen und Opferschutz bei § 142 StGB, Offenbach 1992
Thomasius, Christian, Fundamenta Juris Naturae et Gentium, Halle, Leipzig 1718
Tiedemann, Klaus, Der Subventionsbetrug, ZStW 86 (1974) S. 897 ff (zit. ZStW 86)
Tiedemann, Klaus, Der Entwurf eines Ersten Gesetzes zur Bekämpfung der Wirtschaftskriminalität, ZStW 87 (1975) S. 253 ff (zit. ZStW 87)
Tröndle, Herbert; Fischer, Thomas, Strafgesetzbuch und Nebengesetze, 51. Aufl., München 2003

Ulmer, Heinrich, Die strafrechtliche Beurteilung der Verkehrsunfallflucht (§ 142 StGB), Bonn 1959

Volk, Klaus, Strafrecht und Wirtschaftskriminalität, JZ 1982, S. 85 ff
Volz, Manfred, Unrecht und Schuld abstrakter Gefährdungsdelikte, Göttingen 1968

Walter, Tonio, § 298 StGB und die Lehre von den Deliktstypen, GA 01, S. 131 ff
Weber, Ulrich, Die Vorverlagerung des Strafrechtsschutzes durch Gefährdungs- und Unternehmensdelikte, Beiheft zur ZStW 1987, S. 1 ff
Weigend, Thomas, Bewältigung von Beweisschwierigkeiten durch Ausdehnung des materiellen Strafrechts?, in Festschrift für Trifterer 1996, S. 695 ff (zit. FS Trifterer)
Weigend, Thomas, Zur Reform von § 142 StGB, in Festschrift für Tröndle 1989, S. 753 ff (zit. FS Tröndle)
Weigend, Thomas, Anmerkung zum Beschluß des OLG Zweibrücken vom 18.05.1989, NZV 1990, S. 79 f (zit. NZV 1990)
Weigend, Thomas; Geuenich, Mario, Verkehrsunfallflucht im europäischen Ausland, DAR 1988, S. 258 ff
Welp, Jürgen, Vorangegangenes Tun als Grundlage einer Handlungsäquivalenz der Unterlassung, Berlin 1968
Wessels, Johannes; Beulke, Werner, Strafrecht Allgemeiner Teil, 32. Aufl., Heidelberg 2002

Wessels, Johannes; Hillenkamp, Strafrecht Besonderer Teil/2, 25. Aufl., Heidelberg 2002
Westendorf, Ritva, Die Pflicht zur Verhinderung geplanter Straftaten durch Anzeige, Frankfurt a.M. 1999
Wetekamp, Axel, Der Entwurf eines Gesetzes zur Änderung des § 142 StGB, DAR 1987, S. 11 ff
Wetzels, Ulrich, Bedingungen der Unfallflucht, Köln 1999
Wiener Kommentar, Kommentar zum Strafgesetzbuch, Wien 2001 (zit. Wiener Kommentar-Bearbeiter)
Winkler von Mohrenfels, P., Abgeleitete Informationspflichten im deutschen Zivilrecht, Berlin 1986
Wohlers, Wolfgang, Deliktstypen des Präventionsstrafrechts - zur Dogmatik "moderner" Gefährdungsdelikte, Berlin 2000
Wolf, Erik, Die Stellung der Verwaltungsdelikte im Strafrechtssystem, in Festgabe für Reinhard von Frank, Band 2, Tübingen 1930, S. 516 ff
Wolff, Ernst Amadeus, Kausalität von Tun und Unterlassen, Heidelberg 1965 (zit. Kausalität)
Wolff, Ernst Amadeus, Das neuere Verständnis von Generalprävention und seine Tauglichkeit für eine Antwort auf Kriminalität, ZStW 97 (1985), S. 786 ff (zit. ZStW 97)
Wolff, Ernst Amadeus, Die Abgrenzung von Kriminalunrecht zu anderen Unrechtsformen, in: Strafrechtspolitik, Bedingungen der Strafrechtsreform, Hrsg. W. Hassemer, Sonderausgabe Frankfurt a.M. 1987, S. 137 ff (zit. Die Abgrenzung)
Wolter, Jürgen, Objektive und personale Zurechnung von Verhalten, Gefahr und Verletzung in einem funktionalen Straftatsystem, Berlin 1981

Zaczyk, Rainer, Das Unrecht der versuchten Tat, Berlin 1989 (zit. Das Unrecht der versuchten Tat)
Zaczyk, Rainer, Der Begriff "Gesellschaftsgefährlichkeit" im deutschen Strafrecht, in: Modernes Strafrecht und ultima-ratio-Prinzip, Hrsg. Lüderssen, Nestler-Tremel, Weigend, Frankfurt a.M. 1990, S. 113 ff (zit. Der Begriff Gesellschaftsgefährlichkeit)
Zieschang, Frank, Die Gefährdungsdelikte, Berlin 1998
Zopfs, Jan, Unfallflucht bei eindeutiger Haftungslage?, Frankfurt a.M. 1993

SCHRIFTEN ZUM STRAFRECHT UND STRAFPROZESSRECHT

Herausgegeben von Manfred Maiwald

Band 1 Christian-Peter Frees: Die steuerrechtliche Selbstanzeige. Zur kriminalpolitischen Zweckmäßigkeit des § 371 AO. 1991.

Band 2 Norbert Joachim: Der Hörensagenbeweis im Strafverfahren. 1991.

Band 3 Alfred A. Göbel: Die Einwilligung im Strafrecht als Ausprägung des Selbstbestimmungsrechts. 1991.

Band 4 Karl-Heinz Vehling: Die Abgrenzung von Vorbereitung und Versuch. 1991.

Band 5 Heiko Hartmut Lesch: Das Problem der sukzessiven Beihilfe. 1992.

Band 6 Dirk Schwerdtfeger: Besondere persönliche Unrechtsmerkmale. 1992.

Band 7 Stefan Göhring: Polizeiliche Kontrollstellen und Datenverarbeitung. § 163 d StPO und novellierte Polizeigesetze der Länder zwischen Strafverfolgung, Gefahrenabwehr und vorbeugender Straftatenbekämpfung. 1992.

Band 8 Werner Kemper: Horizontale Teilrechtskraft des Schuldspruchs und Bindungswirkung im tatrichterlichen Verfahren nach der Zurückverweisung. §§ 353, 354 Abs. 2 StPO. 1993.

Band 9 Ovvadias Namias: Die Zurechnung von Folgeschäden im Strafrecht. 1993.

Band 10 Jan Zopfs: Unfallflucht bei eindeutiger Haftungslage? Unverzüglichkeitsgebot und Wahlmöglichkeit in § 142 Abs. 2 und 3 StGB. 1993.

Band 11 Stefan Hiebl: Ausgewählte Probleme des Akteneinsichtsrechts nach § 147 StPO. 1994.

Band 12 Ralf Krack: List als Straftatbestandsmerkmal. Zugleich ein Beitrag zu Täuschung und Irrtum beim Betrug. 1994.

Band 13 Henning Radtke: Zur Systematik des Strafklageverbrauchs verfahrenserledigender Entscheidungen im Strafprozeß. 1994.

Band 14 Bernd J. A. Müssig: Schutz abstrakter Rechtsgüter und abstrakter Rechtsgüterschutz. Zu den materiellen Konstitutionskriterien sog. Universalrechtsgüter und deren normentheoretischem Fundament – am Beispiel der Rechtsgutsbestimmung für die §§ 129, 129a und 324 StGB. 1994.

Band 15 Heinz Koriath: Über Beweisverbote im Strafprozeß. 1994.

Band 16 Burkhard Niepoth: Der untaugliche Versuch beim unechten Unterlassungsdelikt. 1994.

Band 17 Karsten Altenhain: Die Strafbarkeit des Teilnehmers beim Exzeß. 1994.

Band 18 Ina Walbaum: Schuldspruch in der Revisionsinstanz nach freisprechendem Urteil des Tatgerichts. 1996.

Band 19 Birgit Dalbkermeyer: Der Schutz des Beschuldigten vor identifizierenden und tendenziösen Pressemitteilungen der Ermittlungsbehörden. 1994.

Band 20 Thomas Hackner: Der befangene Staatsanwalt im deutschen Strafverfahrensrecht. 1995.

Band 21 Hartmut Loritz: Kritische Betrachtungen zum Wert des strafprozessualen Zwischenverfahrens. 1996.

Band 22 Heinz-Hermann Berghof: Therapie und Strafe im Betäubungsmittelrecht. Recht und Wirklichkeit der Behandlung Drogenabhängiger unter besonderer Berücksichtigung der §§ 35 ff BtMG. 1995.

Band 23 Oliver Mertens: Strafprozessuale Grundrechtseingriffe und Bindung an den Wortsinn der ermächtigenden Norm. 1996.

Band 24 Sönke Bahnsen: Das Akteneinsichtsrecht der Verteidigung im Strafverfahren. Dogmatische Grundlagen und Einzelprobleme im Lichte einer rechtsstaatlichen Verfahrensgestaltung. 1996.

Band 25 Dirk Schwieger: Der Vorteilsbegriff in den Bestechungsdelikten des StGB. 1996.

Band 26 Stephanie Meinecke: Die Auswirkungen von Verfahrensfehlern auf die Strafbarkeit nach den Aussagedelikten. 1996.

Band 27 Ute Lambrecht: Strafrecht und Disziplinarrecht. Abhängigkeiten und Überschneidungen. 1997.

Band 28 Carsten Momsen: Verfahrensfehler und Rügeberechtigung im Strafprozeß. Die Strukturen der Revisionsberechtigung unter besonderer Berücksichtigung des Begriffs "Rechtsnormen, die lediglich zugunsten des Angeklagten gegeben sind" in § 339 StPO. 1997.

Band 29 Ursula Epp: Die Abgeordnetenbestechung – § 108 e StGB. 1997.

Band 30 Bernd Scheiff: Wann beginnt der Strafrechtsschutz gegen kriminelle Vereinigungen (§ 129 StGB)? 1997.

Band 31 Ulrike Fontaine: Max Grünhut (1893-1964). Leben und wissenschaftliches Wirken eines deutschen Strafrechtlers jüdischer Herkunft. 1998.

Band 32 Claudia Keiser: Das Kindeswohl im Strafverfahren. Zur Notwendigkeit eines am Kindeswohl orientierten Umgangs mit minderjährigen Opfern und Zeugen, den Möglichkeiten de lege lata und den Erfordernissen de lege ferenda. 1998.

Band 33 Wiebke Schürer-Mohr: Erlaubte Risiken. Grundfragen des "erlaubten Risikos" im Bereich der Fahrlässigkeitsdogmatik. 1998.

Band 34 Stephan Voigtel: Zum Freibeweis bei Entscheidungen der Strafvollstreckungskammer. Eine Untersuchung zu ausgewählten Fragen des Beweisrechts im gerichtlichen Verfahren in Strafvollstreckungs- und Strafvollzugssachen. 1998.

Band 35 Volkmar Wißgott: Das Beweisantragsrecht im Strafverfahren als Kompensation der richterlichen Inquisitionsmaxime. Die Judikatur des Reichsgerichts zum strafprozessualen Beweisrecht. 1998.

Band 36 Susanne Merz: Strafrechtlicher Ehrenschutz und Meinungsfreiheit. 1998.

Band 37 Uwe Schlömer: Der elektronisch überwachte Hausarrest. Eine Untersuchung der ausländischen Erfahrungen und der Anwendbarkeit in der Bundesrepublik Deutschland. 1998.

Band 38 Michael Liedke: Die Vermögensstrafe gemäß § 43a StGB in ihrer kriminalpolitischen Bedeutung. 1999.

Band 39 Danja Domeier: Gesundheitsschutz und Lebensmittelstrafrecht. Zur Konkretisierung der Verkehrspflichten und ihrer Strafbewehrung, insbesondere mit Blick auf §§ 8 ff. LMBG. 1999.

Band 40 Ritva Westendorf: Die Pflicht zur Verhinderung geplanter Straftaten durch Anzeige. Eine kritische Betrachtung der §§ 138, 139 StGB im Kontext der Unterlassungsdelikte. 1999.

Band 41 Hans Theile: Tatkonkretisierung und Gehilfenvorsatz. 1999.

Band 42 Nicole Lange: Vorermittlungen. Die Behandlung des staatsanwaltschaftlichen Vorermittlungsverfahrens unter besonderer Berücksichtigung von Abgeordneten, Politikern und Prominenten. 1999.

Band 43 Tanja Gunder: Der Umgang mit Kindern im Strafverfahren. Eine empirische Untersuchung zur Strafverfolgung bei Sexualdelinquenz. 1999.

Band 44 Sven-Markus Thiel: Die Konkurrenz von Rechtfertigungsgründen. 2000.

Band 45 Jan Schlüter: Die Strafbarkeit von Unternehmen in einer prozessualen Betrachtung nach dem geltenden Strafprozeßrecht. 2000.

Band 46 Detlef Heise: Der Insiderhandel an der Börse und dessen strafrechtliche Bedeutung. Eine Untersuchung des neuen deutschen Insiderrechts speziell unter Bezugnahme auf die strafrechtstheoretischen und strafrechtsdogmatischen Grundlagen. 2000.

Band 47 Hermann Wichmann: Das Berufsgeheimnis als Grenze des Zeugenbeweises. Ein Beitrag zur Lehre von den Beweisverboten. 2000.

Band 48 Rainer T. Cherkeh: Betrug (§ 263 StGB), verübt durch Doping im Sport. 2000.

Band 49 Kristian Hohn: Die Zulässigkeit materieller Beweiserleichterungen im Strafrecht. Eine Untersuchung über Erscheinungsformen und Grenzen der Lösung beweisrechtlicher Probleme im materiellen Strafrecht. 2000.

Band 50 Malte Rabe von Kühlewein: Der Richtervorbehalt im Polizei- und Strafprozeßrecht. 2001.

Band 51 Donata Meinecke: Die Gesetzgebungssystematik der Versuchsstrafbarkeit von Verbrechen und Vergehen im StGB. 2001.

Band 52 Joachim Bock: Begriff, Inhalt und Zulässigkeit der Beweislastumkehr im materiellen Strafrecht. 2001.

Band 53 Gabriele Rose: Grenzen der journalistischen Recherche im Strafrecht und Strafverfahrensrecht. 2001.

Band 54 Wiebke Reitemeier: Täuschungen vor Abschluß von Arbeitsverträgen. Zum Verhältnis zwischen dem Straftatbestand des Betrugs und dem Anfechtungsrecht wegen arglistiger Täuschung (§§ 263 Abs. 1 StGB, 123 Abs. 1 Alt. 1 BGB). 2001.

Band 55 Peter Rackow: Das DNA-Identitätsfeststellungsgesetz und seine Probleme. 2001.

Band 56 Frank Zschieschack: Geiselnahme und erpresserischer Menschenraub (§§ 239a, 239b StGB) im Zwei-Personen-Verhältnis. 2001.

Band 57 Natascha Sëyfi: Das Sicherungsverfahren (§§ 413 - 416 StPO). 2002.

Band 58 Dirk Seiler: Die *Sperrwirkung* im Strafrecht. 2002.

Band 59 Dorothee Sydow: Die actio libera in causa nach dem Rechtsprechungswandel des Bundesgerichtshofs. 2002.

Band 60 Inga Metrikat: Die Unterbringung in einer Entziehungsanstalt nach § 64 StGB – Eine Maßregel im Wandel? Eine vergleichende, empirische Untersuchung zur Entscheidung des Bundesverfassungsgerichts vom 16.03.1994, BVerfGE 91, 1 ff. 2002.

Band 61 Sabine Caroline Bechtoldt: Die Erledigungserklärung im Maßregelvollzug des § 63 StGB. Eine empirische Untersuchung der Erledigungserklärung und zugleich rechtsdogmatische Erörterung ihrer Rechtskraftproblematik. 2002.

Band 62 Sandra Schulte-Nover: Strafrichter in Deutschland und England. Ein systematischer Rechtsvergleich im Hinblick auf die richterlichen Kompetenzen im Strafverfahren. 2003.

Band 63 Tim Schurig: Belehrung und Beratung des Beschuldigten über sein Aussageverhalten. Eine gemeinsame Aufgabe von Gericht und Verteidigung? 2003.

Band 64 Markus Laski: Die strafrechtlichen Bezüge des Bundes-Bodenschutzgesetzes. 2003.

Band 65 Gunnar Lüer: Die Versäumung im Berufungsverfahren. Das strafprozessuale Anwesenheitsprinzip im Spannungsfeld von autonomer Subjektstellung und öffentlichen Interessen am Beispiel des § 329 Abs. 1,2 StPO. 2003.

Band 66 Thomas Grützner: Die Sanktionierung von Submissionsabsprachen. Eine Untersuchung der bestehenden Möglichkeiten einer Bekämpfung von Submissionsabsprachen unter besonderer Berücksichtigung des § 298 StGB. 2003.

Band 67 Bettina Noltenius: Kriterien der Abgrenzung von Anstiftung und mittelbarer Täterschaft. Ein Beitrag auf der Grundlage einer personalen Handlungslehre. 2003.

Band 68 Bettina Kraft: Tendenzen in der Entwicklung des Jugendstrafrechts seit der Jugendgerichtsbewegung. 2004.

Band 69 Jessica Däbritz: Die Bestimmung strafbaren fahrlässigen Verhaltens in der Forschung am Beispiel ärztlicher Humanerprobungen. Ein Beitrag zur methodischen Ermittlung und inhaltlichen Bestimmung von Sorgfaltspflichten in der Humanforschung. 2004.

Band 70 Maike Steenbock: Über die Unfallflucht als Straftat. Eine kritische Untersuchung zum Zusammenhang der Strafbarkeit der Unfallflucht mit den Besonderheiten des Straßenverkehrs. 2004.

Band 71 Holger Mann: Beschleunigungspotential im Jugendstrafverfahren. 2004.

Band 72 Dorothee Krutisch: Strafbarkeit des unberechtigten Zugangs zu Computerdaten und -systemen. 2004.